职业教育智能网联汽车类专业活页式创新教材

智能网联汽车
计算平台部署与测试

主　编　刘浩丰　刘　旭　张荣福
副主编　弋国鹏　廖小吉　周秀明
参　编　刘　敬　赵永磊　阎海峰　李慧娟

二维码总码

机械工业出版社

本书所涉领域是智能网联汽车技术及汽车类相关专业的核心课程之一，书中主要内容分为6个项目，分别为计算平台认知、Ubuntu 系统的安装与使用、NVIDIA 显卡的认知与安装、Kinect 深度相机的认知与安装、ROS 的安装与使用、深度学习工具的认知。每个项目分为若干个任务，遵循"知识结构→系统原理→系统装调"的思路开展，符合高职学生认知规律，让学生知结构、懂原理、会装调。

本书可作为职业院校、技工院校及应用型本科智能网联汽车相关专业的教材，也可以供智能网联汽车从业人员学习参考。

图书在版编目（CIP）数据

智能网联汽车计算平台部署与测试 / 刘浩丰，刘旭，张荣福主编. -- 北京：机械工业出版社，2024.10.
（职业教育智能网联汽车类专业活页式创新教材）.
ISBN 978-7-111-76938-5

Ⅰ．U463.67

中国国家版本馆CIP数据核字第202450CF16号

机械工业出版社（北京市百万庄大街22号　邮政编码100037）
策划编辑：李　军　　　　　责任编辑：李　军
责任校对：潘　蕊　宋　安　封面设计：马精明
责任印制：单爱军
北京虎彩文化传播有限公司印刷
2025年1月第1版第1次印刷
184mm×260mm・15.25印张・349千字
标准书号：ISBN 978-7-111-76938-5
定价：59.90元

电话服务　　　　　　　　网络服务
客服电话：010-88361066　　机 工 官 网：www.cmpbook.com
　　　　　010-88379833　　机 工 官 博：weibo.com/cmp1952
　　　　　010-68326294　　金　书　网：www.golden-book.com
封底无防伪标均为盗版　机工教育服务网：www.cmpedu.com

编 委 会

主　任　弋国鹏（北京中汽恒泰教育科技有限公司）

副主任　王爱国（安徽机电职业技术学院）　　孔春花（吉林交通职业技术学院）
　　　　　贾启阳（天津交通职业学院）　　　　　马慧斌（宁夏工商职业技术学院）
　　　　　宋志良（江西应用技术职业学院）　　　任艳茹（鄂尔多斯职业技术学院）
　　　　　张荣福（唐山工业职业技术大学）　　　隋礼辉（内蒙古交通职业技术学院）

委　员　李　琤（安徽机电职业技术学院）　　李学友（贵阳职业技术学院）
　　　　　郭　顺（安徽机电职业技术学院）　　郭阳印（贵阳职业技术学院）
　　　　　景　园（安徽机电职业技术学院）　　罗忠恒（贵州电子科技职业学院）
　　　　　何泽刚（天津交通职业学院）　　　　黄明慧（贵州电子信息职业技术学院）
　　　　　李丽娜（天津交通职业学院）　　　　耿加锐（贵州工业职业技术学院）
　　　　　孙　静（天津交通职业学院）　　　　何　翔（贵州航天职业技术学校）
　　　　　刘　旭（唐山工业职业技术大学）　　向　巍（贵州交通职业技术学院）
　　　　　刘浩丰（唐山工业职业技术大学）　　龙通宇（贵州交通职业技术学院）
　　　　　廖小吉（唐山工业职业技术大学）　　金明取（贵州省织金县中等职业学校）
　　　　　徐晓宇（江西应用技术职业学院）　　张　云（贵州应用技术技师学院）
　　　　　邱志卓（江西应用技术职业学院）　　李明忠（海南技师学院）
　　　　　杨　阳（江西应用技术职业学院）　　葛红剑（海南职业技术学院）
　　　　　许亚军（宝鸡职业技术学院）　　　　张桂春（河南经济贸易技师学院）
　　　　　焦　亮（宝鸡职业技术学院）　　　　梁常鸿（河南经济贸易技师学院）
　　　　　刘天明（北京中汽恒泰教育科技有　　宋武强（河南林业职业学院）
　　　　　　　　　限公司）　　　　　　　　　王洪佩（菏泽职业学院）
　　　　　武晓斌（成都工贸职业技术学院　　　程一铎（华中师范大学）
　　　　　　　　　（成都市技师学院））　　　郑　磊（济南工程职业技术学院）
　　　　　曾昭炜（成都工贸职业技术学院　　　刘猛洪（济宁职业技术学院）
　　　　　　　　　（成都市技师学院））　　　杨天辉（济源职业技术学院）
　　　　　郑世界（成都工业职业技术学院）　　李江浩（冀南技师学院）
　　　　　周　瑜（道真自治县中等职业学校）　吴启帆（江西环境工程职业学院）
　　　　　段绍斌（德宏职业学院）　　　　　　肖　潇（九江职业大学）
　　　　　郑登骅（德宏职业学院）　　　　　　严匡林（九江职业技术学院）
　　　　　杜秀波（鄂尔多斯职业技术学院）　　杨　彬（昆明技师学院）
　　　　　明建平（赣州职业技术学院）　　　　郝宏海（辽宁省交通高等专科学校）
　　　　　梁耀杰（广西水利电力职业技术　　　郭大民（辽宁省交通高等专科学校）
　　　　　　　　　学院）　　　　　　　　　　王灶林（眉县职业教育中心）

严　飞（眉县职业教育中心）　　　　何　嘉（四川职业技术学院）
邓龙江（纳雍中等职业学校）　　　　夏山鹏（潍坊工程职业学院）
陆　旭（南阳农业职业学院）　　　　李　华（潍坊技师学院）
何伟勤（宁都技师学院）　　　　　　王登强（潍坊职业学院）
何　迎（黔南民族职业技术学院）　　张赛荔（渭南职业技术学院）
金征宇（曲靖技师学院）　　　　　　袁　月（西安航空职业技术学院）
樊建铸（曲靖职业技术学院）　　　　白永平（西安航空职业技术学院）
宋建华（曲靖职业技术学院）　　　　常卫花（新乡职业技术学院）
庄永成（日照市技师学院）　　　　　徐鹏辉（新乡职业技术学院）
冯德军（日照职业技术学院）　　　　陈玲玲（烟台工程职业技术学院）
夏鲁宁（日照职业技术学院）　　　　郭三华（烟台汽车工程职业学院）
陈群燕（山东工业职业学院）　　　　胡明峰（延安职业技术学院）
逄兰芹（山东科技职业学院）　　　　谢雄伟（延安职业技术学院）
孙建俊（山东劳动职业技术学院）　　陈勇吏（宜宾职业技术学院）
姜　辉（山东水利职业学院）　　　　李加祥（云南工程职业学院）
党武刚（陕西工商职业学院）　　　　曹先洪（云南工商学院）
朱　辉（陕西工业职业技术学院）　　韩继伟（云南工业技师学院）
李　江（陕西工业职业技术学院）　　毕金新（云南工业技师学院）
李　靖（陕西机电职业技术学院）　　夏　灿（云南机电职业技术学院）
刘　娟（陕西机电职业技术学院）　　杨学平（云南机电职业技术学院）
张超龙（陕西机电职业技术学院）　　张俊东（云南技师学院（云南工贸职业技术
黄晓鹏（陕西交通职业技术学院）　　　　　　学院））
姚　鑫（陕西交通职业技术学院）　　王　永（云南技师学院（云南工贸职业技术
郭晓辉（陕西职业技术学院）　　　　　　　　学院））
韩玉科（陕西职业技术学院）　　　　张伟强（云南技师学院（云南工贸职业技术
吴　菲（商洛职业技术学院）　　　　　　　　学院））
林金地（上海工商职业技术学院）　　杨仕清（云南交通运输职业学院）
周志巍（上海交通职业技术学院）　　闫忠孝（云南交通职业技术学院）
门晓娜（石家庄工程技术学校）　　　周　洋（云南林业职业技术学院）
梁建伟（石家庄职业技术学院）　　　杨海宏（云南省玉溪工业财贸学校）
肖　红（四川城市职业学院）　　　　钱洪恩（云南省玉溪工业财贸学校）
周少璇（四川工商职业技术学院）　　郑　聪（枣庄职业学院）
黄　丹（四川工商职业技术学院）　　曾祥军（淄博职业学院）
许　江（四川职业技术学院）　　　　敖克勇（遵义职业技术学院）

前言

近年来，全球新一轮的科技革命和产业变革加速演进，新一代信息技术及其深度应用已经推动人类社会步入新的发展阶段，智能经济蓬勃发展，对经济社会发展影响深远。汽车技术的发展日新月异，电动化、网联化、智能化、共享化成为汽车产业发展的潮流和趋势。目前，我国汽车产业发展势头迅猛，自主品牌市场份额逐年提高，关键零部件供给能力明显增强，新能源汽车和智能网联汽车产业体系日益完善，都为智能网联汽车的发展奠定了坚实的基础。

2015年5月，国务院印发《中国制造2025》，汽车被列入"十大重点领域"，"智能网联汽车"首次在国家政策层面正式提出。2019年9月，中共中央、国务院印发《交通强国建设纲要》，提出加强智能网联汽车研发，形成自主可控完整的产业链。国家发展和改革委员会、工业和信息化部等11个部委联合发布《智能汽车创新发展战略》，提出到2025年，实现有条件自动驾驶的智能汽车达到规模化生产，实现高度自动驾驶的智能汽车在特定环境下市场化应用。2021年2月，国务院印发《国家综合立体交通网规划纲要》，提出推进智能网联汽车应用，推动智能网联汽车与智慧城市协同发展。在政策、技术与市场等多重因素的影响下，汽车产业作为国民经济的重要支撑，与能源、交通、信息通信等领域有关技术加速融合，正朝着网联化、智能化进程加速推进。智能网联汽车技术的发展已进入快车道，然而目前国内高职院校汽车专业人才培养供给难以满足智能网联汽车产业发展需求。

为了抓住汽车产业智能化发展战略机遇，满足行业对智能网联汽车技术专业人才的需求，加快推进智能汽车技术创新发展，由机械工业出版社牵头组织，唐山工业职业技术大学和中汽恒泰教育科技有限公司等单位联合编写了本书。本书具有以下特点：

1）以党的二十大报告为指导，围绕政治认同、家国情怀、文化素养、宪法法治意识、道德修养等因素，深入挖掘教材内容中蕴含的思政资源，提炼课程思政元素，寓价值观引导于知识传授和能力培养之中，帮助学生树立正确的世界观、人生观、价值观，实现全员全程全方位育人。

2）紧跟教育部出台的职业教育专业简介（2022年修订）中智能网联汽车技术（460704）专业的培养要求，课程教学目标定位于培养德智体美劳全面发展，掌握智能网联汽车结构及工作原理，具备智能网联汽车部件装调、质量检测、故障诊断、试验测试等能力，具有工匠精神和信息素养的高素质技术技能人才。

3）立足先进的职业教育理念，紧跟汽车新技术的发展步伐，结合智能网联汽车技术专业的人才培养模式和课程体系设置等进行教材内容设置，及时反映产业升级和行业发展需求，体现新知识、新技术、新工艺、新方法、新材料。

4）以就业为导向，以岗位能力培养为核心，采用模块化、任务型编写体例，作为专业简介中推荐的专业核心课程"计算平台部署与测试"的配套教材，主要内容包括计算平台认知、Ubuntu系统的安装与使用、NVIDIA显卡的认知与安装、Kinect深度相机的认知与安装、ROS的安装与使用和深度学习工具的认知六个项目。课程建议学时见下表：

项目内容	计算平台认知	Ubuntu系统的安装与使用	NVIDIA显卡的认知与安装	Kinect深度相机的认知与安装	ROS的安装与使用	深度学习工具的认知
推荐学时	8学时	12学时	8学时	8学时	16学时	4学时
课程总学时	56学时					

其中，项目1和项目6以认知结构、了解原理为主；项目2~5分别学习Ubuntu系统、NVIDIA显卡、Kinect深度相机和ROS系统，均包含三个递进安装和调试任务，培养学生计算平台安装、平台调试的关键技能。

5）本书采用立体化呈现形式，借助现代信息技术，科学整合多媒体、多形态、多层次的教学资源，图文并茂、通俗易懂，将与相关视频关联二维码插入书中，以帮助读者自主学习，有效提升学习效果。

本书属于机械工业出版社"职业教育智能网联汽车类专业活页式创新教材"系列，由刘浩丰、刘旭、张荣福担任主编，弋国鹏、廖小吉、周秀明担任副主编，参加编写的还有刘敬、赵永磊、阎海峰和李慧娟。

本书在编写的过程中参考了大量的相关资料，在此向所有参考资料的作者表示感谢，特别感谢中汽恒泰教育科技有限公司的技术支持。

由于编者水平有限，涉及内容较新，书中难免有不足之处，恳请广大读者和专家批评指正。

编 者
2024年9月

目 录

前 言

项目 1　计算平台认知
- 任务 1　计算机系统概述　/ 002
- 任务 2　计算平台整体认知　/ 014
- 任务 3　计算平台架构认知　/ 021

项目 2　Ubuntu 系统的安装与使用
- 任务 1　Ubuntu 系统认知　/ 030
- 任务 2　Ubuntu 系统安装　/ 042
- 任务 3　Ubuntu 系统使用　/ 060

项目 3　NVIDIA 显卡的认知与安装
- 任务 1　显卡的基本认知　/ 082
- 任务 2　显卡的安装事项　/ 095

项目 4　Kinect 深度相机的认知与安装
- 任务 1　深度相机 Kinect V2 驱动的认知　/ 104
- 任务 2　Kinect 相机驱动的安装　/ 111

项目 5
ROS 的安装与使用

任务 1
C++ 的认知 / 121

任务 2
Python 的认知 / 140

任务 3
ROS 的认知 / 168

任务 4
ROS 的安装 / 181

任务 5
ROS 文件系统的构建 / 187

任务 6
ROS 通信系统的构建 / 197

项目 6
深度学习工具的认知

任务 1
深度学习的认知 / 214

任务 2
PyTorch 的认知 / 219

任务 3
YOLO 的认知 / 228

项目 1　计算平台认知

智能网联汽车从交通运输工具逐渐转变为新型智能移动终端。汽车功能和属性的改变导致其电子电气架构随之改变,进而需要更加强大的计算、数据存储和通信功能作为基础,计算平台是满足新型汽车电子电气架构的核心,是新型智能网联汽车电子产业竞争的主战场。

计算平台主要完成汽车行驶和信息交互过程中海量、多源、异构数据的高速计算处理,运用人工智能、信息通信、互联网、大数据、云计算等新技术,实时感知、决策、规划,并参与全部或部分控制,实现汽车的自动驾驶、网联服务等功能。

通过本项目的学习,主要达到以下目标:

目标	具体描述
知识目标	能够了解计算机系统的特点
	能够了解计算平台的等级
	能够掌握计算平台的架构
技能目标	能够独立讲解计算机系统的含义
	能够独立叙述计算平台的发展趋势
	能够讲解计算平台电子电气架构特点
	能够独立描述车载智能计算平台的组成
	能够独立描述 AI 单元、计算单元和控制单元的功能
素质目标	能够正确认识和理解计算平台,培养对计算平台系统及其哲学的尊重和赞赏
	能够养成良好的学习习惯和问题解决能力,能够独立学习和探索计算平台系统的更多功能和特性
	能够培养团队合作和沟通能力,能够与他人分享和交流关于计算平台系统的知识和经验
	能够养成对数据安全和隐私保护的意识,能够合理配置和保护计算平台系统的安全性

本项目的主要任务包括:任务 1　计算机系统概述;任务 2　计算平台整体认知;任务 3　计算平台架构认知。

任务 1
计算机系统概述

任务描述

最近，公司新来一批实习员工，他们对计算机系统并不熟悉，需要对计算机系统有一个清晰的认识，请你为他们讲解计算机系统的组成，并对学习效果进行评价。

任务目标

1）能够了解计算机系统的起源及发展。
2）能够掌握计算机系统的组成及特点。

任务准备

1）防护装备：常规实训着装。
2）教学设备：安装有操作系统的计算机。
3）教学工具：教学课件、计算机主机。

知识准备

一、计算机系统概述

现代计算机基本都遵循冯·诺依曼体系结构，由存储器、运算器、控制器、输入设备和输出设备五部分组成。其中运算器和控制器合称为中央处理器（Central Processing Unit，CPU）。冯·诺依曼结构的计算机工作的基本思想，就是将计算机要处理的问题用指令编成程序，并将程序存放在存储器中；控制器通过执行指令发出控制信号，逐条指令从存储器中取出来执行指令；通过执行程序，最终解决计算机所要处理的问题；其指令和数据不加区别混合存储在同一个存储器中。冯·诺依曼结构计算机的工作原理如图 1-1 所示。

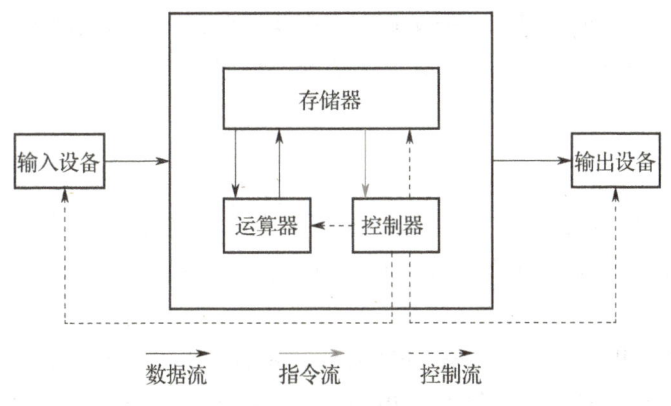

图 1-1　冯·诺依曼计算机体系结构

哈佛结构是冯·诺依曼结构的一个变种。在这种模式下，程序指令和数据在主存储器中是分开存储的。控制器使用两条独立的总线读取程序指令和访问数据，程序空间和数据空间分开。哈佛结构在嵌入式领域使用比较广泛。

随着时间发展和技术的进步，计算机的应用由早期主要用于科学工程计算，发展为各行各业的大量使用。计算机的硬件和软件都有了飞速发展。现在计算机硬件的性能，与二十世纪八九十年代，已不可同日而语。计算机硬件系统的 CPU、指令系统、存储系统、I/O 系统（输入/输出系统）、总线系统都有了巨大的进步，并一起提高了计算机的性能。

二、计算机系统的组成

（一）CPU

由于运算器和控制器的紧密耦合关系，现代计算机通常把运算器和控制器集成在一起，成为中央处理器（Central Processing Unit，CPU）。CPU 是计算机系统的核心运算部件，是计算机的大脑。CPU 除了包括运算器、控制器、寄存器外，还包括数据通路。数据通路是一个通过内部总线连接存储单元和算术逻辑单元（ALU）组成的网络。一个简单 CPU 的数据通路如图 1-2 所示。

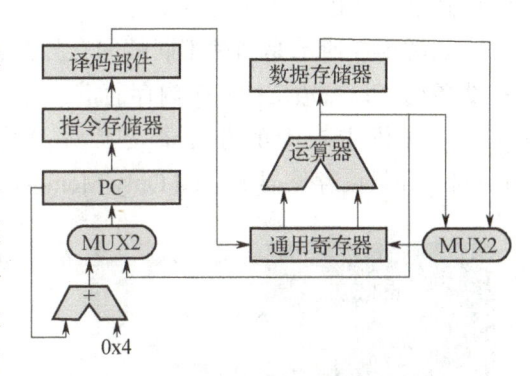

图 1-2　CPU 的数据通路

随着芯片集成度的提高，CPU 还集成了其他部件，比如高速缓存（Cache）部件、内存控制器等。

CPU 的功能主要是从主存储器取得指令，对指令译码，执行指令，把执行结果写回存储器或寄存器，然后根据当前指令的信息确定下一条指令的地址，这个过程称为一个指令周期。重复上述指令周期，直到程序执行完毕。指令周期包括取指子周期、执行子周期和中断子周期。完成一个子周期所用的时间为 CPU 周期。完成一个不可分解的微操作动作所用的时间为节拍周期，节拍周期常作为定义 CPU 时钟周期的依据。时钟周期是计算机中最基本最小的时间单位，时钟周期 =1/CPU 主频。一般情况下，主频越高，CPU 运行速度越快。每个 CPU 周期可包含一个或多个时钟周期，若干个 CPU 周期组成一个指令周期。

（二）存储器

计算机系统的程序与数据是存放于存储器当中。存储器的种类很多，按其用途可分为主存储器和辅助存储器。主存储器又称内存储器，简称内存，辅助存储器又称外存储器，简称外存。

内存界于 CPU 和外存之间，是 CPU 对外存中程序与数据进行高速运算时存放程序指令、数据和中间结果的临时场所。CPU 可以直接访问内存，I/O 设备也频繁地与它交换数据。内存的存取速度往往满足不了 CPU 的快速要求，容量也满足不了应用的需要，因此在 CPU 中设置高速缓存（Cache），以减少 CPU 运算速度与内存速度的差距。数据和指令在 Cache 和主存储器之间的调动由硬件自动完成。为扩大存储器容量，使用磁盘、磁带、光盘等能存储大量数据的存储器作为辅助存储器。计算机运行时所需的应用程序、系统软件和数据等都先存放在辅助存储器中，在运行过程中分批调入主存储器。数据和指令在主存储器和辅助存储器之间的调动由操作系统完成。现代计算机访问内存时采用虚拟地址，操作系统负责维护虚拟地址和物理地址转换的页表，集成在 CPU 中的存储管理部件（Memory Management Unit，MMU）负责把虚拟地址转换为物理地址。

内存的读写速度对计算机的整体性能影响很大。为了提升处理器的访存性能，现代的 CPU 通常都将内存控制器与 CPU 集成在同一芯片内，以减小平均访存延迟。内存控制器决定了计算机系统所能使用的最大内存容量、内存通道数和内存条数、内存类型、访问速度、数据宽度等重要参数。

如图 1-3 所示是两种不同的内存控制器。左边支持 4 个内存通道，每个内存通道可插 2 条内存；右边支持 6 个内存通道，每个内存通道可插 2 条内存。

计算机主板上的存储器芯片可分为随机读写存储器（Random Access Memory，RAM）和只读存储器（Read Only Memory，ROM）两大类。

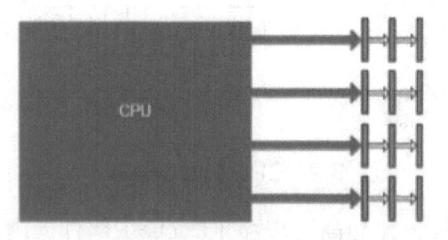

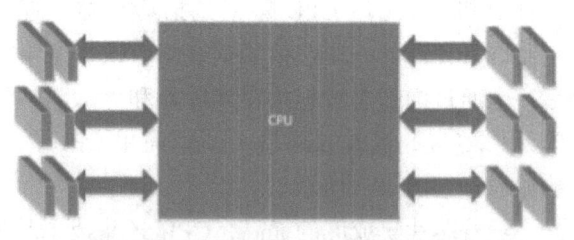

图 1-3　四通道、六通道内存控制器

RAM 一般是指内存，其实 RAM 是一种可随机读写的存储器。RAM 外部有地址引线、数据引线和控制信号引线。地址引线在芯片内部译码，选中芯片内部的相应存储单元。

ROM 用来存放引导程序和基本输入输出系统（Basic Input Output System，BIOS）等。ROM 根据工艺的不同，分不可改写的、可一次改写和可多次改写的。现在常用的 ROM

有 EPROM 和 EEPROM。EPROM 是一种可以擦去重写的只读存储器，通常用紫外线对其窗口进行照射，即可把它所存储的内容擦去然后又可以用电的方法对其重新编程，写入新的内容。EEPROM 是电擦除可编程只读存储器的英文缩写。EEPROM 在擦除及编程上比 EPROM 更加方便，可以在线进行擦除和编程。

高速缓存（Cache）一般由速度快的 SRAM 实现，DRAM 用来实现内存（主存储器），磁盘或闪存组成大容量的辅助存储器。

相应的存储层级如图 1-4 所示，速度越快，则相应的成本越高。

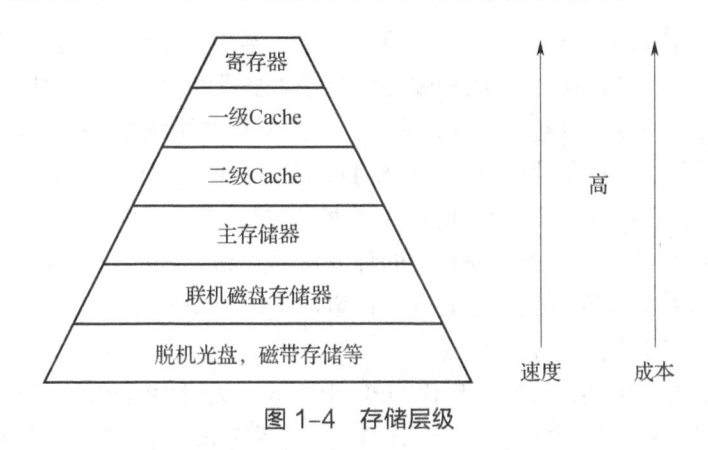

图 1-4　存储层级

存储器的主要评价指标为存储容量和访问速度。存储容量越大，可以存放的程序和数据越多；访问速度越快，处理器访问的时间越短。

（三）总线

总线是一种内部互连机构，是计算机各模块 CPU、内存、输入设备、输出设备间进行信息传输的一组电子通道。计算机的各个部件通过总线相连接，外部设备通过相应的控制接口再与总线相连接，从而形成了计算机硬件系统。计算机是以总线结构来连接各个功能部件的，计算机的总线结构决定了计算机的运算能力、扩展规模和并行能力。

总线的本质作用是完成数据交换。总线用于将两个或两个以上的部件连接起来，使得它们之间可以进行数据交换（或者说通信）。总线含义很广，它不是仅指用于数据交换的通道，有时也包含了软件硬件架构。比如 PCI 总线、USB 总线，它们不仅是指主板上的某个接口，还包含了与之相对应的整套硬件模型、软件架构。

总线设备是总线上连接的各种器件、部件、模块等计算机功能部件。主设备（master）是总线上的主控器，是发布控制命令的设备，如 CPU。从设备（slave）是总线上的被控对象，是接受控制命令的设备，如存储器和 I/O 设备。

总线的分类可以从多个角度进行。按照数据传递的方向，总线可以分为单向总线和双向总线。按照总线使用的信号类型，总线可以分为并行总线和串行总线。并行总线包含多位传输线，在同一时刻可以传输多位数据，而串行总线只使用一位传输线，同一时刻只传输一位数据。

（四）外设

输入/输出设备（简称 I/O 设备）常被称为外设。它们实现计算机与外部世界的信息交换。传统的 I/O 设备有键盘、鼠标、打印机和显示器等；新型的 I/O 设备能进行语音、图像、视频的输入和输出，以及手写体文字输入，支持计算机之间通过网络进行通信。磁盘等辅助存储器在计算机中也当作 I/O 设备来管理。

1. GPU

图形处理单元（Graphics Processing Unit，GPU）是与 CPU 联系最紧密的外设之一，主要用来处理 2D 和 3D 的图形、图像和视频，以支持基于视窗的操作系统、图形用户界面、视频游戏、可视化图像应用和视频播放等。

GPU 最早是作为一个独立的板卡出现的，称为显卡。常说的独立显卡和集成显卡指 GPU 是作为一个独立的芯片出现还是被集成在芯片组或处理器中。现代 GPU 内部包含了大量的计算单元，可编程性越来越强，除了用于图形图像处理外，也越来越多地用作高性能计算的加速部件。GPU 驱动提供 OpenGL、DirectX 等应用程序编程接口以方便图形编程。

GPU 的作用是对图形 API 定义的流水线实现硬件加速，从内存或显存中取出顶点信息，对每一个顶点进行坐标和各种属性的计算，然后组合成图元，通过矢量化得到被图元覆盖的像素点及其深度信息，然后进行像素渲染及逐像素操作，进行模板测试、深度测试、颜色混合和逻辑操作等。

图形应用具有天生的并行性，现代 GPU 中集成了大量可编程的计算处理核心，这种大规模并行的计算模式非常适合于科学计算应用，所以在高性能计算机领域，GPU 常被用作计算加速单元配合 CPU 使用。

2. 硬盘

计算机除了需要内存存放程序的中间数据外，还需要具有永久记忆功能的存储体来存放需要较长时间保存的信息。比如操作系统的内核代码、文件系统、应用程序和用户的文件数据等。该存储器希望容量足够大、价格便宜、速度不能太慢。在计算机的发展历史上，磁性存储材料正好满足了以上要求。磁性材料具有断电记忆功能，可以长时间保存数据；磁性材料的存储密度高，可以搭建大容量存储系统；同时，磁性材料的成本很低。其缺点是存取速度较慢，机械结构复杂，对工作环境要求较高。

如图 1-5 所示为硬磁盘结构及记录面扇区示意图。盘片的上下两面都能记录信息，通常把磁盘片表面称为记录面，记录面上一系列同心圆称为磁道。每个盘片表面通常有几十到几百个磁道，每个磁道又分为若干个扇区。

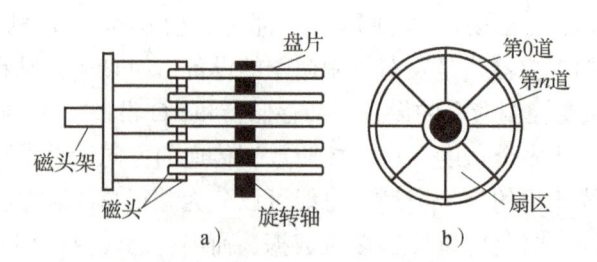

图 1-5 硬磁盘结构及记录面扇区示意图

为了减少干扰，磁道之间要保持一定的间隔，沿磁盘半径方向，单位长度内磁道的数目称为道密度。常用的道密度单位是：道 /mm，或道 /in（英寸）。

位密度是指在磁道圆周上单位长度内存储的二进制位的个数。常用的位密度单位是：bit/mm，或 bit/in。为了简化电路设计，规定每个磁道上的记录位数相同。

存储容量是指整个磁盘所能存储的二进制信息的总量。磁盘的容量有非格式化容量和格式化容量之分。格式化容量 = 每个扇区的字节数 × 每道的扇区数 × 每个记录面的磁道数 × 记录面数。

平均存取时间是指从发出读写命令开始，磁头从某一位置移动到指定位置并开始读写数据所需的时间。它等于平均寻道时间与平均等待时间之和。寻道时间是指磁头移动到目标磁道（或柱面）所需要的时间，平均寻道时间由磁盘存储器的性能决定，是个常数。等待时间是指待读写的扇区旋转到磁头下方所用的时间，一般选用磁盘旋转一周所用时间的一半作为平均等待时间。

转速是指硬盘内驱动电机主轴的旋转速度，单位为 r/min（转 / 分钟，也写作 RPM）。数据传输率是指磁头找到数据的地址后，单位时间内写入或读出的字节数。数据传输率 = 每个扇区的字节数 × 每道扇区数 × 磁盘的转速。

3. 闪存

闪存（Flash Storage）是一种半导体存储器，它和磁盘一样是非易失性的存储器，但是它的访问延迟却只有磁盘的千分之一到百分之一，而且它尺寸小、功耗低、抗振性更好。常见的闪存有 SD 卡、U 盘和 SSD 固态硬盘等。与磁盘相比，闪存的每 GB 价格较高，因此容量一般相对较小。目前闪存主要应用于移动设备中，如移动电话、数码相机、MP3 播放器，主要原因在于它的体积较小。

闪存在移动市场具有很强的应用需求，工业界投入了大量财力推动闪存技术的发展。随着技术的发展，闪存的价格在快速下降，容量在快速增加，因此 SSD 固态硬盘技术获得了快速发展。SSD 固态硬盘是使用闪存构建的大容量存储设备，它模拟硬盘接口，可以直接通过硬盘的 SATA 总线与计算机相连。

如图 1-6 所示是 SSD 固态硬盘的内部结构图。

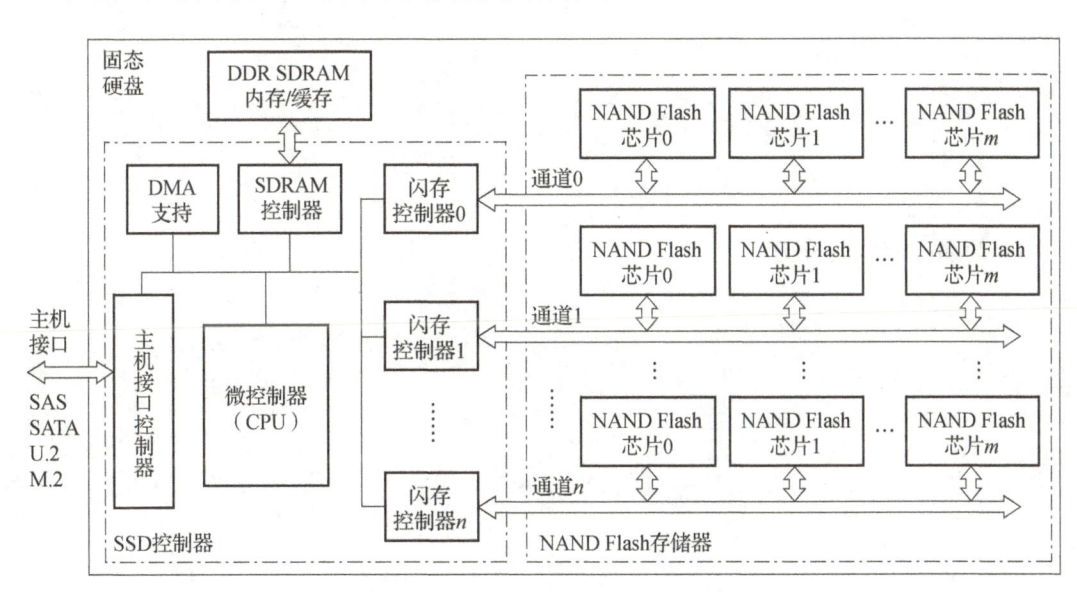

图 1-6　SSD 固态硬盘的内部结构图

前面所列的 SD 卡、U 盘和 SSD 固态硬盘一般都是用 NAND 型闪存构建的。它的存储密度比较高，每 GB 的成本比较低，没有机械部分，可靠性高，速度快，功耗低，体积小，抗振性能好，无噪声。因此 NAND 型闪存适合构建大容量的存储设备。使用闪存技术构建的永久存储器存在一个问题，即闪存的存储单元随着擦写次数的增多存在损坏的风险。为了解决这个问题，大多数 NAND 型闪存产品内部的控制器采用地址块重映射的方式来分布写操作，目的是将写次数多的地址转移到写次数少的块中。该技术被称为磨损均衡（Wear Leveling）。闪存的平均擦写次数在 10 万次左右。SSD 固态硬盘还有数据检错纠错和坏块表机制，NAND 闪存出厂时允许不超过 2% 的坏块，要通过坏块表屏蔽。SSD 在使用时要通过 ECC 检错机制发现新的坏块，并加入坏块表中。

任务实施

1. 在教师的引导下，以小组为单位学习相关技能，并完成下列作业：
1）计算机工作的基本思想是什么？

2）计算机系统包括什么？

3）简述存储器的分类。

2. 在教师的引导下分组，以小组为单位学习相关知识，并结合计算机系统的组成，完成以下作业：

1）在计算机上查找系统部件，绘制计算机系统框图。

2）按照计算机硬件系统，标明各个组件的位置，并完成下列数据采集表格。

工作任务	绘制计算机系统框图
①结合所学知识及线上资源，绘制计算机系统框图。	

②根据所绘制的计算机系统框图，写出各部件的功能。

组件	详细功能	安装位置

评价反馈

1. 学习效果评价：找一辆智能网联汽车，完成与本任务相同的作业。
2. 学习过程评价：

项目	评价内容	评价等级 A	B	C
关键能力考核项目	遵守纪律，遵守学习场所管理规定，服从安排			
	安全意识、责任意识、5S 管理意识，注重节约、节能与环保			
	学习态度积极主动，能参加实习安排的活动			
	团队合作意识，注重沟通，能自主学习及相互合作			
	仪容仪表符合活动要求			
专业能力考核项目	按时按要求独立完成工作页、任务			
	工具、设备选择得当，使用符合技术要求			
	操作规范，符合要求			
	学习准备充分、齐全			
	注重工作效率与工作质量			
	技能点 1：			
	技能点 2：			
小组评语及建议		组长签名： 　　　　年　　月　　日		
老师评语及建议		老师签名： 　　　　年　　月　　日		

知识拓展

- 能够详细描述指令集的种类及特点。
- 能够详细描述缓存的工作原理。
- 能够描述多路 CPU 的特点。

一、指令集

计算机只认识机器语言，一台计算机的设计首先是设计一套计算机能认识的指令系统。指令系统定义了 CPU 的大部分功能，定义了底层软件和硬件的接口，是软件和硬件的主要界面。

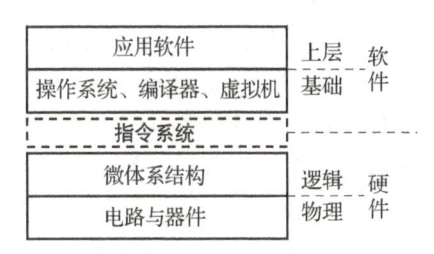

图 1-7 计算机系统结构

如图 1-7 所示，计算机系统可分为四个层次，分别为应用软件、基础软件、硬件电路和物理载体。软件以指令形式运行在 CPU 硬件上，而指令系统介于软件和硬件之间，是软硬件交互的界面，有着非常关键的作用。软硬件本身的更新迭代速度很快，而指令系统则可以保持较长时间的稳定。

每种 CPU 都有自己的指令系统，根据指令长度的不同，指令系统可分为复杂指令集（Complex Instruction Set Computer，CISC）、精简指令集（Reduced Instruction Set Computer，RISC）和超长指令字（Very Long Instruction Word，VLIW）指令字集三种。

早期的 CPU 都采用 CISC 结构，如 Intel 的 x86 系列、Motorola 的 68000 等。CISC 的指令长度可变，指令系统复杂，指令数多，寻址方式多，指令格式多，各种指令都可以访问存储器。这简化了软件和编译器的设计，在早期相应提高了执行效率，但也增加了硬件设计的复杂性。

随着计算机的发展，硬件复杂度逐渐提高，CISC 结构出现了一系列问题。大量复杂指令在实际中很少用到，消耗大量精力的复杂设计只有很少的回报，复杂的微代码翻译增加了指令流水线设计难度，并降低频繁使用的简单指令的执行效率，也难以用优化编译生成高效的目标代码程序。

针对 CISC 出现的问题，RISC 遵循简化和提高效率的思路。根据统计，大部分程序使用的 80% 指令，只占总指令集的 20%。RISC 指令长度固定，简化了指令功能、复杂度、指令编码和访存类型，单个指令执行周期短，译码简单，寻址方式简单。RISC 便于实现高效的指令流水线、多发射等技术，能够开发出更有效的优化编译器。

典型的 RISC 机器有 Sparc、ARM、MIPS、PowerPC 和龙芯等。

随着芯片密度和硬件速度逐渐提高，RISC 系统越来越复杂，有些 CISC 的特色值得 RISC 借鉴，而 CISC 也在借鉴 RISC 的优点，如增加寄存器数量和指令流水线设计等。

VLIW 结构的最初思想是最大限度利用指令级并行（Instruction Level Parallelism，ILP），VLIW 的一个超长指令字由多个互不存在相关性（控制相关、数据相关等）的指令组成，可并行进行处理。VLIW 可显著简化硬件实现，但增加了编译器的设计难度。

VLIW 结构主要用于 Intel 和 HP 合作的 Itanium（IA-64）处理器。

为提高指令的执行效率，现代指令集多采用指令流水线技术、转移预测技术、乱序执行技术、多发射技术。指令流水线和高速缓存（Cache）是一个完美的结合。

指令流水线把一条指令的执行划分为若干阶段（如分为取指、译码、执行、访存、写回阶段）来减少每个时钟周期的工作量，从而提高主频；并允许多条指令的不同阶段重叠执行实现并行处理（如一条指令处于执行阶段时，另一条指令处于译码阶段）。虽然同一条指令的执行时间没有变短，但处理器在单位时间内执行的指令数增加了。

冯·诺依曼结构指令驱动执行的特点使转移指令成为提高流水线效率的瓶颈。转移预测技术可以消除转移指令引起的指令流水线阻塞。转移预测器根据当前转移指令或其他转移指令的历史行为，在转移指令的取指或译码阶段预测该转移指令的跳转方向和目标地址并进行后续指令的取指。

乱序执行技术通过指令动态调度允许某指令后面的源操作数准备好的指令越过此指令执行（需要使用此指令运算结果的指令由于源操作数没有准备好，不会越过此指令执行），以提高指令流水线效率。

多发射技术允许指令流水线的每一阶段同时处理多条指令。

二、缓存（Cache）

随着工艺的提高，CPU 的运算速度越来越快，而内存速度的提高不够快，两者之间存在着巨大的差异，访问内存的延迟成为限制 CPU 运算的主要瓶颈。CPU 访问片内寄存器的速度要比访问内存的速度快 30 倍，因此在 CPU 内部设置一片存储区域，称为 Cache，通常将系统最常用的指令放在 Cache 中，减少重复从内存调用指令的时间。Cache 是内存的映像，其内容是内存内容的子集，处理器访问 Cache 和访问内存使用相同的地址。Cache 的工作原理是利用了程序和数据访问的空间和时间的局部性原理：在一段较短的时间间隔内，程序和数据访问集中在某一较小的内存地址空间执行。因此，可以把当前正在执行的程序和正在访问的数据放在 Cache 里。程序执行时，直接访问快速的 Cache，而不是从慢速的内存取指令和数据。如图 1-8 所示为 CPU、Cache 和内存之间的通信连接原理图。

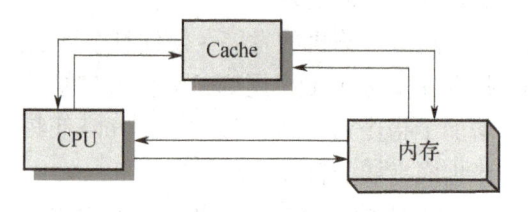

图 1-8 CPU、Cache 和内存之间的通信连接原理图

不同的 Cache 内容替换算法会影响 Cache 的命中率。Cache 的替换算法有随机替换算法（RAND）、先进先出算法（FIFO）、近期最少使用算法（LRU）、最不经常使用算法（LFU）、最优替换算法。

CPU 性能的增长速度比内存的要快很多，这使缺失代价的相对成本将越来越高。因此，有时只有一级 Cache 不足以弥补 CPU 与内存之间的速度差异，所以 CPU 生产商设置了二级、三级 Cache，甚至有四级 Cache，以此弥补 CPU 速度和内存速度的差异。

三、多路 CPU 和多核 CPU

由于单个处理器的性能满足不了应用的需求，人们一直在研究多路 CPU 并行运算的结构，即在一台计算机上配置多颗 CPU，这些 CPU 共享总线和内存，并行处理程序。多路 CPU 可以共享 Cache，也可以拥有独立的 Cache。随着半导体工艺的发展，单芯片上晶体管数目大幅增多，把多处理器的技术应用在一颗 CPU 上，在一颗 CPU 上集成多个处理器核，就是多核 CPU。

多路 CPU 架构主要分为三类：对称多处理器结构（Symmetric Multi-Processor，SMP）、非一致存储访问结构（Non-Uniform Memory Access，NUMA）、海量并行处理结构（Massive Parallel Processing，MPP）。

SMP 是发展最早，也是最常用的结构。它的主要特征是共享，即共享系统中所有资源（CPU、内存、总线、I/O 等）。多核 CPU 也常采用 SMP 结构。由于所有资源基于共享，尤其是内存共享，容易形成瓶颈，SMP 结构的扩展能力有限。

NUMA 结构是一种分布式共享存储体系结构，具有多个 CPU 模块，每个 CPU 模块由多个 CPU（如 4 个）组成，并且具有独立的本地内存、I/O 槽口等。处理器访问本地内存和远程内存的延迟不同，共享数据可进入处理器私有 Cache，并由系统保证同一数据的多个副本的一致性。NUMA 的可扩展性比 SMP 结构要好，但由于访问远地内存的延时远远超过本地内存，因此当 CPU 数量增加时，系统性能无法线性提高。并且，硬件维护数据一致性会导致复杂性很高。

MPP 是由多个 SMP 服务器通过一定的节点互联网络进行连接，协同工作，完成相同的任务，类似一个多服务器的网络系统在并行操作。其基本特征是由多个 SMP 服务器（每个 SMP 服务器称节点）通过节点互联网络连接而成，每个节点只访问自己的本地资源（内存、存储等），不访问远地内存，是一种完全无共享（Share Nothing）结构。MPP 结构的扩展能力最好。但 MPP 服务器需要一种复杂的机制来调度和平衡各个节点的负载和并行处理过程。

通用多核处理器采用共享存储结构，同一 CPU 片上 Cache 的种类主要有：私有 Cache、片上共享 Cache、片间共享 Cache。由于一级 Cache 的访问速度对性能影响大，通用多核处理器的一级 Cache 几乎都是私有的，二级 Cache、三级 Cache 可以共享。如图 1-9 所示为 Intel 的 Conroe 双内核微架构图。

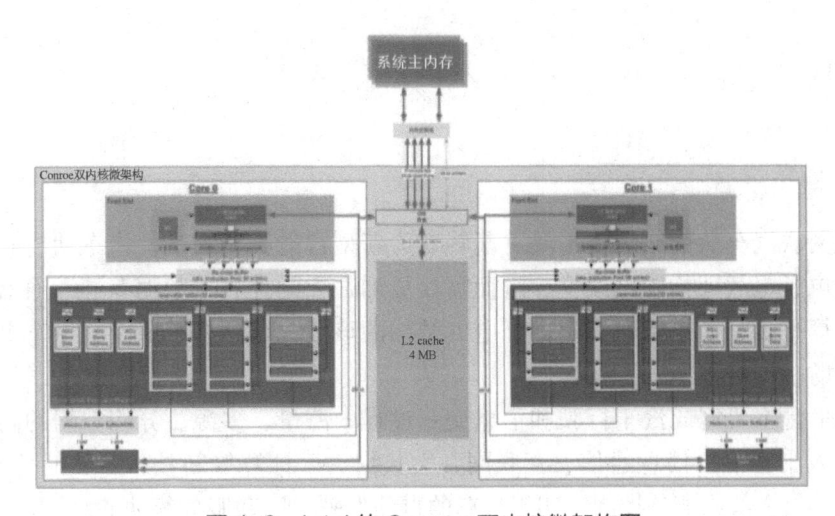

图 1-9　Intel 的 Conroe 双内核微架构图

任务 2
计算平台整体认知

计算平台整体认知

任务描述

最近，公司新来一批实习员工，他们对计算平台并不了解，需要对计算平台有一个清晰的认识，请你为他们介绍什么是计算平台，并说明它的作用是什么。

任务目标

1）了解计算平台现状及发展历程。
2）了解计算平台的等级。
3）能够讲解域控制器方式的电子电气架构的特点。

任务准备

1）防护装备：常规实训着装。
2）教学设备：智能网联汽车。
3）教学工具：教学课件、计算平台。

知识准备

一、计算平台的含义

智能网联汽车从交通运输工具逐渐转变为新型智能移动终端。汽车功能和属性的改变导致其电子电气架构随之改变，进而需要更加强大的计算、数据存储和通信功能作为基础。计算平台是满足新型汽车电子电气结构的核心，是新型智能网联汽车电子产业竞争的主战场。

计算平台主要完成汽车行驶和信息交互过程中海量、多源、异构数据的高速计算处理，运用人工智能、信息通信、互联网、大数据、云计算等新技术，实时感知、决策、规划，并参与全部或部分控制，实现汽车的自动驾驶、网联服务等功能。

计算平台是基于异构分布式硬件平台、融合并集成系统软件和功能软件的原型系统，根据差异化需求进行硬件定制和应用软件加载。其硬件架构包括 AI 单元、计算单元和控制单元；其操作系统包含复杂嵌入式系统的汽车定制化系统软件和密切结合自动驾驶需求的通信功能软件。

二、计算平台的角色定位

随着自动驾驶级别的提升，获取外部信息的数量也随之增加，自动驾驶系统所需要处理的数据呈几何级数增长，由于自动驾驶对实时性、安全等级的要求不断提高，新型电子电气架构需要经济高效地提供高性能计算能力，并具备良好的可拓展性，如图 1-10 所示。计算平台基于异构分布的硬件平台，集成自动驾驶操作系统，可以提供高性能计算能力，实现集中控制策略，保障智能网联汽车感知、规划、决策、控制功能模块的高速可靠运行，满足 L3 级以上自动驾驶车辆的需求。

计算平台作为智能网联汽车车端"大脑"，负责处理实时性要求高、安全等级要求高的自动驾驶相关数据和功能，与智能终端基础平台共同构成车端的算力系统，支撑不同安全等级需求的网联化自动驾驶以及人机交互的车端实现。随着整车电子电气架构的变革，算力将会由车端向云端部分转移和布局，云控平台就是计算平台在云端算力的具体实现。云控基础平台利用其超视距的感知信息获取能力，实现车端与场端的感知融合，进而实现协同决策控制，解决单车智能的局限性问题。

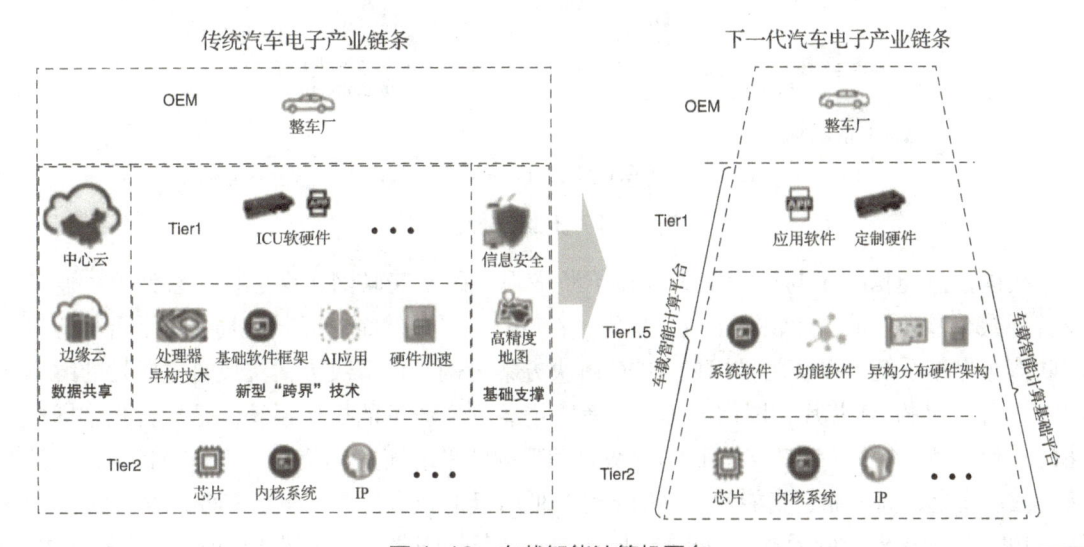

图 1-10　车载智能计算机平台

三、计算平台的现状与发展历程

世界汽车产业正在进行"新四化"技术革命和行业变革，计算平台及其搭载的自动驾驶操作系统作为支撑汽车"新四化"的平台技术，逐渐成为国内外整车企业和相关科技公司竞争的热点。

特斯拉是最开始研发计算平台的，也是第一个开始研发计算平台芯片的整车企业。

以 Autopilot HW 为代表，从第一代的 HW1.0 迭代到 HW3.0，特斯拉首款自主研发芯片 FSD 取代了英伟达 Driver PX2。相对国外车企，国内车企在车用芯片、操作系统等产业链的核心环节较为薄弱，因此主要采取渐进式开发路线。以吉利汽车为例，吉利汽车 2017 年发布了 G_Pilot 自动驾驶战略，提出了面向自动驾驶技术研发 G_Pilot1.0 到 G_Pilot4.0 的技术规划。

随着汽车企业不断布局自动驾驶战略，以英伟达、英特尔、谷歌等为代表的国外科技企业也在大力推动计算平台的发展。

英伟达以行业较领先的高性能安全芯片为核心，提供了完整的硬件平台和基础软件平台。NVIDIA DRIVE 平台属于端的开放式自动驾驶平台，支持 L3、L4 甚至 L5 级的自动驾驶，开放软件栈包含了 ASIL_D OS、深度学习、计算机视觉 SDK 到自动驾驶应用；整合了深度学习、传感器融合和环绕立体视觉等技术，且基于 Drive Orin 打造的自动驾驶软件堆栈可以实时理解车辆周围的情况，完成精确定位并规划出最为安全高效的路径，如图 1-11 所示。

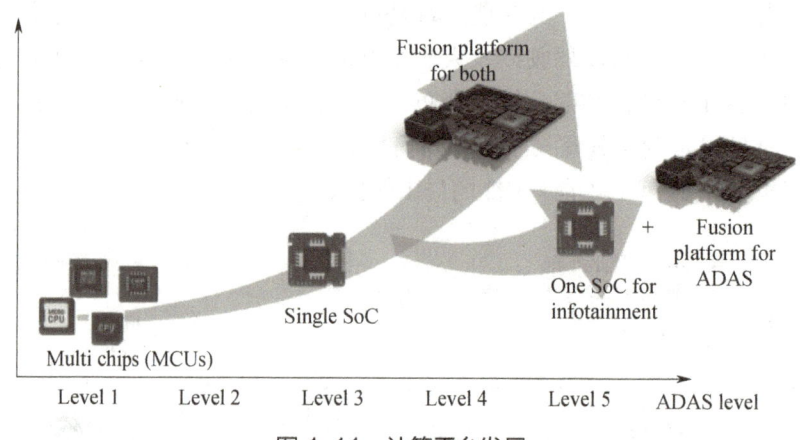

图 1-11　计算平台发展

我国信息通信技术与产业实力也在不断增强，移动互联网、大数据、云计算、通信设备等领域形成一批国际领军企业，华为、百度、地平线等企业开始布局计算平台与智能网联汽车操作系统。以华为推出的 MDC 解决方案为例，该解决方案集成自主研发的鲲鹏 CPU 芯片、昇腾 AI 芯片、图像处理芯片等，搭载创新研发的操作系统，是平台化、标准化的系列产品。华为 MDC 支持 L2~L5 级自动驾驶的平滑演进，兼容 AUTOSAR 架构，具有高效、安全、高可靠、高能效、高确定性、低时延的技术优势，满足 ISO 26262 ASIL-D 等级功能安全要求。平台可与不同合作伙伴的多种类传感器、执行部件相连，并支持感知、融合、定位、决策、规划、控制等不同合作伙伴的应用算法，实现不同场景的应用。

四、计算平台的发展趋势

伴随着通信网络技术、计算机和软件技术、芯片和设计技术、控制和信息处理技术的成熟发展，其相关技术在汽车领域也得到了广泛应用。汽车的智能化、网络化、信息化和集成化进程不断加速。

从电子电气架构的角度看，计算平台正在从分布式向集中式发展，其中核心的目标是为软件开发创造更加高效的环境，其中包括四个关键趋势：计算集中化，软硬件解耦，平台标准化以及功能开发生态化。

博世公司将整个汽车电子电气架构的发展分为 6 个阶段：模块化阶段、整合阶段、集中化阶段、域（间）融合阶段、车载中央计算机＋区控制器阶段和车载中央计算机＋云服务阶段，如图 1-12 所示。

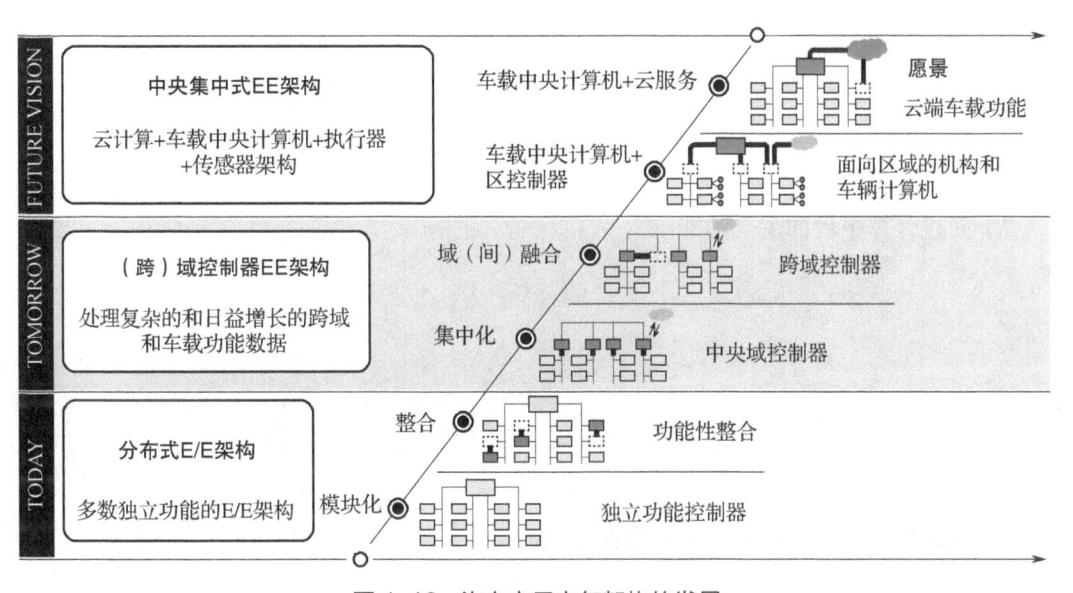

图 1-12 汽车电子电气架构的发展

智能网联汽车的电子电气架构正在由分布式架构向集中式架构发展，多个控制单元融合并由域控制器集中控制，各个域控制器间通过高速总线通信。采用域控制器方式的电子电气架构是当前主流的架构设计思路，其特点如下：

1）高集成度的处理平台。将多个独立 ECU 的功能进行融合，形成高集成度的集中处理平台，通过对多个功能进行统一调度和管理来实现某一复杂功能，以满足复杂任务的要求。

2）高速的数据传输与处理。采用车载以太网等新型总线传输协议，提高整车网络的通信速度和通信带宽，以满足高速、高容量数据传输的要求。

3）标准化的软硬件平台。标准化平台具备良好的可移植性和可扩展性，具有灵活增加或删除功能，可以满足各类产品对功能与成本的不同要求。

4）系统软硬件分离。系统软硬件的分离设计可以使软件不依赖硬件存在，实现软件对硬件的解耦，在不同的硬件平台之间可以灵活地进行程序的开发和移植。

5）具备可重构性。能够使开发者根据不同的设计需求灵活调整相应的功能，同时可以被反复利用，缩短研发周期，降低研发成本。

6）支持外部环境互联特性。汽车不再作为一个相对封闭的系统，而是具备与外部环境进行互通互联的能力，有效地支持车辆智能化、网络化发展需求。

7）更高级别的安全策略。随着汽车智能化程度越来越高，车外通信的复杂程度和未知情况，对车内处理单元的安全策略要求越来越高，必须提高安全策略级别以应对复杂多变的外部环境。

任务实施

1. 在教师的引导下，以小组为单位学习相关技能，并完成下列作业：
1）计算平台由哪些部件组成？

2）简述计算平台的主要功能。

3）简述域控制器方式架构设计思路的特点。

2. 在教师的引导下分组，以小组为单位学习相关知识，并结合整车计算平台控制线路图，完成以下作业：
1）在车辆上查找计算平台。
2）按照下列表格索引，完成车载计算平台的更换。

工作任务	车载计算平台的更换

结合所学知识及维修手册，完成车载计算平台的更换。

步骤	详细说明	注意事项

评价反馈

1. 学习效果评价：找一辆智能网联汽车，完成与本任务相同的作业。
2. 学习过程评价：

项目	评价内容	评价等级		
		A	B	C
关键能力考核项目	遵守纪律，遵守学习场所管理规定，服从安排			
	安全意识、责任意识、5S 管理意识，注重节约、节能与环保			
	学习态度积极主动，能参加实习安排的活动			
	团队合作意识，注重沟通，能自主学习及相互合作			
	仪容仪表符合活动要求			
专业能力考核项目	按时按要求独立完成工作页、任务			
	工具、设备选择得当，使用符合技术要求			
	操作规范，符合要求			
	学习准备充分、齐全			
	注重工作效率与工作质量			
	技能点 1：			
	技能点 2：			
小组评语及建议		组长签名： 　　　　　年　　月　　日		
老师评语及建议		老师签名： 　　　　　年　　月　　日		

知识拓展

- 了解自动驾驶的等级。
- 能够描述车载电子芯片的发展趋势。

一、自动驾驶等级

在自动驾驶技术分级中，L2 和 L3 是重要的分水岭。L2 及以下级别的自动驾驶技术仍然是辅助驾驶技术，尽管可以在一定程度上解放双手（Hands Off），但是环境感知、接

019

管仍然需要人来完成，即由人来进行驾驶环境的观察，并且在紧急情况下直接接管。而在 L3 中，环境感知的工作将交由机器来完成，驾驶员可以不用再关注路况，从而实现了驾驶员双眼的解放（Eyes Off）。而 L4、L5 则带来自动驾驶终极的驾驶体验，在规定的使用范围内，驾驶员可以完全实现双手脱离转向盘以及注意力的解放（Minds Off），被释放了手、脚、眼和注意力的人类，将能真正摆脱驾驶的羁绊，享受自由的移动生活。从实际应用价值来看，L3、L4 相对于辅助驾驶技术有质的提升，从驾驶辅助（L2）到部分自助驾驶（L3），最终实现有条件自动驾驶（L4）和高度/完全自动驾驶（L5）。L3 将成为用户价值感受的临界点，将成为产业的重要分水岭，如图 1-13 所示。

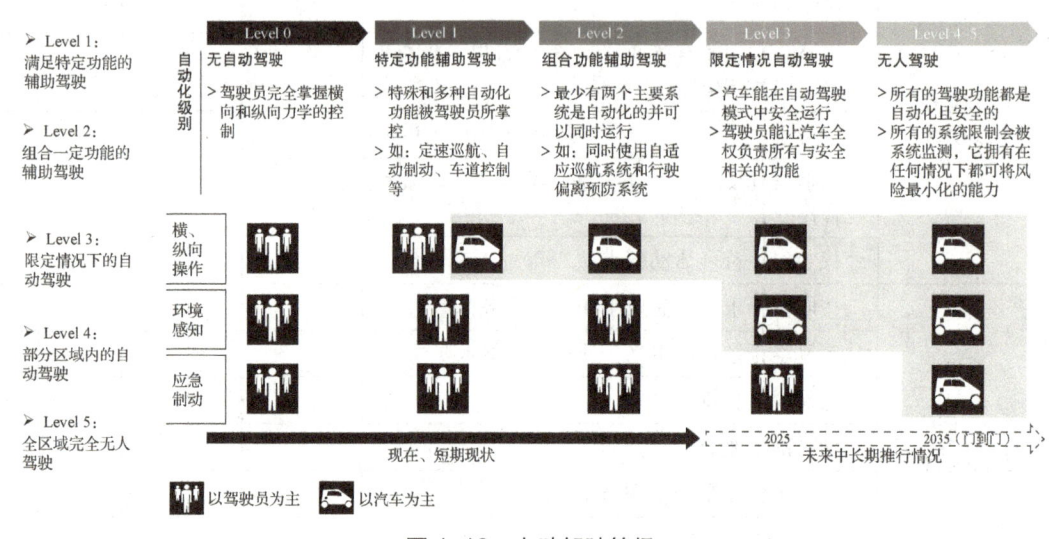

图 1-13 自动驾驶等级

二、车载计算单元电子芯片的发展趋势

过去车载计算单元电子芯片以与传感器一一对应的电子控制单元（ECU）为主，主要分布于发动机等核心部件上。随着汽车智能化的发展，汽车传感器越来越多，传统的分布式架构逐渐落后，由中心化架构域控制器（Domain Control Unit，DCU）、多域控制器（Multi Domain Controller，MDC）逐步替代。

随着人工智能的发展，汽车智能化形成趋势，目前辅助驾驶功能渗透率越来越高，这些功能的实现需要借助于摄像头、雷达等新增的传感器数据，其中视频（多帧图像）的处理需要大量并行计算，传统 CPU 算力不足，这方面性能强大的图形处理器（GPU）代替了中央处理器（CPU）。再加上辅助驾驶算法需要的训练过程，GPU+FPGA 成为目前主流的解决方案。

着眼未来，自动驾驶也将逐步完善，届时又会加入激光雷达的点云（三维位置）数据以及更多的摄像头和雷达传感器，GPU 也难以胜任。专用集成电路（ASIC）在性能、能耗和大规模量产成本上均显著优于 GPU 和现场可编辑门列阵（FPGA），定制化的 ASIC 芯片在相对低水平的能耗下，提升车载信息的数据处理速度。随着自动驾驶定制化需求的提升，ASIC 专用芯片将成为主流。

任务 3
计算平台架构认知

任务描述

最近，公司新来一批实习员工，他们对计算平台并不了解，需要对计算平台有一个清晰的认识，请你为他们介绍计算平台是由哪些部分组成的，并说明各组成部分的作用是什么。

任务目标

1）掌握计算平台的架构。
2）能够独立描述车载智能计算平台的组成。
3）能够独立描述 AI 单元、计算单元和控制单元的功能。

任务准备

1）防护装备：常规实训着装。
2）教学设备：智能网联汽车。
3）教学工具：教学课件、自动驾驶计算平台结构图。

知识准备

一、智能驾驶计算平台的结构

智能驾驶计算平台自底向上划分为硬件平台、系统软件、功能软件和场景应用软件四层结构，如图 1-14 所示。硬件平台基于异构分布式架构提供可以持续扩展的计算能力。系统软件包括操作系统和中间件，为上层提供调度、通信、时间同步、调试诊断等基础服务。功能软件层包括感知、决策、规划和控制等智能驾驶核心功能的算法组件。

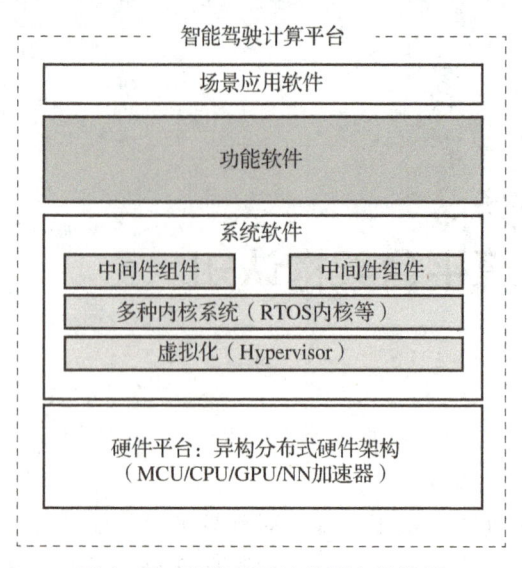

```
┌─────────────── 智能驾驶计算平台 ───────────────┐
│  ┌─────────────────────────────────────────┐  │
│  │            场景应用软件                  │  │
│  └─────────────────────────────────────────┘  │
│  ┌─────────────────────────────────────────┐  │
│  │            功能软件                      │  │
│  └─────────────────────────────────────────┘  │
│  ┌─────────────────────────────────────────┐  │
│  │            系统软件                      │  │
│  │  ┌──────────────┐  ┌──────────────┐     │  │
│  │  │  中间件组件   │  │  中间件组件   │    │  │
│  │  └──────────────┘  └──────────────┘     │  │
│  │  ┌───────────────────────────────────┐  │  │
│  │  │  多种内核系统（RTOS内核等）       │  │  │
│  │  └───────────────────────────────────┘  │  │
│  │  ┌───────────────────────────────────┐  │  │
│  │  │   虚拟化（Hypervisor）            │  │  │
│  │  └───────────────────────────────────┘  │  │
│  └─────────────────────────────────────────┘  │
│  ┌─────────────────────────────────────────┐  │
│  │   硬件平台：异构分布式硬件架构           │  │
│  │   （MCU/CPU/GPU/NN加速器）              │  │
│  └─────────────────────────────────────────┘  │
└───────────────────────────────────────────────┘
```

图 1-14　智能驾驶计算平台的结构

二、车载智能计算平台的架构

车载智能计算平台的架构主要包含自动驾驶操作系统和异构分布硬件架构两部分。其中，自动驾驶操作系统是基于异构分布硬件架构，包含系统软件和功能软件的整体基础框架。车载智能计算平台侧重于系统可靠、运行实时、分布弹性、高算力等特点，实现感知、规划、控制、网联、云控等功能，最终完成安全、实时、可扩展的多等级自动驾驶核心功能，如图 1-15 所示。

车载智能计算平台需要软硬件协同发展促进落地应用。车载智能计算基础平台结合车辆平台和传感器等外围硬件，同时采用车内传统网络和新型高速网络（如以太网、高速 CAN 总线等），根据异构分布硬件架构指导硬件平台设计，装载运行自动驾驶操作系统的系统软件和功能软件，向上支撑应用软件开发。

（1）自动驾驶操作系统

自动驾驶操作系统是一个流程化、复杂的综合系统，涉及众多流程和领域，贯穿了线控底盘、硬件平台、软件平台、实现功能等自动驾驶汽车的开发。操作系统的引入促进了硬件和软件接口的集成，从而实现了硬件模块化，使得制造商能够通过大规模生产和专业化开发的低成本，成功实现产品的高性能化发展。

（2）异构芯片硬件

自动驾驶硬件通过不同接口连接众多的传感器设备，包括激光雷达、毫米波雷达、超声波雷达、车载摄像头、GPS 和 IMU 等。摄像机可以捕获图像数据，可以使用计算机视觉技术来提取这些图像的内容并理解周围的环境，如通过图像中的颜色信息判断交通信号灯的状态。全球定位系统（Global Positioning System，GPS）通过接收绕地卫星信号来帮助使用者确定所处的位置。惯性测量装置（Inertial Measurement Unit，IMU）通过跟踪车辆位置、速度、加速度以及其他因素来测量车辆的运动和位置。激光雷达（Light Detection And Ranging，Li DAR）由一组脉冲激光器组成，向车身周围 360° 扫描发射激

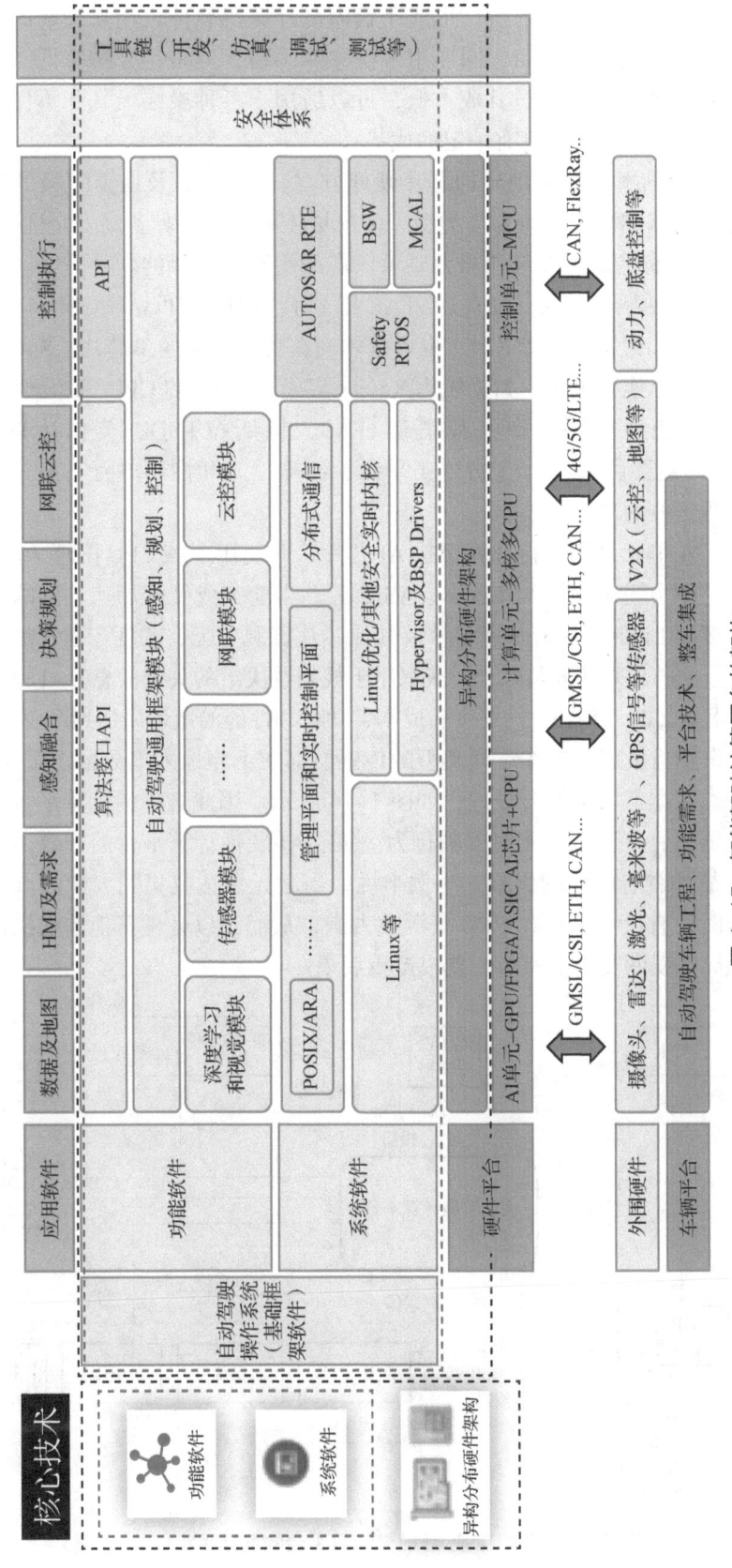

图 1-15 智能驾驶计算平台的架构

光束，通过接收这些激光束的反射波，形成车辆内部计算机软件可用来理解周围环境的点云（Point Cloud）。雷达（Radar）同样用来检测障碍物，但雷达分辨率低，很难辨别检测到的障碍物属于哪一类，不过其成本低，可以适用于各种极端天气和不良的照明环境，同时在测量其他车辆速度时具有一定的优势。

车载智能计算基础平台需采用异构芯片硬件方案。面向 L3 及以上等级的自动驾驶车辆，车载智能计算基础平台需兼容多类型、多数量传感器，并具备高安全性和高性能。现有的单一芯片无法满足诸多接口和算力要求，需采用异构芯片的硬件方案。异构可以体现在单板卡集成多种架构芯片，如奥迪 zFAS 集成了 MCU、FPGA、CPU，华为 MDC 平台集成了昇腾 310 和鲲鹏 920 等芯片；也可以体现在功能强大的单芯片（SoC，即系统级芯片）同时集成多个架构单元，如英伟达 Xavier 集成了 GPU 和 CPU 两个异构单元。

现有的车载智能计算平台产品如奥迪 zFAS、特斯拉 FSD、英伟达 Drive AGX Pegasus 等的硬件均主要由 AI（人工智能）单元、计算单元和控制单元三部分组成，每个单元完成各自所定位的功能。

1）AI 单元。AI 单元采用并行计算架构 AI 芯片，并使用多核 CPU 配置 AI 芯片和进行必要处理。AI 芯片可选用 GPU、FPGA、ASIC 等。当前完成硬件加速功能的芯片通常依赖内核系统（多用 Linux）进行加速引擎及其他芯片资源分配、调度。通常加速引擎来实现对多传感器数据的高效处理与融合，获取用于规划及决策的关键信息。AI 单元作为参考架构中算力需求最大的一部分，需要突破成本、功耗和性能的瓶颈以达到产业化要求。

在自动驾驶车辆行驶时，每个不同类型的传感器都在不停地采集数据，而且 AI 硬件计算平台对每一类数据都需要实时处理，如图 1-16 所示。因此合理的计算平台必须具有大规模数据处理能力，从而进行实时驾驶行为决策。AI 硬件计算平台的选取，对自动驾驶的安全性、可靠性有着巨大的影响。举例来说，当激光雷达收集到大量的点云信息并传送到计算平台时，有可能会导致 CPU 资源被占满，从而难以处理其他诸如摄像头、雷达的数据，可能导致误闯交通信号灯，造成严重后果。

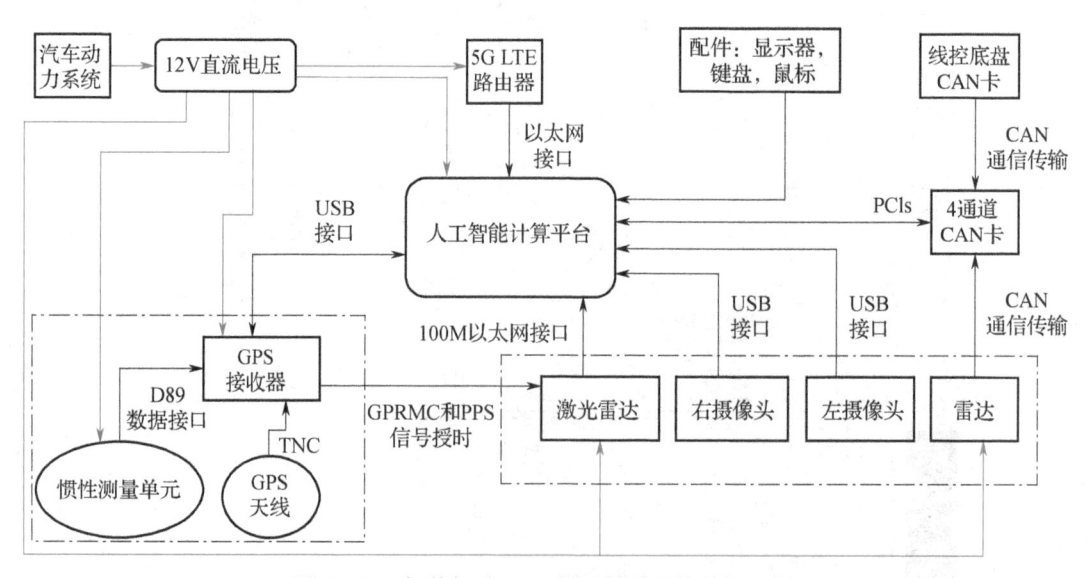

图 1-16 智能驾驶 AI 硬件计算平台的数据采集

2）计算单元。计算单元由多个多核 CPU 组成。计算单元采用车规级多核 CPU 芯片，单核主频高，计算能力强，满足相应功能安全要求；装载 Hypervisor、Linux 等内核系统管理软硬件资源，完成任务调度，用于执行与自动驾驶相关的大部分核心算法；同时整合多源数据完成路径规划、决策、控制等功能，如 NUIDIA Drive AGX Pegasus 平台、华为 MDC600 平台等。

3）控制单元。控制单元基于传统车控 MCU。控制单元加载 Classic AUTOSAR 平台基础软件，MCU 通过通信接口与 ECU 相连，实现车辆动力学横纵向控制并满足功能安全 ASIL_D 等级要求。当前 Classic AUTOSAR 平台基础软件产品化较为成熟，可通过预留通信接口与自动驾驶操作系统集成。

三、架构技术特点

计算基础平台侧重于系统可靠、运行实时、分布弹性、高算力等特点，实现感知、规划、控制、网联、云控等功能，最终形成安全、实时、可扩展的多等级自动驾驶核心功能。

1）分布弹性。车载智能计算平台当前需采用分布式硬件方案。当前汽车电子电气架构由众多单功能芯片逐渐向各领域控制器发展，L3 及以上等级自动驾驶功能要求车载智能计算平台具备系统冗余、平滑扩展等特点。一方面，考虑到异构架构和系统冗余，利用多板卡实现系统的解耦和备份；另一方面，采用多板卡分布扩展的方式满足自动驾驶 L3 及以上等级算力和接口要求。整体系统在同一个自动驾驶操作系统的统一管理适配下，协同实现自动驾驶功能，通过变更硬件驱动、通信服务等进行不同芯片的适配。

2）平台性。计算基础平台可以有效地整合云控、高精地图、V2X 等自动驾驶辅助功能业务，并在对智能网联汽车功能进行合理抽象的基础上设计了灵活组合的自动驾驶功能框架，同时提供了灵活易用的工具链，便于上层应用开发者和 OEM 用户基于具体业务需求和技术方案进行快速迭代。

3）兼容性、标准化、定制化。在自动驾驶技术依然不断完善和演进的背景下，计算基础平台设计内外部接口时的首要原则是遵循已有的协议标准，其次是提供必要的定制化模板及工具。计算平台在整合生态、满足用户多样性需求方面具有一定的优势。

4）异构性。在自动驾驶功能高带宽、高算力、强实时性的背景下，计算平台的架构可以有效支持多 AI 计算单元、多并行计算单元、微控制计算单元的复杂异构硬件平台，并支持异构复杂多分布式硬件环境中的通信、管理、维护和复杂调度等功能。

5）安全性。在功能安全方面，计算基础平台提供了完整的功能安全及预期功能安全分析工具链、完善的功能安全实时监控框架；在信息安全方面，计算基础平台架构内有边界防护、传输安全、入侵防御、应用漏洞防护、数据安全、HSM 等全栈的信息安全基础防护体系。

6）中国方案特色。计算基础平台中 V2X、云控、高精地图、定位、信息安全等功能方案的设计，应充分遵循和体现本地属性的标准与特色。

任务实施

1. 在教师的引导下，以小组为单位学习相关技能，并完成下列作业：
1）AI 单元、计算单元和控制单元的作用分别是什么？

2）简述自动驾驶系统的特点。

3）计算基础平台的平台性体现在哪些方面？

2. 在教师的引导下分组，以小组为单位学习相关知识，并结合计算平台数据采集系统，完成以下作业：
1）在车辆上查找数据采集系统部件，绘制数据采集框图。
2）按照计算平台数据采集系统，标明各个组件的位置，并完成下列数据采集表格。

工作任务	计算平台数据采集框图
①结合所学知识及线上资源，绘制计算平台数据采集框图。	

②根据所绘制的计算平台数据采集框图，写出各部件的功能并指出安装位置。

组件	详细功能	安装位置

评价反馈

1. 学习效果评价：找一辆智能网联汽车，完成与本任务相同的作业。
2. 学习过程评价：

项目	评价内容	评价等级		
		A	B	C
关键能力考核项目	遵守纪律，遵守学习场所管理规定，服从安排			
	安全意识、责任意识、5S管理意识，注重节约、节能与环保			
	学习态度积极主动，能参加实习安排的活动			
	团队合作意识，注重沟通，能自主学习及相互合作			
	仪容仪表符合活动要求			
专业能力考核项目	按时按要求独立完成工作页、任务			
	工具、设备选择得当，使用符合技术要求			
	操作规范，符合要求			
	学习准备充分、齐全			
	注重工作效率与工作质量			
	技能点1：			
	技能点2：			
小组评语及建议		组长签名： 年　月　日		
老师评语及建议		老师签名： 年　月　日		

知识拓展

- 理解 AI 单元的主要功能。

一、传感器数据处理

自动驾驶车辆在运行期间，大量传感器为车辆的中央处理器提供数据，包括道路信息、道路上的其他车辆信息，以及如人类能够感知到的那样，能够检测到的任何障碍物信息。有些传感器甚至可以提供比普通人更好的感知能力，但要做到这一点就需要智能算法，用以理解实时生成的数据流。

智能算法的主要任务之一是检测和识别车辆前方和周围的物体。人工神经网络

（ANN）是用于该任务的典型算法，也称为深度学习，神经网络包含许多层级，而每个层级又包含许多节点。

由于有多个不同类型的传感器，因此，为每个传感器配备专用的硬件/软件模块是很有必要的。这种方法允许并行处理数据，因此可以更快地做出决策。每个传感器单元可以利用不同的 AI 算法，然后将其结果传达给其他单元或中央处理器。

二、路径规划

路径规划对于优化车辆线路并生成更好的交通模式非常重要。它有助于降低延迟并避免道路拥堵。对人工智能算法来说，规划也是一项非常适合它的任务。因为规划是一个动态任务，可以将很多因素考虑进去，并在执行时解决优化问题。路径规划的定义如下：路径规划使自动驾驶车辆能够找到从 A 点到 B 点之间最安全、最便捷、最经济的路线，它利用以往的驾驶经验帮助 AI 系统在未来提供更准确的决策。

三、路径执行

路径规划好之后，车辆就可以通过检测物体、行人、自行车和交通信号灯来了解道路状况，通过导航到达目的地。目标检测算法是 AI 算法的主要关注点，因为它能够实现仿人类行为。但当道路情况不同或天气条件变化时，就会出现很多问题。很多测试车辆出事故都是由于模拟环境与现实环境的条件不同，而 AI 软件若接收到未知数据，可能做出不可预测的反应。

四、检测车辆状况

最具前景的维护类型是预测性维护。它的定义如下：预测性维护利用监测和预测模型来确定机器状况，并预测可能发生的故障以及何时会发生。预测性维护尝试预测未来的问题，而不是现在已经存在的问题。从这方面来讲，预测性维护可以节省大量时间和金钱。有监督学习和无监督学习都可用于预测性维护，其算法能够根据机载和机外数据做出预测性维护决策。用于该任务的机器学习算法属于分类算法，如逻辑回归、支持向量机和随机森林算法等。

五、保险数据收集

车辆的数据日志可以包含有关驾驶员行为的信息。这些数据可以用来分析交通事故，也可用于处理车险索赔。所有这些都有助于降低保险价格，因为安全性更加确定和有保证。对于全自动驾驶车辆来说，赔偿责任将从乘客（不再是驾驶员）转移到制造商。而对半自动驾驶车辆来说，驾驶员仍可能承担一部分责任。证明这类情况将越来越依赖于车辆 AI 系统所捕获的智能数据。来自所有传感器的数据会生成巨量的信息，随时保存所有数据可能不切实际，但是保存相关数据快照似乎是获得证据的折中方法，这些证据可用于特定交通事件的事后分析。这个方法类似于黑匣子保存数据的方法，在碰撞事件发生后可以根据这些数据进行分析。

项目 2　Ubuntu 系统的安装与使用

Ubuntu 是一种流行的开源操作系统，广泛应用于个人计算机、服务器和移动设备等各种场景。它基于 Linux 内核，提供给用户友好的图形化界面和强大的功能，同时也支持命令行操作和自定义配置。Ubuntu 具有开放、灵活和安全的特点，能够为智能网联汽车的安全运行提供更多保障，使其成为智能网联汽车首选的操作系统。Ubuntu 的开源特性和丰富的软件资源使得开发者可以自由定制和优化系统，满足不同智能网联汽车的需求。

在实际应用中，开发者可以基于 Ubuntu 搭建智能网联汽车的计算平台，集成传感器、通信模块、人机交互界面等硬件设备，并通过 Ubuntu 提供的功能和工具开发和管理智能网联汽车的相关应用。这些应用可以包括导航系统、驾驶辅助系统、车载娱乐系统等，为驾驶员和乘客提供更加智能化、便捷和安全的出行体验。

通过本项目的学习，主要达到以下目标：

目标	具体描述
知识目标	能够了解 Ubuntu 操作系统的特点和发行版本
	能够熟悉 Ubuntu 系统的图形化界面和不同的桌面环境
	能够熟悉 Ubuntu 系统的基本操作
技能目标	能够独立完成 Ubuntu 系统的安装过程
	能够根据需要配置 Ubuntu 系统的界面和桌面环境
	能够熟练进行 Ubuntu 系统的基本操作和常用命令行指令
	能够使用 Ubuntu 软件中心和 apt-get 命令进行软件的安装、更新和卸载
	能够进行简单的系统维护任务和处理常见的系统故障
素质目标	能够正确认识和理解开源操作系统和自由软件，培养对 Ubuntu 系统及其哲学的尊重和赞赏
	能够养成良好的学习习惯和问题解决能力，能够独立学习和探索 Ubuntu 系统的更多功能和特性
	能够培养团队合作和沟通能力，能够与他人分享和交流关于 Ubuntu 系统的知识和经验
	能够养成对数据安全和隐私保护的意识，能够合理配置和保护 Ubuntu 系统的安全性

本项目的主要任务包括：任务 1 Ubuntu 系统认知；任务 2 Ubuntu 系统安装；任务 3 Ubuntu 系统使用。

任务 1
Ubuntu 系统认知

任务描述

最近，公司新来一批实习员工，他们对 Ubuntu 系统并不熟悉，需要对 Ubuntu 系统有一个清晰的认识，请你为他们讲解 Ubuntu 系统的来历和特点，并对学习效果进行评价。

任务目标

1）能够了解 Linux 系统的起源及发展。
2）能够指明 Ubuntu 系统的特点，并讲述其与 Windows 系统的区别。
3）能够清楚讲述 Ubuntu 系统的版本分类。

任务准备

1）防护装备：常规实训着装。
2）教学设备：安装有 Ubuntu 系统的计算机平台。
3）教学工具：VMwareWorkstation、Ubuntu 18.04.6。

知识准备

一、Ubuntu 系统的起源及发展历程

Ubuntu 和 Linux 系统之间存在着紧密的关系，Ubuntu 是 Linux 操作系统的一个分支或变体，它继承了 Linux 的基本特性，但具有自己的特点和优势。因此要了解 Ubuntu 系统的起源，需要先从 Linux 系统讲起。Linux 全称 GNU/Linux，是一套免费使用且自由传播的类 UNIX 操作系统，是一个多用户、多任务、支持多线程和多 CPU 的操作系统。同时 Linux 系统秉持以网络为核心的设计思想，是一个性能稳定的多用户网络操作系统。今天很多场合都在使用各种 Linux 发行版，从嵌入式设备到超级计算机，从云计算

系统到桌面系统，以及服务器领域，通常服务器使用 LAMP（Linux + Apache + MySQL + PHP）或 LNMP（Linux + Nginx+ MySQL + PHP）组合。Linux 系统的起源及发展历程如下。

1969 年，UNIX 系统在 AT&T 的贝尔实验室诞生，它是 Linux 的前身，当时 UNIX 系统由于开源且免费而逐步盛行。

1979 年，贝尔实验室的上级公司 AT&T 公司出于商业目的不顾贝尔实验室的反对，宣布了 UNIX 系统的商业化计划，并在随后收回了版权，逐步限制 UNIX 系统源代码的自由传播，渴望将其转化成专利产品而大赚一笔。随之使得开源软件业转变成了版权式软件产业，源代码被当作商业机密，成为专利产品，人们再也不能自由地享受科技成果。

1983 年，著名的黑客理查德·斯托尔曼（Richard Stallman）针对如此封闭的软件创作环境，发起 GNU 源代码开放计划并在 1989 年制定了著名的 GPL 许可协议。理查德·斯托尔曼渴望建立起一个更加自由和开放的操作系统和社区，而之所以称之为 GNU，其实是有 "GNU's Not UNIX!" 的含义。

1987 年，GNU 计划获得了一项重大突破——gcc 编译器的发布，使得程序员可以基于该编译器编写属于自己的开源软件，供更多的用户使用，这进一步发展壮大了开源社区。随后的一段时间里，Emacs 编辑器和 bash 解释器等重磅产品陆续亮相，一批批的技术爱好者也纷纷加入 GNU 源代码开放计划中。

1991 年，芬兰赫尔辛基大学的在校研究生雷纳斯·托瓦兹（Linus Torvalds）使用 bash 解释器和 gcc 编译器等开源工具编写出一个名为 Linux 的全新的系统内核，并且在技术论坛中低调地上传了该内核的 0.02 版本，且利用 Internet 发布了该内核的 0.02 版本的源代码。该系统内核因其较高的代码质量且基于 GNU GPL 许可证的开放源代码特性，迅速得到了 GNU 源代码开放计划和一大批黑客程序员的支持，随后 Linux 正式进入如火如荼的发展阶段。时至今日，Linux 内核已经发展到 6.8 版本，衍生系统也有数百个版本之多，它们使用的都是 Linus Torvalds 开发维护的 Linux 系统内核。Linus Torvalds 最早发布的帖子内容如图 2-1 所示。

```
Hello everybody out there using minix -

I'm doing a (free) operating system (just a hobby, won't be big and
professional like gnu) for 386(486) AT clones. This has been brewing
since april, and is starting to get ready. I'd like any feedback on
things people like/dislike in minix, as my OS resembles it somewhat
(same physical layout of the file-system (due to practical reasons)
among other things).

I've currently ported bash(1.08) and gcc(1.40), and things seem to work.
This implies that I'll get something practical within a few months, and
I'd like to know what features most people would want. Any suggestions
are welcome, but I won't promise I'll implement them :-)

                                        Linus torvalds
```

图 2-1　Linus Torvalds 最早发布的帖子

1993 年，由 Ian Murdock 基于 Linux 系统内核创建了一个新的 Linux 发行版 Debian，他的目标是构建一个自由的、协作的、非商业化的操作系统，这个操作系统可以免费地使用和分发，并且能够允许用户进行修改和定制。Debian 的名称来自于 Ian 和他的妻子 Debra 的名字。Debian 发行版最初是作为一个非商业化的项目进行开发的。最初的版本并不是很成熟，但是在开发者的努力下，这个发行版逐渐成长为一个庞大的社区项目，吸引了来自全球各地的开发者和用户。随着时间的推移，Debian 经过了多个版本的发布和多次的更新迭代，积极参与了许多开源项目和标准的开发和审查，逐渐成为一个流行的 Linux 发行版。同时，Debian 也成为许多其他 Linux 发行版的基础，如 Ubuntu、Kali Linux 和 Raspbian 等。

2004 年，南非的企业家 Mark Shuttleworth 创立了一家名为 Canonical 的公司，并发布了一个全新的 Linux 发行版——Ubuntu，这个名称来源于非洲南部祖鲁语或豪萨语的"Ubuntu"，意为"人性"或"我的存在是因为大家的存在"，体现了一种非洲传统的价值观。Ubuntu 基于 Debian 发行版，继承了 Debian 的开放性、稳定性和自由开源的特点。但与 Debian 不同的是，Ubuntu 致力于提供更易用的桌面环境、友好的用户体验以及丰富的软件库。它还注重社区的参与和贡献，鼓励用户和开发者积极参与到其开发过程中。

Ubuntu 于 2004 年 10 月公布第一个版本（Ubuntu 4.10，代号为"Warty Warthog"），并每 6 个月会发布一个新版本（即每年的四月与十月），每两年发布一个 LTS 长期支持版本。从 2012 年 Ubuntu 12.04 LTS 发布后，桌面版和服务器版均可获得为期 5 年的技术支持。从 2013 年 Ubuntu 13.04 发布后，非 LTS 版本的支持时间自 18 个月缩短至 9 个月，并采用滚动发布模式，允许开发者在不升级整个发行版的情况下升级单个核心包。截至 2023 年 12 月，最新版本为 Ubuntu 22.04，代号为"Jammy Jellyfish"。Ubuntu 版本的命名规则是根据正式版发行的年月命名，Ubuntu 18.04 也就意味着 2018 年 04 月发行的 Ubuntu 版本。Ubuntu 适用于笔记本电脑、个人计算机和服务器，特别是为桌面用户提供良好的使用体验。Ubuntu 几乎包含了所有常用的应用软件：文字处理、电子邮件、软件开发工具和 Web 服务等。用户下载、使用、分享未修改的原版 Ubuntu 系统，以及到社区获得技术支持，无须支付任何许可费用。

Ubuntu 系统的发展历程如下：

2004 年，Ubuntu 的第一个版本，Ubuntu 4.10 "Warty Warthog" 发布。这是 Ubuntu 的首个稳定版本，它引入了 GNOME 桌面环境和 Debian 软件包管理系统，旨在为用户提供易用且功能强大的操作系统。

2005 年，Ubuntu 5.04 "Hoary Hedgehog" 发布，这个版本注重改进系统的稳定性和性能，并引入了一些新特性和应用程序。

2006 年，Ubuntu 6.06 LTS "Dapper Drake" 发布，这是 Ubuntu 的首个长期支持版本（LTS），提供了长时间的支持和更新。

2008 年，Ubuntu 8.04 LTS "Hardy Heron" 发布，这个 LTS 版本在稳定性、可靠性和硬件兼容性方面取得了显著的改进，同时也引入了许多新功能和改进。

2010 年，Ubuntu 10.04 LTS "Lucid Lynx" 发布，这个版本引入了 Unity 桌面环境，以及许多改进和新功能，如全局菜单和窗口控制按钮。它还增加了对 Ubuntu One 云存储和社交媒体集成的支持。

2012 年，Ubuntu 12.04 LTS "Precise Pangolin" 发布，这个 LTS 版本提供了更好的硬件兼容性和性能，引入了 HUD（头部用户界面）和更加现代化的外观。

2014 年，Ubuntu 14.04 LTS "Trusty Tahr" 发布，这个版本进一步改进了用户体验和性能，提供了更好的移动设备支持和更新的应用程序。

2016 年，Ubuntu 16.04 LTS "Xenial Xerus" 发布，这个 LTS 版本引入了 Snap 包管理系统，提供了更好的软件安装和管理体验。它还增加了对容器和物联网的支持。

2018 年，Ubuntu 18.04 LTS "Bionic Beaver" 发布，这个 LTS 版本引入了 GNOME 桌面环境，代替了之前的 Unity 桌面。它还提供了更好的图形性能和安全性。

2020 年，Ubuntu 20.04 LTS "Focal Fossa" 发布，这个 LTS 版本提供了长期的支持，带来了许多改进和更新，包括对 GNOME 3.36、Linux 内核 5.4 和 Snap 应用程序的改进。

除了长期支持版之外，Ubuntu 还每年发布一个常规版本，如 Ubuntu 21.04 "Hirsute Hippo"。这些版本的持续发展和改进使 Ubuntu 成为一个大受欢迎的操作系统选择，广泛应用于个人计算机、服务器、云环境和物联网等多个领域。如图 2-2 所示为 Ubuntu 系统图标。

图 2-2　Ubuntu 系统图标

二、Ubuntu 系统的版本分类

Ubuntu 官方网站提供了丰富的 Ubuntu 版本及衍生版本，可以按照中央处理器架构、版本用途、开发项目等进行分类。

（一）处理器结构

根据中央处理器架构划分，Ubuntu 支持 i386 32 位系列、AMD 64 位 X 86 系列、ARM 系列、PowerPC 系列以及最新的 RISC-V。由于不同的 CPU 实现的技术不同，体系架构各异，所以 Ubuntu 会编译出支持不同中央处理器类型的发行版本。

（二）版本用途

根据 Ubuntu 发行版本的用途来划分，可分为 Ubuntu 桌面版（Ubuntu Desktop）、Ubuntu 服务器版（Ubuntu Server）、Ubuntu 云操作系统（Ubuntu Cloud）、Ubuntu 移动设备系统（Ubuntu Touch）和 Ubuntu 物联网版（Ubuntu IoT）。Ubuntu 已经形成一个比较完整的解决方案，涵盖了 IT 产品的方方面面。

1）Ubuntu 桌面版：这是 Ubuntu 的默认版本，适用于个人计算机和笔记本电脑。它提供了完整的图形用户界面和丰富的应用程序集合，包括办公套件、媒体播放器、网页浏览器等。Ubuntu 桌面版旨在提供稳定、易于使用和美观的桌面环境。

2）Ubuntu 服务器版：这是专为服务器设计的 Ubuntu 版本。它提供了高效的资源管理和安全性，支持各种服务器应用，如 Web 服务器、数据库服务器、文件服务器等。Ubuntu 服务器版还提供了长期支持（LTS）版本，适用于需要稳定运行和长期维护的服务器环境。

3）Ubuntu 云操作系统（Ubuntu Cloud）：这是指基于 Ubuntu 操作系统的云计算解决方案。它利用 Ubuntu 的开源特性和广泛的社区支持，为云计算环境提供了稳定、高效和灵活的操作平台。该系统具有简化的管理和维护功能，通过云管理工具可以轻松地部署、配置和管理虚拟机、容器和云服务等资源。同时，Ubuntu 的社区支持和广泛的文档资源也使得问题解决和故障排除变得更加容易。

4）Ubuntu 移动设备系统（Ubuntu Touch）：这是 Ubuntu 操作系统为移动设备（如智能手机和平板电脑）定制的版本。它旨在提供一个开放、灵活且易于使用的移动操作系统，同时充分利用 Ubuntu 的开源特性和广泛的社区支持。需要注意的是，与 Ubuntu 桌面版和服务器版相比，Ubuntu Touch 在移动设备市场的份额相对较小。这主要是因为移动设备市场主要由封闭的操作系统（如 iOS 和 Android）主导，而开放的移动操作系统市场份额有限。尽管如此，Ubuntu Touch 仍然为那些希望使用开放、灵活且可定制的移动操作系统的用户提供了一个选择。

5）Ubuntu 物联网版（Ubuntu IoT）：这是一个轻量级、安全的 Ubuntu 版本，专为物联网（IoT）和嵌入式设备设计。它提供了最小化的系统镜像和容器化应用程序管理，以支持在资源受限的设备上运行。

（三）开发项目

除了标准 Ubuntu 版本之外，Ubuntu 官方还有几大主要分支，分别是 EdUbuntu、KUbuntu、LUbuntu、Mythbuntu、Ubuntu MATE、Ubuntu GNOME、Ubuntu Kylin、Ubuntu Studio 和 XUbuntu。

1）EdUbuntu 是 Ubuntu 的教育发行版，专注于学校（教育）的需求，适合儿童、学生、教师使用的基础发行版，其内置了大量适合教学的应用软件和游戏。

2）KUbuntu 是使用 KDE 桌面管理器取代 GNOME 桌面管理器作为其默认的桌面管理器的版本。

3）LUbuntu 是以轻量级桌面环境 LXDE/LXQt 替代 Ubuntu 默认的 GNOME。特点是所需的计算机资源很少，十分适合追求简洁或速度，以及还在使用老旧硬件的用户选用。

4）Mythbuntu 是用来实现媒体中心的 Ubuntu 发行版本，其核心组件是 MythTV，所以 Mythbuntu 可以视为 Ubuntu 和 MythTV 的结合体。

5）Ubuntu MATE 是基于桌面环境 MATE。MATE 桌面环境是由已经停止官方维护的 GNOME2 源代码派生而来。Ubuntu MATE 适用于各种场景，包括老旧的计算机或需要稳定、易于使用的桌面环境的用户。

6）Ubuntu GNOME 指的是基于 GNOME 桌面环境的 Ubuntu 版本。然而，需要注意的是，Ubuntu GNOME 并不是一个官方支持的 Ubuntu 派生版本。相反，Ubuntu 的官方桌面环境是 Unity（已弃用）和后来的 GNOME。Ubuntu 17.10 之后，GNOME 成为 Ubuntu 的默认桌面环境，取代了 Unity。

7）Ubuntu Kylin 是一个专门为中文用户定制的 Ubuntu 版本，预置了大量中国用户熟悉的应用，使用 UKUI 桌面，是开箱即用的 Ubuntu 官方中国定制版本，适合中国用户使用。

8）Ubuntu Studio 是一个为专业多媒体制作而打造的 Ubuntu 版本，可以编辑和处理音频、视频和图形图像等多媒体文件。

9）XUbuntu 采用了小巧和高效的 Xfce 作为桌面环境，界面简约，类似于 GNOME2。其功能全面，系统资源消耗较小，适合追求速度及低配置计算机的用户选用。

三、Ubuntu 系统的特点

Ubuntu 系统是一款稳定、易用、安全且开源的操作系统，具有强大的社区支持和灵活的可定制性，适合各种用户的需求，系统的主要特点如下：

1）开源免费。Ubuntu 是一款免费的开源操作系统，用户可以自由地使用、修改和分发。

2）稳定性。Ubuntu 的开发团队致力于提供一个稳定且可靠的操作系统，通过频繁的更新和修复来保持系统的稳定性。

3）易用性。Ubuntu 具有简单易用的界面和安装过程，用户可以很容易地上手使用。它还提供了大量的应用程序和软件包，使得用户可以轻松地进行日常操作。

4）安全性。Ubuntu 采用了最新的安全技术和机制，如 AppArmor 和 SELinux 等，可以帮助保障系统的安全性。此外，Ubuntu 还提供了更新管理、防火墙和恶意软件防护等功能，以保护用户的数据和隐私。

5）全球化。Ubuntu 提供了全球化的支持，支持多种语言和字符集，可以帮助用户在多种语言环境下使用系统。

6）强大的社区支持。Ubuntu 的开发和维护是基于社区的合作和贡献，因此它受到了广泛的社区支持和参与。用户可以很容易地获取到相关的技术支持和帮助。

7）灵活性和可定制性。Ubuntu 支持多种桌面环境和主题，用户可以根据自己的需求自由地定制和扩展系统。此外，Ubuntu 还提供了丰富的软件包管理工具，如 apt-get 和 aptitude 等，方便用户安装、更新和管理软件包。

Ubuntu 以其简洁、直观的界面设计吸引了大量用户。对于从 Windows 系统迁移过来的用户，Ubuntu 的界面和操作逻辑都相对容易上手，减少了学习成本。此外，Ubuntu 还提供了丰富的主题和定制选项，用户可以根据自己的喜好进行个性化设置。此外，Ubuntu 不仅拥有丰富的软件资源，还拥有强大的社区支持。Ubuntu 软件中心提供了大量的应用程序和游戏供用户选择，涵盖了办公、娱乐、开发等多个领域。这些软件不仅数量众多，而且质量上乘，能够满足用户的各种需求。Ubuntu 社区拥有庞大的用户群体和开发者团队，他们积极分享经验、解决问题，为 Ubuntu 的发展做出了巨大贡献。无论是遇到安装问题、软件故障还是系统优化等方面的疑问，用户都可以在 Ubuntu 社区找到答案。

Ubuntu 系统和 Windows 系统相比，两者各自具有独特的特性和使用场景，这两种操作系统的主要区别见表 2-1。

表 2-1 Ubuntu 系统和 Windows 系统的区别

比较	Windows	Ubuntu
界面	界面统一，外壳程序固定。所有 Windows 程序菜单几乎一致，快捷键也几乎相同	用户界面和体验可能因不同的桌面环境（如 GNOME、KDE 等）而有所不同，但通常都强调简洁和易用性
驱动程序	驱动程序丰富，版本更新频繁。默认安装程序里面一般包含有该版本发布时流行的硬件驱动程序，之后所出的新硬件驱动依赖于硬件厂商提供。对于一些老硬件，如果没有了原配的驱动有时很难支持。另外，有时硬件厂商未提供所需版本的 Windows 下的驱动，也会比较头痛	由志愿者开发，由 Linux 核心开发小组发布，很多硬件厂商基于版权考虑并未提供驱动程序，尽管多数无须手动安装，但是涉及安装则相对复杂，使得新用户面对驱动程序问题（是否存在和安装方法）会一筹莫展。但是在开源开发模式下，许多在 Windows 下很难获得支持的老硬件也容易找到驱动。HP、Intel、AMD 等硬件厂商逐步不同程度支持开源驱动，问题正在得到缓解
学习使用	使用比较简单，容易入门。图形化界面对没有计算机背景知识的用户使用十分有利。但系统构造复杂、变化频繁，且知识、技能淘汰快，深入学习困难	图形界面使用简单，容易入门。文字界面，需要学习才能掌握。系统构造简单、稳定，且知识、技能传承性好，深入学习相对容易
硬件要求	一般需要更高的硬件配置来提供流畅的用户体验	对硬件的要求较低，可以在较老的计算机上运行
软件生态	拥有更加丰富的应用程序生态系统，包括大量的商业软件和游戏。但特定功能可能都需要商业软件的支持，需要购买相应的授权	有一个庞大的开源软件生态系统，用户可以从官方软件源或第三方源安装软件。虽然大部分软件都可以自由获取，但同样功能的软件选择较少

任务实施

1. 在教师的引导下,以小组为单位学习相关技能,并完成下列作业:

1)Ubuntu 和 Linux 有什么联系?

2)简述 Ubuntu 的发展历程。

3)简述 Ubuntu 系统的特点。

2. 在教师的引导下分组,以小组为单位学习相关知识,并结合计算机系统,完成以下作业:

1)在计算机上查找系统版本,记录计算机安装的系统版本号。
2)对照 Windows 和 Ubuntu 系统界面,找找它们之间的不同。

工作任务	认识 Ubuntu 系统
①结合所学知识,查找本计算机安装的系统名称及版本号。	

②对照 Windows 和 Ubuntu 系统界面,找找它们之间的不同。

序号	Windows 系统	Ubuntu 系统

评价反馈

1. 学习效果评价：小组同学学习 Ubuntu 系统的有关知识，进行汇报展示。
2. 学习过程评价：

项目	评价内容	评价等级		
		A	B	C
关键能力考核项目	遵守纪律，遵守学习场所管理规定，服从安排			
	安全意识、责任意识、5S 管理意识，注重节约、节能与环保			
	学习态度积极主动，能参加实习安排的活动			
	团队合作意识，注重沟通，能自主学习及相互合作			
	仪容仪表符合活动要求			
专业能力考核项目	按时按要求独立完成工作页、任务			
	工具、设备选择得当，使用符合技术要求			
	操作规范，符合要求			
	学习准备充分、齐全			
	注重工作效率与工作质量			
	技能点 1：			
	技能点 2：			
小组评语及建议		组长签名： 　　　　年　　月　　日			
老师评语及建议		老师签名： 　　　　年　　月　　日			

知识拓展

- 了解自由软件。
- 了解自由软件基金会。
- 了解 GPL。

一、自由软件

自由软件（Free Software）是一种特殊的软件类型，它赋予用户特定的自由，这是其主要特点和核心理念。自由软件的用户有权获得该软件的完整源代码，可以不受限制地自由使用、复制、研究、修改和分发软件。自由软件强调的重点在于使用者的权利和软件的开放性，而非价格是否为零。这些权利通常由四个基本自由定义：

1）运行自由（Freedom 0）：用户可以自由地运行软件，不受任何限制，包括任何目的。

2）研究自由（Freedom 1）：用户可以自由地研究软件的源代码，了解其工作原理。

3）修改自由（Freedom 2）：用户可以自由地修改软件，以满足自己的需求或改进其功能。

4）分发自由（Freedom 3）：用户可以自由地分发修改后的软件，让其他人也能受益。

自由软件的核心价值观是自由、开放和协作。它鼓励用户参与软件的开发和改进，而不是仅仅作为软件的消费者。自由软件还强调软件的透明度，即软件的源代码应该是公开的，以便任何人都可以查看和修改。为了确保这些自由得以维护和传承，自由软件常常采用开放源码许可证进行授权，如 GNU 通用公共许可证（GPL）、Apache 许可证、MIT 许可证等。

自由软件（Free Software）与专有软件（Proprietary Software）相对立。专有软件通常受版权法保护，其源代码不公开，用户只能按照软件提供商的许可协议使用软件，不能随意修改和分发。

自由软件在开源运动（Open Source Movement）中发挥了重要作用。虽然自由软件和开源软件在定义上略有不同，但它们在很多方面是相似的，都强调软件的开放性和协作性。开源软件通常也遵循类似的自由原则，但其重点更多地放在开发过程的开放性和协作性上。自由软件的代表性项目包括 Linux 内核、GNU 工具链、LibreOffice 办公套件、Firefox 浏览器等。而著名的自由软件基金会（FSF）及其创始人理查德·斯托曼（Richard Stallman）则是推广自由软件理念的重要力量。

二、自由软件基金会

自由软件基金会（Free Software Foundation，FSF）是一家致力于推广和支持自由软件运动的非营利组织，成立于 1985 年，由自由软件运动的精神领袖理查德·斯托曼创建。FSF 的主要目标是确保软件的自由分发和使用，反对软件专利和版权法对软件自由的限制。为了实现这一目标，FSF 采取了一系列措施，包括开发自由软件、提供软件开发支持、教育用户和推广自由软件理念。

FSF 最著名的项目之一是 GNU（GNU's Not UNIX）项目，该项目旨在开发一套完全自由且兼容 UNIX 的操作系统。GNU 操作系统由许多独立的软件组件组成，其中最著名的是 GCC（GNU Compiler Collection），它是一套功能强大的编译器，支持多种编程语言。

此外，FSF 还维护着一份名为 GPL 通用公共许可证（GNU General Public License，GPL）的许可证。GPL 是自由软件最常用的许可证之一，它要求任何基于 GNU 软件开发的软件都必须是自由的，即必须遵循相同的自由原则。这确保了自由软件的持续发展和用户的自由权益。

FSF 还积极参与全球范围内的软件自由运动，与其他组织和个人合作，共同推动自由软件的发展。它还定期举办各种活动和会议，如年度庆祝活动、在线周年纪念活动等，以吸引更多的用户和开发者参与到自由软件的大家庭中来。

三、GNU 通用公共许可证

GNU 通用公共许可证（GPL）是一种广泛使用的自由软件许可证，由自由软件基金会（FSF）发布。它主要用于保护那些使用 GNU 工具开发的自由软件，确保这些软件始终保持自由状态，并鼓励其他人参与开发和改进。GPL 的核心原则主要包括以下几点：

1）自由使用、复制和分发：GPL 允许用户自由地使用、复制和分发受该许可证保护的软件。这意味着用户可以无限制地运行软件，将其复制到其他计算机上，或者将其分享给他人。

2）源代码公开：任何基于 GPL 许可证发布的软件，其修改后的版本也必须以相同的许可证发布，并且必须公开源代码。这确保了软件的透明性和可审查性，使得用户和其他开发者可以了解软件的工作原理，并在此基础上进行修改和改进。

3）衍生作品的自由：如果用户在 GPL 软件的基础上开发了新的软件或功能，这些衍生作品也必须遵循 GPL 许可证的要求，即保持自由并公开源代码。这有助于确保整个软件生态系统的自由性和开放性。

4）无担保：GPL 软件通常以"按原样"的方式提供，不附带任何形式的担保。这意味着用户在使用软件时应当自行承担风险，而软件开发者不承担任何责任。

GPL 许可证有多种版本，其中最常用的是 GPL v3（第三版）。这些版本在细节上可能有所不同，但总体上都遵循上述核心原则。通过使用 GPL 许可证，自由软件基金会旨在保护软件用户的自由权益，防止软件被商业化或私有化。同时，它也鼓励用户积极参与软件的开发和改进，促进软件产业的健康发展。

四、Linux 系统版本

Linux 有两种版本，一个是内核版本，另一个是发行版本。如图 2-3 所示为 Linux 系统家族图谱。

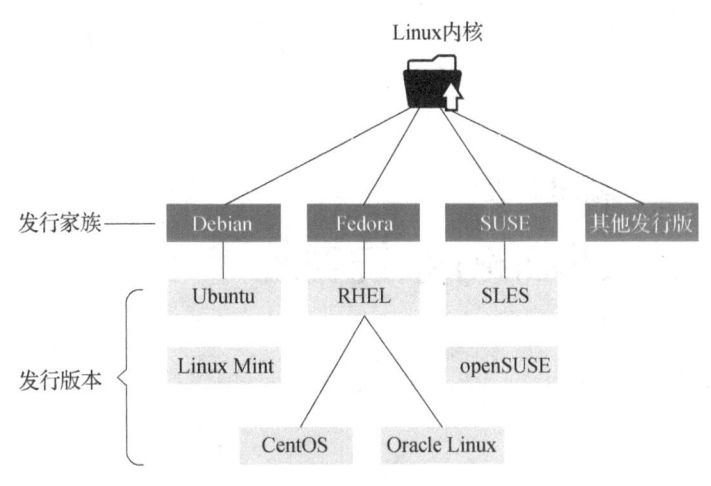

图 2-3　Linux 系统家族图谱

1）内核版本（Kernel）。Linux 内核是操作系统的核心部分，它负责管理系统的硬件资源，如 CPU、内存、硬盘等，以及提供与这些硬件交互的界面。Linux 内核包括多个主要组件，如存储管理（负责磁盘和其他存储设备的读写操作）、CPU 和进程管理（负责任务的调度和执行）、文件系统（提供数据的组织和访问方式）、设备管理和驱动（使内核能够与各种硬件设备通信）、网络通信（管理网络连接的建立和数据的传输），以及系统的初始化和系统调用（提供用户空间程序与内核交互的接口）。内核版本通常由四组数字组成，如 5.10.0-1127.el8.x86_64。这些数字分别代表主版本号、次版本号、修订版本号和稳定版本号。内核开发者会定期发布新的版本，以修复安全漏洞、添加新功能或优化性能。

2）发行版本（Distribution）。Linux 发行版本是将 Linux 内核与各种实用程序软件、库、文档以及系统管理工具打包在一起的完整操作系统。发行版本为用户提供了一个易于安装、配置和使用的 Linux 环境。不同的发行版本可能会包含不同的软件包和配置工具，以满足不同的用户需求和场景。例如，一些发行版本可能更适合桌面使用，而另一些则更适合服务器环境。常见的 Linux 发行版本有 Ubuntu、Fedora、CentOS、Debian、Arch Linux 等。这些发行版本都有自己的特色和优势，适合不同的用户群体。发行版本的更新通常包括内核更新、软件包更新和系统工具更新等。与内核版本类似，发行版本也有自己的版本控制体系，如 Ubuntu 的 LTS（长期支持）版本和 Fedora 的滚动发布模式等。

任务 2
Ubuntu 系统安装

任务描述

最近，公司新来一批实习员工，他们新领了办公电脑，需要安装 Ubuntu 系统，请你为他们讲解 Ubuntu 系统的安装过程，并对学习效果进行评价。

任务目标

1）能够了解 Ubuntu 系统的硬件要求。
2）能够下载适合计算机硬件配置的 Ubuntu 镜像文件，并确保镜像文件的完整性和正确性。
3）能够正确的安装 Ubuntu 系统，并对系统进行基本的配置和优化。

任务准备

1）防护装备：常规实训着装。
2）教学设备：符合硬件要求的计算机平台。
3）教学工具：VMware Workstation、Ubuntu 18.04.6。

知识准备

一、安装前的准备工作

Ubuntu Linux 以其简单易用、界面直观以及强大的社区支持等特点，成功吸引了大量个人用户。它不仅改变了人们对 Linux 系统难以安装和使用的看法，还使得更多用户能够享受到 Linux 系统带来的优势。学习 Ubuntu 系统的第一步就是学会如何安装 Ubuntu。掌握安装 Ubuntu 系统的目的不仅是能够顺利地将它安装好，还应该在此过程中加深对 Linux 系统引导过程、文件系统、磁盘分区和 Ubuntu 的软件包管理的理解。下面我们一起来看看如何安装 Ubuntu 系统。

（一）Ubuntu 版本选择

Ubuntu 在安装前，需要根据计算机或服务器的硬件条件来选择合适的 Ubuntu 版本。基于稳定性等因素考虑，目前智能网联汽车中多采用 18.04.x 版本，综合考虑，本书选择的版本为 Ubuntu 18.04.6，下载之前先从 Ubuntu 官网下载指定版本的 Ubuntu 安装镜像，Ubuntu 18.04.6 下载地址为：https://releases.Ubuntu.com/18.04.6/Ubuntu-18.04.6-desktop-amd64.iso。

Ubuntu 18.04.6 是一个针对 Ubuntu 18.04 LTS 的长期支持版本进行更新和修复的版本。与之前的版本相比，它并没有引入太多显著的新特性，而是更注重于稳定性和安全性的提升，以及针对已知问题的修复。在 Ubuntu 18.04.6 中，你可能会发现以下一些改进和更新。

1）安全性更新：这个版本包括了针对已知安全漏洞的修复，旨在保护用户的系统免受潜在的安全威胁。这些更新可能涉及系统组件、软件包或内核等方面。

2）性能优化：Ubuntu 18.04.6 可能对一些系统组件进行了性能优化，以提高系统的响应速度和整体性能。这些优化可能涉及内存管理、磁盘访问、网络性能等方面。

3）稳定性提升：除了安全更新和性能优化，Ubuntu 18.04.6 还致力于解决一些在之前版本中发现的稳定性问题。这可能包括修复崩溃、减少错误和增强系统稳定性等方面的努力。

一般来说，Ubuntu 对硬件的要求并不高，但是较高的硬件配置能保证系统运行流畅从而获得更好的性能体验。Ubuntu 18.04.6 推荐的硬件配置如下：

- 双核 2 GHz 处理器或更高
- 4 GB 系统内存
- 25 GB 磁盘存储空间
- 可访问的互联网
- 光驱或 USB 安装介质（采用虚拟机模式安装时不需要）

如果在物理机上安装 Ubuntu，需要先制作好 Ubuntu 的 U 盘启动盘。如果在虚拟机上安装 Ubuntu，则需要在物理机上先安装好虚拟机软件（如 VMware Workstation）。为方便教学，本课程任务采用在虚拟机上安装 Ubuntu。

（二）虚拟机安装

首先进行 VMware 软件版本的选择。本书选择 VMware Workstation 15.0.0 版本，该版本以其强大的功能、灵活的配置和出色的性能，能够为用户提供一个高效、安全的虚拟计算环境，是软件开发、测试以及部署的理想选择。虚拟机安装步骤见表 2-2，软件安装包可以自行去官网下载 https://www.vmware.com/products/workstation-pro.html。

表 2-2 虚拟机安装步骤

步骤	图示
（1）安装包下载完成后，双击安装包打开安装页面，单击【下一步】	VMware Workstation Pro 安装向导欢迎界面
（2）弹出用户协议页面，选择【我接受许可协议中的条款】，然后单击【下一步】	VMware 最终用户许可协议页面
（3）进入自定义安装页面，可以单击【更改】修改软件的默认安装位置，也可以保持默认安装位置，直接单击【下一步】	自定义安装页面，默认位置 C:\Program Files (x86)\VMware\VMware Workstation\

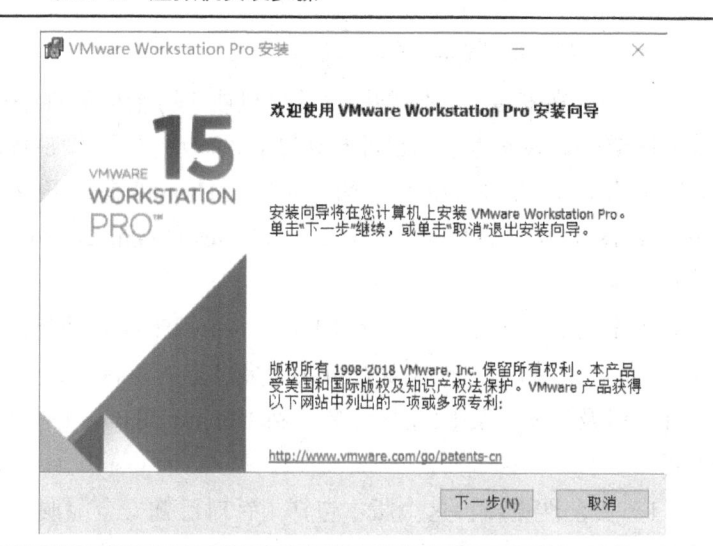

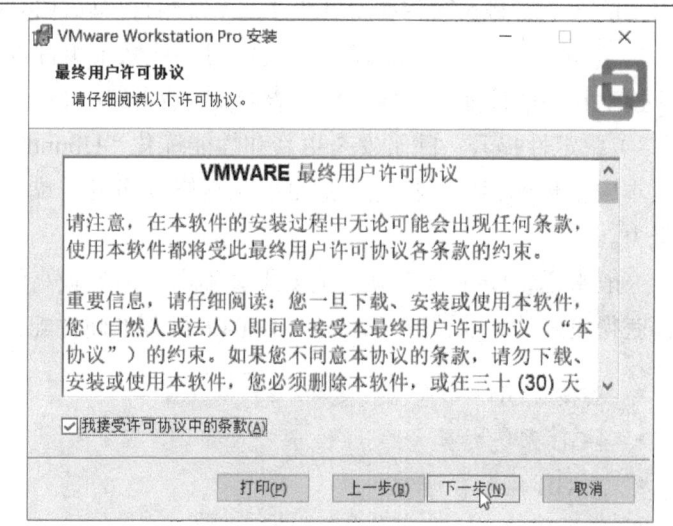

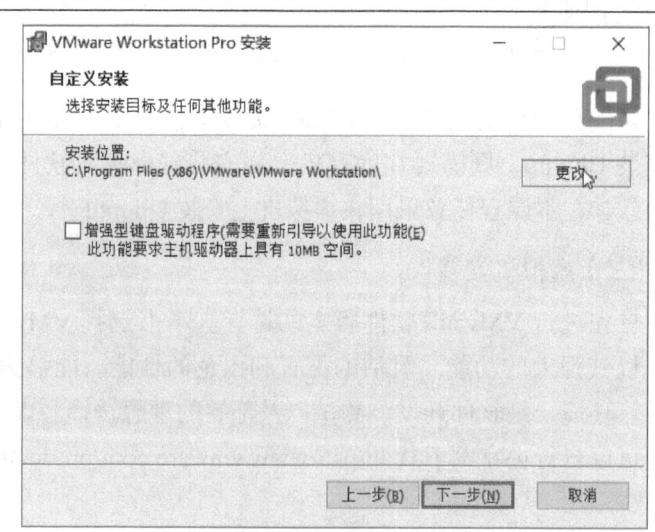

（续）

（4）单击【更改】自定义一个位置进行安装。安装位置修改后，单击【确定】	
（5）确认修改好安装位置后，直接单击【下一步】	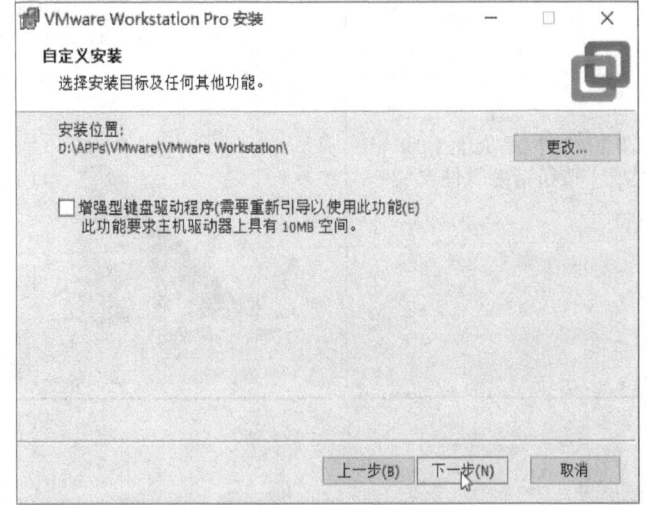
（6）保持默认快捷方式，然后单击【下一步】按钮	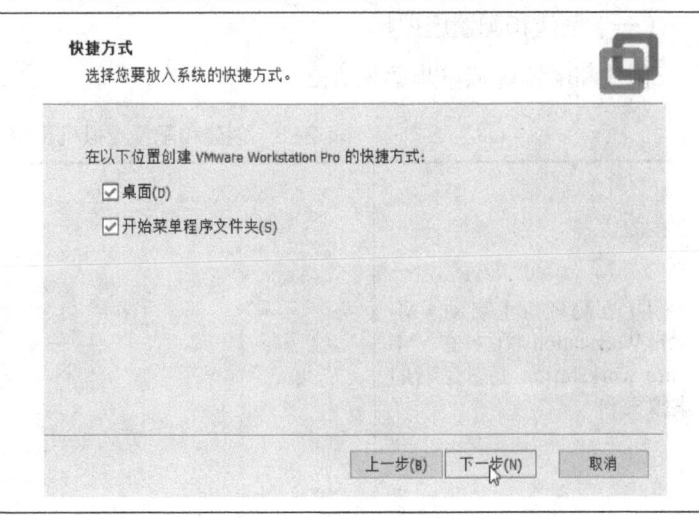

（续）

（7）最后单击【安装】，等待软件安装完成	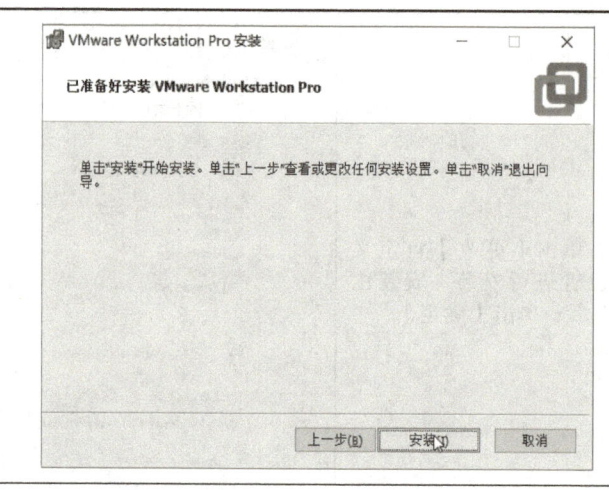
（8）软件完成后，单击【完成】按钮结束软件安装	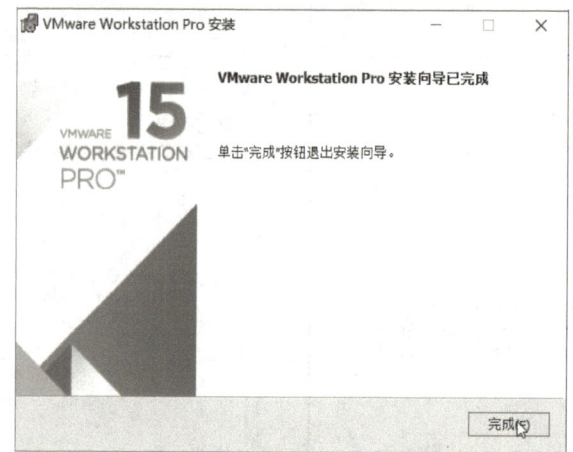

二、Ubuntu 系统安装

（一）创建和配置虚拟机

创建和配置虚拟机步骤见表 2-3。

表 2-3　创建和配置虚拟机步骤

（1）在物理机上启动 VMware Workstation 软件，在 VMware workstation 上创建新的虚拟机	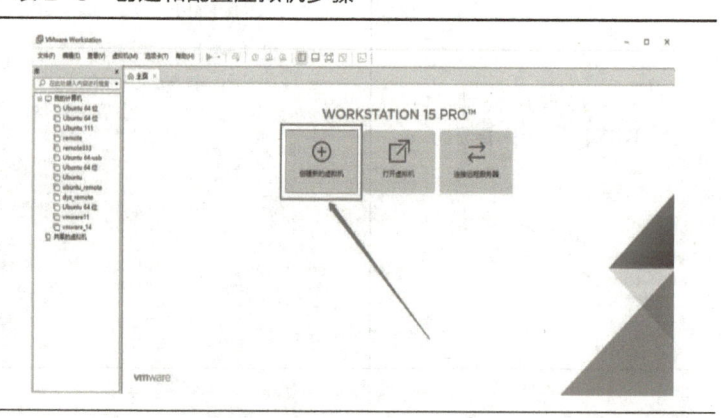

（续）

（2）选择【自定义（高级）】，然后单击【下一步】按钮	
（3）选择虚拟机的硬件兼容性，直接单击【下一步】按钮，采用默认设置即可	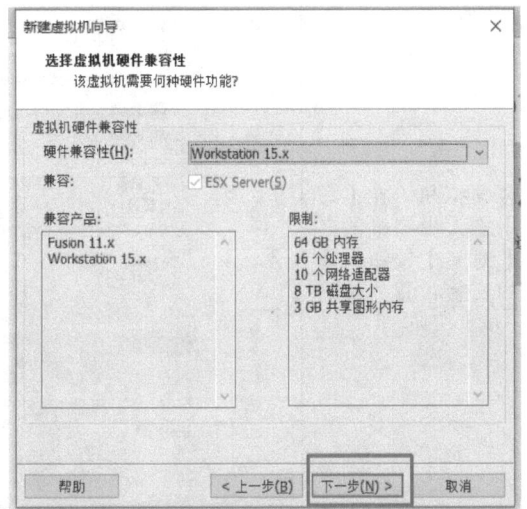
（4）选择操作系统的安装方式。选择"稍后安装操作系统"，然后单击【下一步】按钮	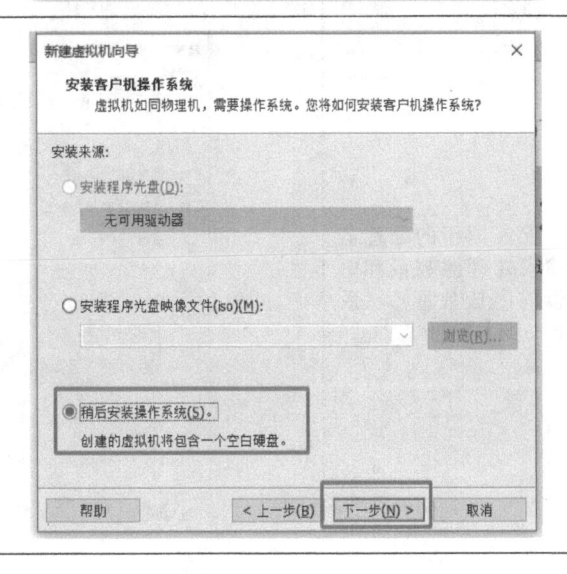

（续）

（5）选择要安装的操作系统。【客户机操作系统】选择"Linux"，【版本】选择"Ubuntu 64 位"，然后单击【下一步】按钮	
（6）命名虚拟机。在【虚拟机名称】输入虚拟机的名称，单击【浏览】按钮，选择虚拟机的安装位置，然后单击【下一步】按钮	
（7）分配虚拟机的处理器数量。输入处理器数量和每个处理器的内核数量，然后单击【下一步】按钮	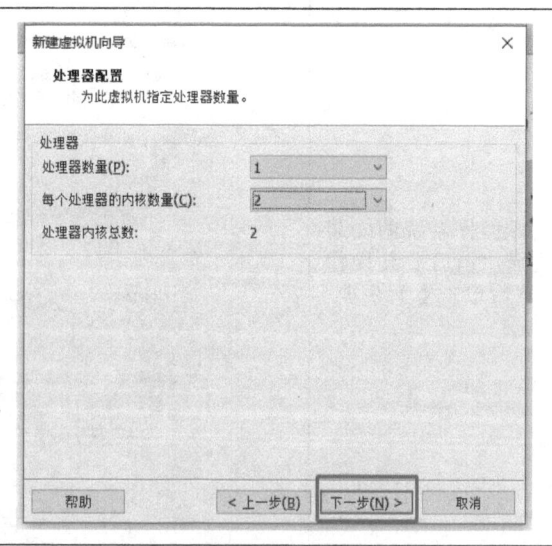

（续）

操作说明	图示
（8）设置虚拟机的内存大小。推荐设置为 2 GB。然后单击【下一步】按钮	
（9）选择虚拟机的网络类型。一般选择【使用桥接网络】或【使用网络地址转换（NAT）】即可。然后单击【下一步】按钮	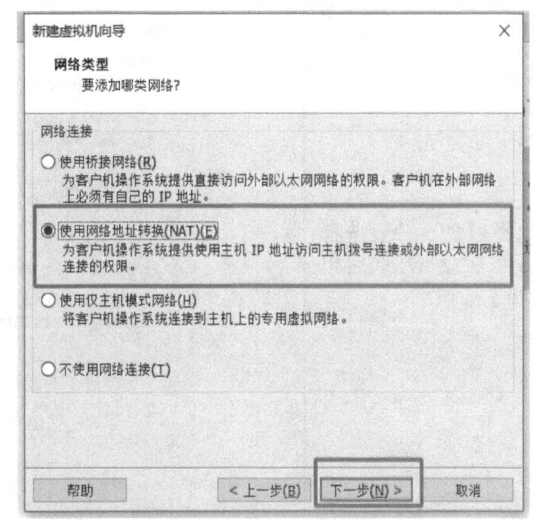
（10）选择I/O控制器类型。采用默认设置即可直接单击【下一步】按钮	

049

（续）

步骤	图示
（11）选择磁盘类型。选择推荐的"SCSI"磁盘即可。然后单击【下一步】按钮	
（12）选择磁盘。一般选择"创建新虚拟磁盘"，然后单击【下一步】按钮	
（13）指定虚拟机的磁盘容量。建议设置为大于20GB。然后单击【下一步】按钮	

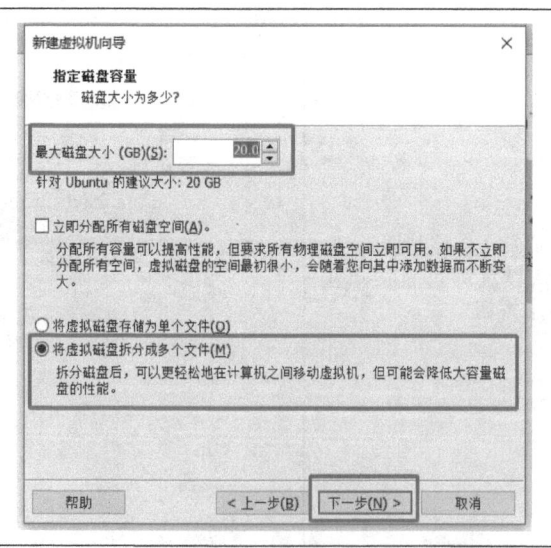

(续)

（14）指定磁盘文件。一般使用默认设置即可，然后单击【下一步】按钮	
（15）虚拟机信息总结。单击【完成】按钮	
（16）创建完成新的虚拟机后，在 VMware Workstation 主页面上将能看到新建的虚拟机名称，单机虚拟机的选项卡，则会出现虚拟机管理界面。单击编辑界面左边中部的"编辑虚拟机设置"修改虚拟机的 CPU、内存、硬盘等硬件信息	

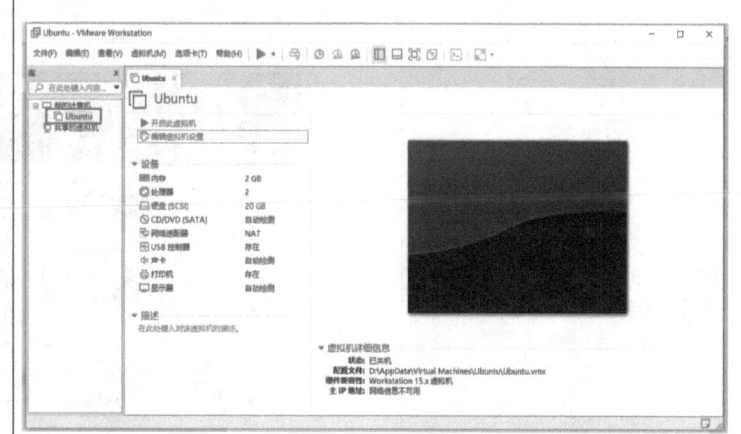

(续)

（17）选择 Ubuntu 安装镜像文件。单击【CD/DVD（SATA）】，选择"使用 ISO 映像文件"，然后单击【浏览】按钮，选择之前下载的 Ubuntu 18.04.6 LTS 映像文件，最后单击【关闭】按钮	

（二）Ubuntu 系统安装

Ubuntu 系统安装步骤见表 2-4。

表 2-4　Ubuntu 系统安装步骤

（1）在 VMware Workstation 主界面，单击【开启此虚拟机】，开启系统安装	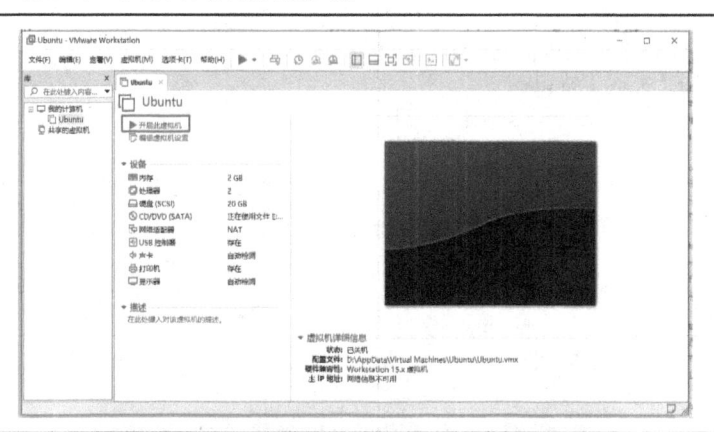
（2）选择使用的语言。选择"中文（简体）"，然后单击【安装 Ubuntu】按钮	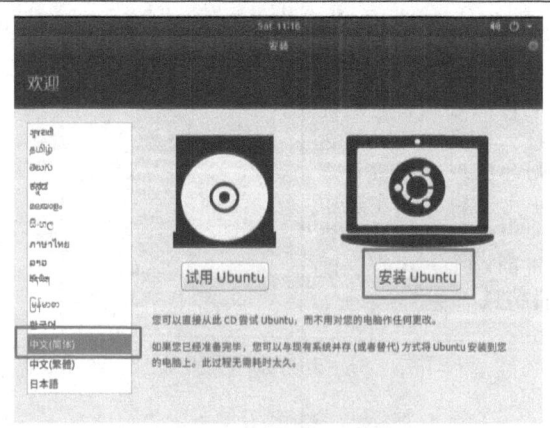

（续）

（3）选择键盘布局。选择"汉语"，然后单击【继续】按钮	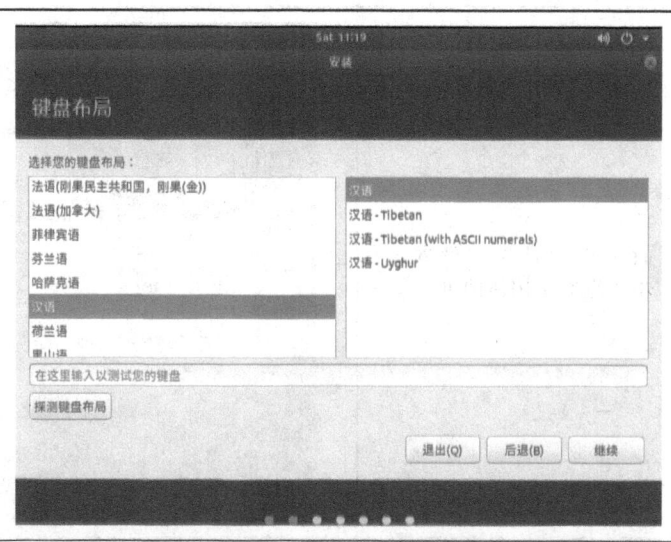
（4）选择安装模式。一般选择"正常安装"即可。然后单击【继续】按钮	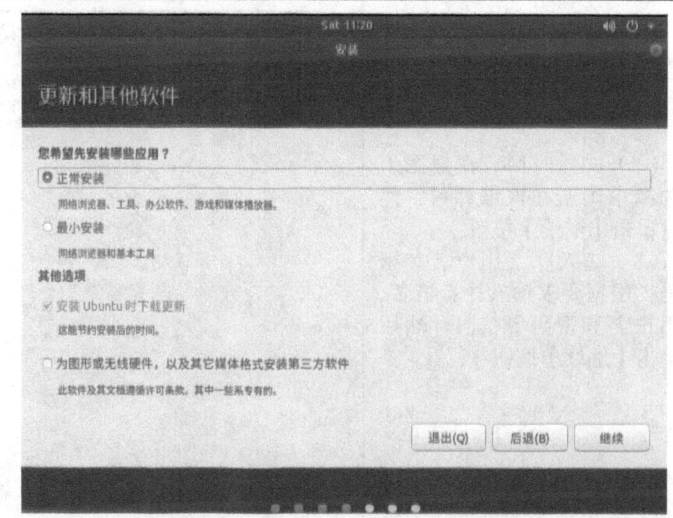
（5）选择安装类型。对于虚拟机环境下的安装，一般选择"清除整个磁盘并安装Ubuntu"即可。然后单击【现在安装】按钮	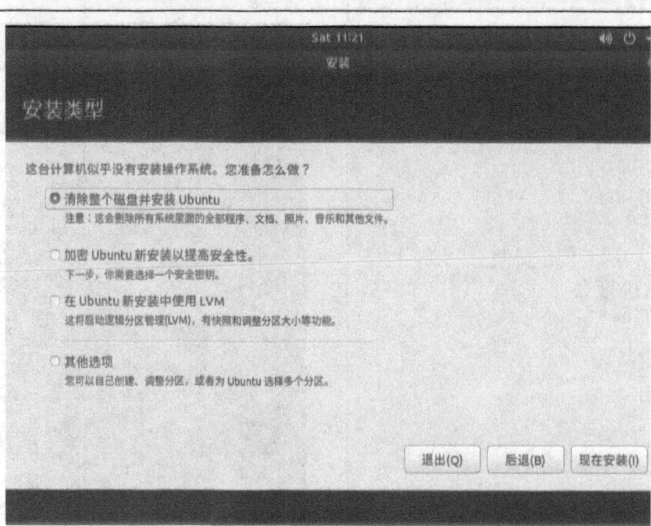

（续）

（6）提示是否继续安装，单击【继续】按钮即可	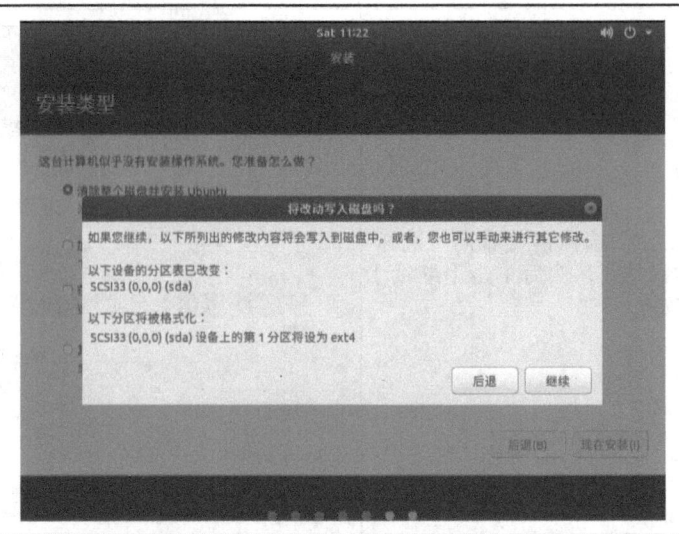
（7）选择时区。在地图上选择中国所在区域即可，然后单击【继续】按钮 （8）输入登录用户名和密码。根据要求输入计算机名、用户名和密码等信息，然后单击【继续】按钮	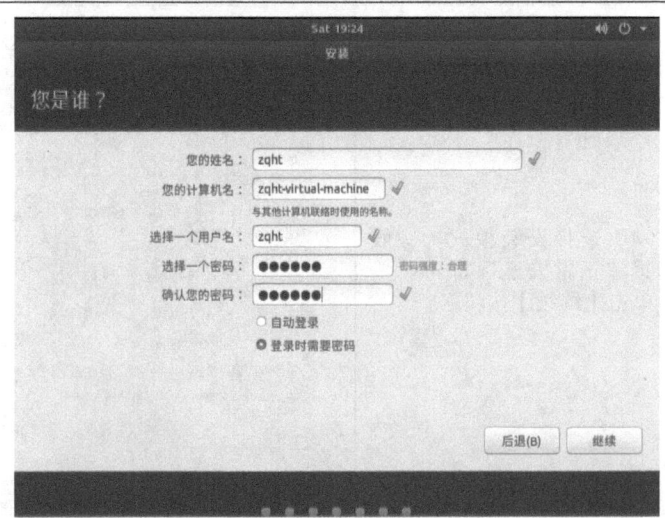
（9）开始安装。屏幕上显示进度条	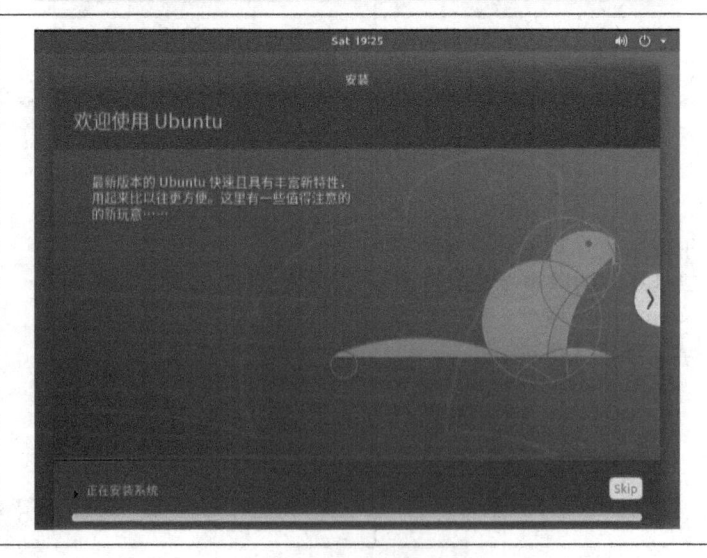

(续)

（10）安装完毕，提示重启计算机。单击【现在重启】按钮	
（11）重启成功，输入登录用户账号和密码，单击【登录】按钮	
（12）进入"Ubuntu 中的新特性"界面	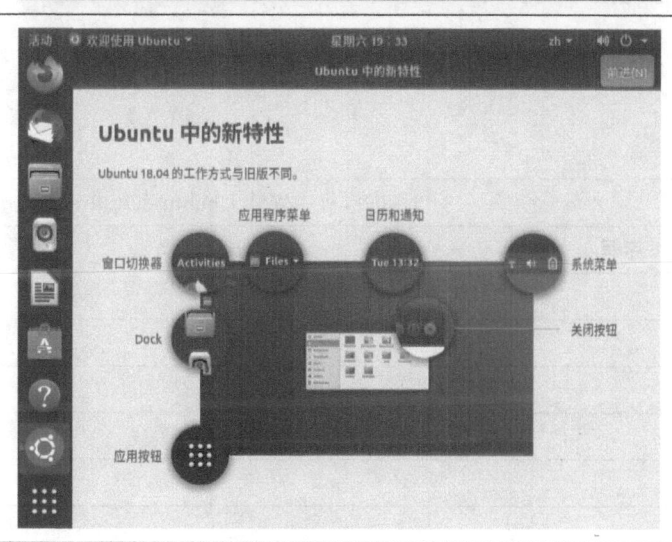

任务实施

1. 在教师的引导下，以小组为单位学习相关技能，并完成下列作业：
1）Ubuntu18.04.6 有什么特点？

2）简述虚拟机的安装过程。

3）简述 Ubuntu 系统的安装过程。

2. 在教师的引导下分组，以小组为单位学习相关知识，并结合计算机系统，完成以下作业：
1）在计算机上安装虚拟机软件，记录安装过程。
2）在虚拟机中安装 Ubuntu 系统，记录安装过程。

工作任务	安装虚拟机软件，并在虚拟机中安装 Ubuntu 系统
①结合所学知识，在计算机上安装虚拟机软件，记录安装过程。	

②在虚拟机中安装 Ubuntu 系统并记录安装过程。

序号	安装步骤及操作	截图记录

评价反馈

1. 学习效果评价：小组同学在个人计算机上进行虚拟机和 Ubuntu 系统的安装工作。
2. 学习过程评价：

项目	评价内容	评价等级		
		A	B	C
关键能力 考核项目	遵守纪律，遵守学习场所管理规定，服从安排			
	安全意识、责任意识、5S 管理意识，注重节约、节能与环保			
	学习态度积极主动，能参加实习安排的活动			
	团队合作意识，注重沟通，能自主学习及相互合作			
	仪容仪表符合活动要求			
专业能力 考核项目	按时按要求独立完成工作页、任务			
	工具、设备选择得当，使用符合技术要求			
	操作规范，符合要求			
	学习准备充分、齐全			
	注重工作效率与工作质量			
	技能点 1：			
	技能点 2：			
小组评语 及建议		组长签名： 　　　　年　月　日			
老师评语 及建议		老师签名： 　　　　年　月　日			

知识拓展

一、虚拟机简介

虚拟机（Virtual Machine）是一种通过软件模拟的具有完整硬件系统功能的计算机系统，它运行在一个完全隔离的环境中。在实体计算机中能够完成的工作在虚拟机中都能够实现。虚拟机技术基于虚拟化技术，通过这项技术，物理计算机的资源（如处理器、内存、硬盘等）被划分为多个独立的虚拟环境，每个虚拟环境被称为一个虚拟机。通过虚拟机软件，用户可以在一台物理计算机上模拟出一台或多台虚拟的计算机，这些虚拟的计算机完全就像真正的计算机那样进行工作，实现资源的有效利用和隔离。例如，用户可以在这些虚拟的计算机上安装操作系统、安装应用程序、访问网络资源等。对于用户而言，虚拟机只是运行在物理计算机上的一个应用程序，但是对于在虚拟机中运行的应用程序而言，虚拟机就是一台真正的计算机。因此，当用户在虚拟机中进行软件评测时，即使虚拟机系统崩溃一般也不会影响物理计算机上的操作系统，甚至我们可以借助虚拟机上的快照功能，将虚拟机系统快速恢复到系统之前的某个状态，以实现对虚拟机系统的方便管理。

目前流行的虚拟机软件主要有 VirtualBox 和 VMware Workstation，它们都能在 Windows 系统上虚拟出多个计算机。

VirtualBox 是一款开源且免费的虚拟机软件，由德国 Innotek 公司开发，后来被 Sun Microsystems 公司收购并更名为 Oracle VM VirtualBox。它使用 Qt 编写，具有强大的功能和出色的性能，能够流畅地虚拟运行各种主流操作系统，如 Windows、Linux、DOS 等，甚至包括 Android 等系统。VirtualBox 不仅支持 Intel VT-x 与 AMD AMD-V 硬件虚拟化技术，还具备多种高级特性，如支持 64 位客户端操作系统（即使主机使用 32 位 CPU）、支持 SATA 硬盘 NCQ 技术、提供虚拟硬盘快照功能、具有无缝视窗模式，以及能够在主机端与客户端共享剪贴簿和建立分享文件夹等。VirtualBox 的四大特点包括免费、开源、轻量高效以及支持多国语言（含中文）。这使得任何人都可以借助它轻松地在一台计算机上同时运行多个不同的操作系统，满足工作、学习、开发甚至玩游戏等各种需求。

VMware Workstation（中文名"威睿工作站"）是一款功能强大的桌面虚拟计算机软件。它为用户提供了一个在单一桌面上同时运行不同操作系统的环境，是进行开发、测试、部署新的应用程序的最佳解决方案。VMware Workstation 的突出特点之一是其出色的灵活性和先进的技术，这使其在虚拟计算机软件市场上超越了其他同类产品。它能在一部实体机器上模拟完整的网络环境，并创建可携带的虚拟机器。此外，VMware Workstation 具有多种实用功能，如虚拟机快照，可以迅速备份整个虚拟机，以便于在出现问题时快速还原。它支持创建多种网络配置，如桥接网络、NAT 网络和主机模式，以自定义虚拟机的网络连接。同时，它还支持 USB 传输、虚拟磁盘扩展、多屏幕支持、3D 图形加速等高级功能。对于企业 IT 开发人员和系统管理员而言，VMware Workstation 的一些特定功能如虚拟网络、实时快照、拖曳共享文件夹以及支持 PXE 等，使其成为必不可少的工具。总的来说，VMware Workstation 凭借其强大的功能和灵活的配置选项，为用户提供了一个高效、安全的虚拟计算环境，是软件开发、测试以及部署的理想选择。VMware 产品主要的特点包括：

1）不需要分区或重新启动就能在同一台 PC 上使用两种以上的操作系统。

2）完全隔离并且保护不同操作系统的操作环境以及所有安装在操作系统上面的应用软件和数据。

3）不同的操作系统之间还可以进行互操作。

4）具有恢复（Undo）功能。

5）能够设定并且随时修改操作系统的操作环境。

6）数据迁移方便，具有高可用性。

二、虚拟机网络连接模式

虚拟机网络指通过软件模拟的具有完整硬件系统功能的、运行在一个完全隔离环境中的完整计算机系统所搭建构成的网络平台。在虚拟机中，有多种网络模式可供选择，每种模式都有其特定的应用场景和优缺点。以下是三种常见的虚拟机网络模式的简介。

（一）桥接模式（Bridge Mode）

桥接模式下，虚拟机的操作系统就像和物理机同一段网络中的物理机一样，可以访问网络中的任何机器。只要物理机可以访问网络，虚拟机也可以实现上网。

1）优点：虚拟机可以直接连接到物理网络中的其他设备，拥有独立的 IP 地址。

2）使用场景：当需要在局域网内新建一个虚拟服务器，为局域网用户提供网络服务时，适合选择桥接模式。

（二）NAT 模式（Network Address Translation Mode）

NAT 模式下，虚拟机借助网络地址转换功能，通过物理机来访问网络。

1）优点：可以通过主机的 IP 地址与外部网络和互联网进行通信，不需要为虚拟机分配独立的 IP 地址，虚拟机的网络流量可以通过主机进行转发和管理，增加了网络安全性。

2）缺点：虚拟机无法直接与物理网络中的其他设备进行通信，虚拟机的网络连接受主机的网络连接影响，主机的网络故障可能会导致虚拟机的网络中断。

3）使用场景：适用于 IP 地址紧缺，多台机器使用同一公网 IP 上网的情况，也适用于搭建集群或 server。

（三）仅主机模式（Host-Only Mode）

仅主机模式下，虚拟机在一个私有网络中运行，无法连接到外部网络，只能与主机进行通信。

1）优点：增加了安全性，可以用于搭建内部测试环境或进行内部开发和测试。

2）使用场景：当需要创建一个与网内其他机器相隔离的虚拟系统时，适合选择仅主机模式。

在选择虚拟机网络模式时，需要根据实际需求和场景进行考虑，确保所选模式能够满足虚拟机在网络中的功能需求，并考虑到安全性和管理性的因素。

任务 3
Ubuntu 系统使用

任务描述

最近，公司新来一批实习员工，他们想学习有关 Ubuntu 系统的一些基本操作命令，请你为他们讲解 Ubuntu 系统的基本命令，并对学习效果进行评价。

任务目标

1）能够了解 Ubuntu 系统的桌面环境。
2）能够了解 Ubuntu 系统的文件系统及目录结构。
3）能够正确使用 Ubuntu 系统的常用命令，包括文件和目录管理命令、文件备份和压缩命令等。

任务准备

1）防护装备：常规实训着装。
2）教学设备：符合硬件要求的计算机平台。
3）教学工具：VMware Workstation、Ubuntu18.04.6。

知识准备

一、Ubuntu 系统桌面环境

（一）X Window 简介

X Window 是一个图形接口系统的标准体系框架，简称 X 或 X11。它规定了构成图形界面的现实架构、软件成分以及运作协议，只要遵照 X 的规范开发的图形界面都是 X 图形界面，即使在功能、外观、操作风格差异很大。现在 X Window 已经成为 UNIX、Linux 系统上的标准接口，比如著名的桌面环境 GNOME 和 KDE 都是以 X Window 为基础进行构建的。

X Window 系统的开发起源于 Athena 计划，该计划需要一套在 UNIX 系统上运行良好的视窗系统。1984 年，麻省理工学院和 DEC 公司合作开发了一个基于窗口的图形用户接口系统，该系统是以斯坦福大学的 W Window 系统为基础开发的，新系统取名为 X Window。它独立于操作系统，不内置于操作系统的内核中，负责接收输入设备的信息（如鼠标点击、键盘输入等），将其传给 X Client，并将 X Client 传来的信息输出到屏幕上。它成为 UNIX、类 UNIX 以及 OpenVMS 等操作系统所适用的标准化软件工具包及显示架构的运作协议。

X Window 系统的核心概念是客户/服务器构架。其主要的组成成分是 X Server、X Client 和 X Protocol，即 X 服务器端、X 客户端、X 协议。这种客户/服务器架构的主要特点在于在 X Window 系统中，应用程序的"运行"和"显示"是可分离的。

X Server 是 X Window 系统的核心，X Server 运行在有显示设备的主机上，是服务器端，X Server 负责驱动显卡和各种图形的显示，以及驱动其他输入装置如鼠标和键盘。而 X Client 是 X Window 系统中的应用程序，它向 X Server 提出服务请求，如创建窗口、绘制图形等，并接收 X Server 响应的显示画面。X Protocol 是 X Server 和 X Client 之间通信时所遵循的一套规则，规定了通信双方交互信息的格式和顺序。X Server 和 X Client 都要遵循 X Protocol 才能彼此理解和沟通，实现图形界面的正常显示和交互。例如，当用户在 X Client 上单击一个按钮时，X Client 会按照 X Protocol 的规定将这一操作信息发送给 X Server。X Server 接收到信息后，会解析并执行相应的操作，如更新屏幕显示等。

Linux 默认打开 7 个屏幕，编号为 tty1~tty7。X Window 启动后，占用的是 tty7，tty1~tty6 仍为字符界面屏幕，用【Alt+Ctrl+Fn】组合键（n=1~7）即可实现字符界面与 X Window 界面的快速切换。如果要快速切换字符界面与 X Window 图形界面，就可以在字符界面下按【Alt+Ctrl+F7】组合键回到图形界面；在图形界面下，按【Alt+Ctrl+Fn】组合键（n=1~7）即可回到字符界面。

（二）GNOME 桌面环境

1999 年，墨西哥程序员 Miguel 开发了 Linux 下的桌面系统 GNOME 1.0 版。GNOME 是基于 GPL 的完全开放的软件，可以让用户很容易地使用和配置计算机。它运行在操作系统上，为用户提供图形化的桌面工作环境。GNOME 桌面环境的设计简洁清爽，界面布局合理，使用户能够专注于工作和任务。它支持高度可定制性，用户可以根据自己的喜好和需求自定义桌面环境，包括主题、图标、面板布局等。GNOME 还提供了强大的搜索功能，用户可以快速找到所需的应用程序、文件等。

在 GNOME 模式下，桌面主要由三部分组成，分别是状态栏、dock 面板（任务栏）和桌面区。Windows 系统的界面布局一般是任务面板在桌面底部，开始菜单在桌面的左边。但在 Ubuntu18.04 中，界面的布局则不太一样，Ubuntu 系统中 GNOME 桌面环境状态栏位于桌面的顶部，呈横长的矩形，左侧区域用于显示当前正在运行的应用程序图标，中间用于显示系统时间，右侧提供常用的系统功能，包括网络配置、音量控制、输入法、登录用户名信息、关机和重启等操作。dock 面板位于桌面的左边，以侧边条的形式显示，主要用于显示系统的常用应用软件以及用户运行过的软件。而桌面区则指的是 dock 面板和状态栏之外的整个屏幕区域，这部分屏幕通常用于放置已经打开或正在运行的软件窗口以及快捷方式和图标，如图 2-4 所示。

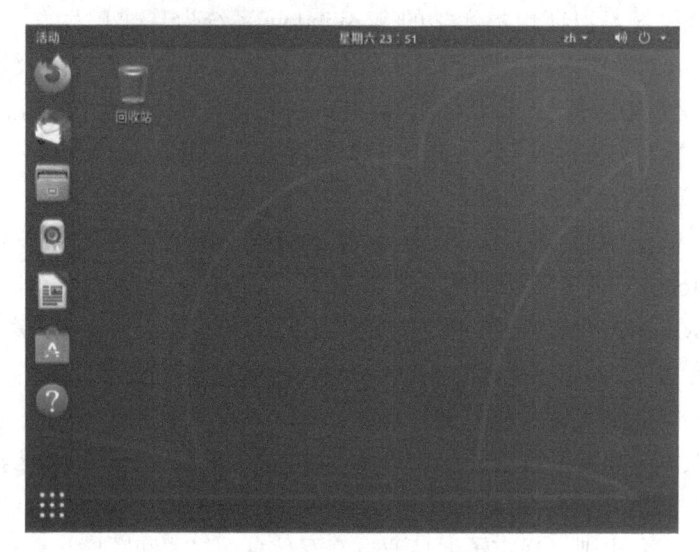

图 2-4　GNOME 桌面环境

（三）GNOME 桌面环境下的 Ubuntu 快捷键

利用键盘的快捷键可以加快对 Ubuntu 系统的使用速度，提高工作效率。Ubuntu GNOME 有一些快捷键和 Windows 系统的快捷键相同，例如【Ctrl+C】（复制）、【Ctrl+V】（粘贴）、【Ctrl+S】（保存）等。Ubuntu GNOME 通用的快捷键如下：

1)【Windows】键（键盘上带有 Windows 图标的按键）：打开活动搜索界面，如图 2-5 所示。

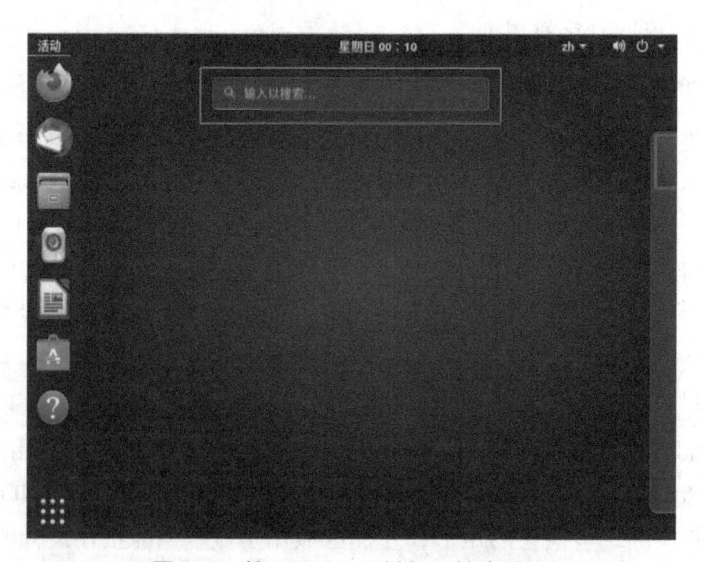

图 2-5　按 Windows 键打开搜索界面

2)【Ctrl+Alt+T】：打开 Ubuntu 的终端窗口（Terminal），这是用户最常用的快捷键之一。

3)【Windows+L】或【Ctrl+Alt+L】：锁屏。当用户需要离开计算机时锁定屏幕，这是最基本的安全习惯之一。

4)【Windows+D】或【Ctrl+Alt+D】：显示桌面。可以快速将所有正在运行的应用程序窗口最小化并显示桌面，再次按下可以重新打开所有正在运行的程序，实现还原的效果。

5)【Windows+A】：显示应用程序菜单。

6)【Windows+Tab】或【Alt+Tab】：在运行中的应用程序间切换。如果用户运行的应用程序不止一个，则可以使用 Windows+Tab 或 Alt+Tab 组合键在应用程序间依次切换。

7)【Windows+箭头】：移动窗口位置。

8)【Windows+M】：切换到状态栏，并显示系统的日历。

9)【Windows+空格】：切换输入法。

10)【Ctrl+Q】：关闭应用程序窗口。

11)【Ctrl+Alt+箭头】：切换工作区。

12)【Ctrl+Alt+Del】：注销。

二、Ubuntu 的文件系统

（一）文件系统概述

文件系统是操作系统用于明确磁盘或分区上的文件的方法和数据结构，即文件在磁盘上的组织方法，也指用于存储文件的磁盘或分区，或文件系统种类。操作系统中负责管理和存储文件信息的软件机构称为文件管理系统，简称文件系统。文件系统由三部分组成：与文件管理有关的软件、被管理的文件，以及实施文件管理所需数据结构。从系统角度来看，文件系统是对文件存储器空间进行组织和分配，负责文件存储并对存入的文件进行保护和检索的系统。具体地说，它负责为用户建立文件，存入、读出、修改、转储文件，控制文件的存取，当用户不再使用时撤销文件等。

目录是文件系统维护所需的特殊文件，它包含了一个项目列表。一个计算机系统中有成千上万的文件，为了便于对文件进行存取和管理，计算机系统建立文件的索引，即文件名和文件物理位置之间的映射关系，这种文件的索引称为文件目录。文件目录为每个文件设立一个表目。文件目录的表目中至少要包含文件名、物理地址、文件逻辑结构、文件物理结构和存取控制信息等，以建立起文件名与物理地址的对应关系，方便用户对文件的查找和修改等操作，实现按名存取文件。从另一个方面讲，文件系统还是操作系统在计算机的硬盘上存储和检索数据的逻辑方法，这些硬盘可以是本地驱动器，可以是在网络上使用的卷或存储区域网络（Storage Area Network，SAN）上的导出共享等。一般来说，一个操作系统对文件的操作包括：创建和删除文件、打开文件以进行读写操作、在文件中搜索、关闭文件、创建目录以存储一系列文件、列出目录内容、从目录中删除文件等。

磁盘或分区和它所包括的文件系统的种类有很大的关系。少数程序直接对磁盘或分区的原始扇区进行操作,这可能破坏一个存在的文件系统。大部分程序基于文件系统进行操作,在不同种类的文件系统上不能工作。一个分区或磁盘在作为文件系统使用前,需要进行初始化的工作,并将记录数据结构写到磁盘上。这个过程就称为文件系统的建立。

常见的文件系统类型主要包括 FAT、NTFS 和 Ext 文件系统等。这些文件系统类型各有特点和适用场景。

1. FAT 文件系统

FAT(File Allocation Table,文件配置表)是一种由微软发明的文件系统,主要用于存储和管理文件。最早在 1977 年时由比尔·盖茨和马克·麦克唐纳发明,最初是为软盘设计的,但后来被逐渐用到了硬盘上。FAT 文件系统包括 FAT16 和 FAT32 等类型,目前 FAT 一般是指 FAT32 文件系统,能够支持最大 4GB 的单个文件、最大 2TB 的硬盘,其主要优点是简单、易于实现和兼容性好。然而,FAT 文件系统也有一些缺点,如不支持长文件名、文件数量限制以及较低的安全性。其发展历程见表 2-5。

表 2-5 FAT 文件发展历程

版本	时间	特点	描述
FAT12	1977 年	最大支持 32MB 的单个文件 最大支持 32MB 的卷大小	由比尔·盖茨和马克·麦克唐纳发明
	1980 年		被 86-DOS 操作系统采用
FAT16	1984 年	最大支持 2GB 的单个文件 最大支持 2GB 的卷大小	簇集地址增加到 16 位,技术上实现了 "FAT16"
	1988 年		彻底实现 "FAT16" 的应用,将卷大小扩充到 2GB
FAT32	1997 年	最大支持 4GB 的单个文件 最大支持 2TB 的卷大小	随着 Windows 95 OSR2 发布
exFAT	2006 年	最大支持 64ZB 的单个文件 最大支持 64ZB 的卷大小	一种较适合于闪存的文件系统。最先从该公司的 Windows Embedded CE 6.0 操作系统引入这种文件系统

2. NTFS 文件系统

NTFS(New Technology File System,新技术文件系统)是 Windows NT 系列操作系统中的高级文件系统,特别为网络和磁盘配额、文件加密等管理安全特性而设计。它提供了长文件名、数据保护和恢复功能,并能通过目录和文件许可实现安全性,还支持跨越分区,具有较高的文件系统利用率。相对于 FAT 文件系统,NTFS 文件系统具有一系列显著的特点和优势。首先,它支持非常大的分区容量,最大可以达到 2TB,远超 FAT32 格式的 Windows XP 所支持的 32GB。其次,NTFS 是一个非常稳定的文件系统,具有较少的文件碎片,并且在发生系统失败事件时,能够使用日志文件和检查点信息自动恢复文件系统的一致性。此外,NTFS 支持分区、文件夹和文件的压缩,能够自动对文件进行解压缩和压缩,从而提高磁盘的利用率。NTFS 是目前 Windows 主流的文件系统类型。其发展历程见表2-6。

表2-6 NTFS 发展历程

时间	版本	描述
1993年	NTFS 1.0	该版本随 Windows NT 3.1 发布，与后续所有版本都不兼容
1994年	NTFS 1.1	该版本随 Windows NT 3.5 发布
1995年	NTFS 1.2	该版本随 Windows NT 3.51 发布，支持压缩文件、命名流、基于 ACL（访问控制列表）的安全性等功能
2000年	NTFS 3.0	该版本随 Windows 2000 发布，支持磁盘限额、加密、稀疏文件、重解析点、更新序列数（USN）日志等功能
2001年	NTFS 3.1	该版本随 Windows XP 发布，在 MFT 中提供冗余 MFT 记录数扩展项，可用于恢复受损的 MFT 文件

3. Ext 文件系统

Ext（Extended File System，扩展文件系统）是一种为 Linux 核心所做的文件系统，最初于 1992 年 4 月发布，是 Linux 中第一个利用虚拟文件系统实现的文件系统。它采用 UNIX 文件系统（UFS）的元数据结构，旨在克服 MINIX 文件系统性能不佳的问题。经过不断的发展，目前已经发展到第四代扩展文件系统（Ext4），Ubuntu18.04 正是使用了 Ext4 文件系统。Ext4 是 Ext 系列中的最新版本。它在保持向前兼容性的同时，引入了许多新特性，如支持更大的文件和分区、更快的读写速度以及更好地处理碎片等。此外，Ext4 还提供了更佳的性能和可靠性，以及更为丰富的功能。其发展历史见表2-7。

表2-7 Ext4 发展历程

版本	时间	描述
Ext	1992年	由 Rémy Card 所创作 第一个使用虚拟文件系统的文件系统
Ext2	1993年	修正 Ext 的一些缺点 Linux 平台上第一个商业级文件系统
Ext3	1999年	Stephen Tweedie 显示了他正使用的扩展 Ext2，展示了 Ext3 的原型
Ext3	2001年	该文件系统从 2.4.15 版本的内核开始，合并到内核主线中
Ext4	2006年	在 Linux 核心 2.6.19 版中，首次导入 Ext4 的一个先期开发版本
Ext4	2008年	Linux 2.6.29 版公开发布之后，Ext4 成为 Linux 官方的建议默认文件系统

（二）目录结构

目录可以形象地比喻为"文件夹"，每个目录都可以存放一些文件或另外一些目录，通过目录构成的层次，达到有组织地存储文件的目的。每个目录或文件都有一个唯一确定的位置，找到该位置所历经的线路称为路径。

Linux 发行版非常多，但是几乎所有发行版的目录配置都是相似的，这主要得益于 Linux 目录配置标准（Filesystem Hierarchy Standard，FHS）的制定。FHS 类似于 Windows 操作系统中 C 盘的文件目录，采用树形结构来组织文件。FHS 定义了系统中每个区域的用途、所需要的最小构成的文件和目录，并给出了例外处理与矛盾处理的指导。FHS 的主要作用在于规范每个特定的目录应当放置什么样的数据。它要求一些重要的子目录，如 /bin、/etc、/home、/usr 和 /var 等，存放着不同类型的文件和目录。其中，/usr 目录与软件安装和执行相关，存放着用户和共享的只读数据，包括程序文件、文档和库文件等；而 /var 目录则与系统运行过程有关，包含如日志文件、缓存文件和临时文件等子目录。

在 FHS 的要求中，根目录（/）是整个系统最重要的一个目录，因为所有的目录都是由根目录衍生出来的。根目录在 Linux 启动时首先被装载到内存中，并由内核去扫描和激活树结构目录。此外，FHS 建议根目录不要放在非常大的分区内，以保持根目录尽可能小，提高系统的稳定性和可靠性。FHS 标准使得众多的 Linux 发行版有了可以遵循的标准，使得软件和用户可以预测已经安装了的文件和目录的位置。通过定义每个特定目录下的数据放置规范，FHS 帮助用户和管理员更有效地组织和管理 Linux 系统中的文件和数据。

Linux 文件系统采用带链接的树型目录结构，即只有一个根目录（通常用 "/" 表示），其中含有下级子目录或文件的信息，子目录中又可含有其下级的子目录或文件的信息，这样一层一层地延伸下去，形成树枝状，称之为目录树。这与 Windows 目录树的概念完全不同，Windows 系统中根据硬盘的分区数量可能会有多个根目录，比如 C:\ 和 D:\，但是 Linux 只有一个根目录就是 "/"，如图 2-6 所示。

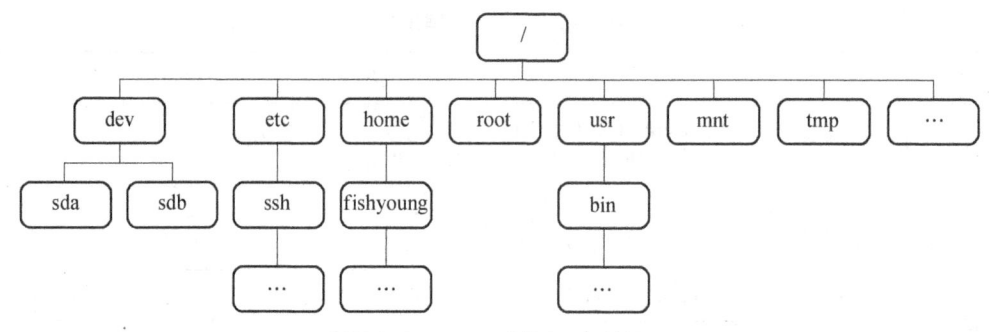

图 2-6　Linux 树型目录结构

目录树有以下几个特点：

1）目录树的起点是根目录，且只有一个根目录。

2）其他设备（如网络上的文件系统或 U 盘等设备）起点依然是根目录，通过"挂载"操作，挂载到某个特定文件夹下，成为目录树的一部分。

3）每个文件在目录树中的完整路径是唯一的。

在安装 Linux 时，系统会建立一些默认的目录，而每个目录都有其特殊的功能。同时 Linux 的设计思想是一切皆文件，把几乎所有资源统统抽象为文件形式，包括硬件设备、通信接口等。表 2-8 列出了 Linux 中部分默认目录功能。

表 2-8 Linux 中部分默认目录功能

目录	说明
/	Linux 系统的根目录
/bin	存放必要命令的目录
/dev	任何硬件与接口设备以文件的形式存放在这个目录下
/etc	存放系统配置文件的目录
/home	系统默认的普通用户家目录
/lib	存放必要运行库的目录
/mnt	各项设备的文件系统挂载点（mount）
/proc	存放存储进程和系统信息的目录
/root	系统管理员（root）的家目录
/sbin	存放系统管理程序的目录
/tmp	临时文件的存放位置，可供所有用户执行写入操作的特有权限
/usr	UNIX software resource 的缩写，是操作系统软件资源所默认放置的目录

要注意的是，与 Windows 系统中不同，在 Ubuntu 系统中目录的书写是严格区分大小写的。并且在 Linux 系统中，文件类型与后缀名是没有直接关系的。根目录是所有目录的起点，任何一个文件或目录都以根目录起存在一个唯一的路径，该路径称为绝对路径。例如："/home/zqht/desktop"就是一个从根目录开始的绝对路径。与绝对路径相对的称为相对路径，相对路径并不从根目录开始，相对路径以当前工作目录为参照，从当前目录到达所需目录或文件所经过的路径称之为相对路径。例如："./mylinux.doc"就表示当前目录下的 mylinux.doc 文件。

为了方便在各目录中进行跳转，Linux 操作系统中提供了一些特殊目录，相关释义见表 2-9。

表 2-9 特殊目录

目录	释义
.	代表当前目录
..	代表上层目录
-	代表上一个工作目录
~	代表当前登录账户的主目录
~account	代表 account 账户的主目录

（三）文件权限

Linux 操作系统是一个多用户的操作系统，文件权限是 Linux 操作系统中相当重要的一个概念，对 Linux 操作系统中文件安全、系统安全、隐私保护等起到了相当重要的作用。在 Linux 操作系统中，每个文件都有一系列属性，根据属性值的不同，确定每个文件的类型及相关权限。Linux 操作系统中，权限主要分为"读""写""执行"三大类，针对不同用户、用户组可以设置不同的权限,且针对文件和文件夹其意义稍微有些不同。超级用户"root"则可以访问系统上的任意文件。每个文件都有访问限制、用户限制以及隶属于某个用户/组(owner/group)。所有文件皆有如下三组权限加以保护,按重要性依次排列:

- 用户(user):适用于该文件的所有者。
- 组(group):适用于该文件所属的组。
- 其他(other):适用于所有其他用户。

上述三组权限信息的每一组都包含了实际权限,这些权限信息对文件和目录具有不同的含义。权限对文件的意义如下:

- r: read 读权限,用于读取文本文件的内容。
- w: write 写权限,如果拥有该权限,就可以对文件进行编辑、修改、新增、删除内容等操作,但不一定能删除该文件。
- x: execute 执行权限,如果该文件是应用程序、脚本等文件,当前用户拥有该文件的可执行权限时,可以实现该程序的执行。

权限对目录的意义如下:

- r: read 读取目录结构权限。如果当前用户并没有对该目录的 r 权限,则 ls 命令无法输出该目录的目录结构及内部的文件名。
- w: write 更改目录结构权限。在指定目录中执行文件或目录的增加、删除、复制、移动等操作。
- x: execute 访问目录权限。代表该目录是否可以访问。例如常用的 cd 命令,如果拥有对某目录的访问权限,则可以用 cd 命令切换工作目录到该目录下,否则不可以。

文件权限主要的作用就是解决用户与用户之间的隐私、安全等问题,而针对某个文件或目录来说,其所属用户并不是一成不变的,因此 Linux 操作系统提供了两个基本的命令,可以直接更改文件的所属用户。

(四)root 用户和 sudo 命令

Linux 系统的 root 用户(也称"超级用户")具有系统的最高权限。缺省情况下,Ubuntu 不启用 root 用户,而是仅将管理权限授予特定用户,他们可以使用"sudo"应用程序来执行管理任务。默认情况下,在系统安装过程中创建的第一个用户账号具有使用 sudo 的权限。用户可以通过用户和组来限制和赋予用户运行 sudo 的权限。当运行一个要求 root 权限的应用程序时,sudo 会要求输入自己的普通用户密码,这样可以确保恶意程序无法损害系统,还可以提醒应该小心谨慎地对待自己将要执行的管理动作。在命令行里使用 sudo,只需直接在想执行的命令前加上"sudo"即可。随后 sudo 会提示用户输入自己的密码。在短时间内 sudo 会记得用户输入过的密码,以避免用户在执行多个管理任务时重复输入密码。执行管理任务时要务必小心，以免对系统造成破坏。

三、Ubuntu 常用命令

（一）命令行界面

对于 CentOS、Debian、RedHat、Ubuntu 等 Linux 系统发行版来说，服务器依然是其重要的应用场景。因为桌面环境相对来说并不是那么稳定，而且需要占用大量系统资源，所以服务器平台上很少会安装桌面环境组件，命令行就成了每一个运维人员乃至每一个使用 Linux 的人必须要掌握的一种交互模式。

命令行界面（Command Line Interface，CLI）是在图形用户界面之前使用最为广泛的用户界面，用户通过键盘输入指令，计算机接收到指令后，执行相应的程序并返回结果到命令行界面，完成人与机器的交互过程。命令行在使用时，需要记住大量的命令，入门门槛要比桌面环境高得多。但是由于其不需要进行大量图像渲染，所以占用资源相对于桌面环境来说要少得多，且记住常用命令后，某些场景下使用命令行的效率会比桌面环境高许多。

虽然目前个人计算机操作系统大多都以桌面环境图形化用户界面操作为主，但是无论是 Linux 各类发行版还是 Mac OS、Windows 系统等操作系统，并没有完全放弃命令行界面。例如，Windows 系统一直保留命令提示符功能，而且还发布了 PowerShell 来增强命令行工具的命令数量和功能，甚至从 Windows10 以后还可以在微软应用商店来选择安装 Ubuntu 的简版操作系统（无桌面环境），来执行 Linux 环境下的一些程序。

通常操作系统内核并不包含和用户交互的功能，用户和操作系统进行交互时需要通过 Shell（壳）程序。Shell 泛指"为用户提供用户界面"的程序。通常将 Shell 分为两类：命令行 Shell 与图形 Shell。命令行 Shell 提供一个命令行界面（CLI），而图形 Shell 提供一个图形用户界面（GUI）。Linux 操作系统默认搭载的 CLI Shell 程序是 Bash（Bourne-Again Shell）。Bash 继承自 Bourne Shell（UNIX 平台上的 Shell 程序），是 GNU 计划的一部分，由布莱恩·福克斯（Brian J. Fox）1988 年开始开发，并于 1989 年发布第一版。

在 Ubuntu 系统中，桌面环境下可以在称之为"终端"的窗口中使用 Bash 命令，该终端窗口是一种"虚拟终端"，可以按快捷键〈Ctrl+Alt+T（Terminal）〉打开，也可以在系统桌面直接单击鼠标右键，然后单击"打开终端"选项。打开的终端如图 2-7 所示。

（二）命令的一般语法

命令是指可以帮助用户完成相应任务的一个或一组程序。Linux 中常用的命令分为两种：内建命令和外部命令（系统命令）。内建命令在系统启动时就会被加载到内存中，执行速度更快。外部命令一般存储在硬盘中，执行时才会被加载到内存中去执行，虽然速度稍慢，但是功能更加强大，扩展也方便。在执行命令时，至少需要输入命令的程序名称，为了让命令执行不同的功能或生成不同的结果，还需要加上一些其他选项以及参数等信息。命令的语法格式如图 2-8 所示。

图 2-7　打开终端

如无特殊说明，命令与选项、选项与选项、选项与参数、命令与参数等之间需要以空格隔开，有以下要求：

命令　[-选项]　[参数列表]

图 2-8　命令的语法格式

1）命令是必需的。

2）选项是可选的，通过选项来控制要执行的具体功能。

3）参数列表也是可选的，在执行命令的过程中会需要参数，如在切换路径的 cd 命令中，需要参数传递文件路径等信息。

下面以 ls（list directory contents）命令为例，说明几种常用的格式用法。ls 命令的作用是列出当前目录下的所有"文件"和"文件夹"，是 Linux 操作系统中最常用的命令之一。

使用 ls 输出当前目录下所有的文件及文件夹，如图 2-9 所示。

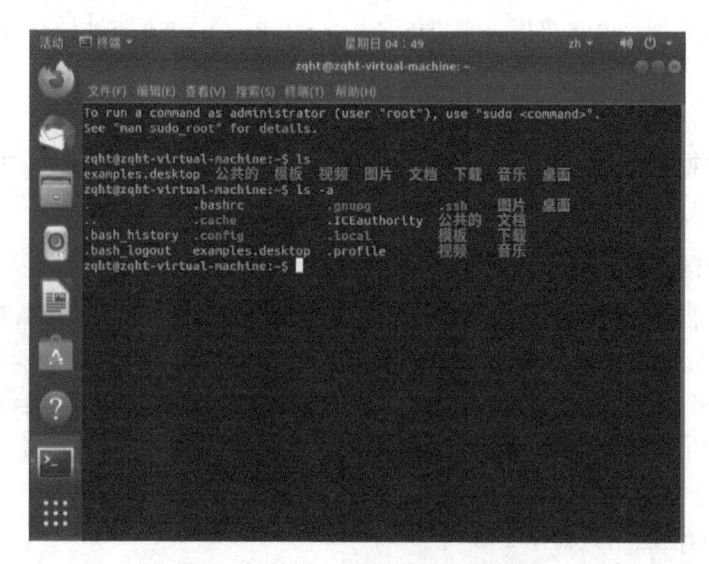

图 2-9　使用 ls 查看文件及文件夹

在 Linux 系统中，隐藏文件或文件夹的名字前会有"."，据此可以判断该文件是否为隐藏文件。此外，输入 ls 命令及 –l 选项，可以显示文件或文件夹属性，显示信息包括文件权限、所有者、大小、修改时间信息等，如图 2-10 所示。

图 2-10 使用 ls –l 命令查看文件属性

也可以使用组合命令，如 ls –al 显示所有文件或者文件夹的详细信息，作用等同于 ls –a –l 或者 ls –la，甚至在 Ubuntu 中可以使用 ll 命令来代指该条命令，如图 2-11 所示。

图 2-11 使用 ls –al 命令查看所有文件的属性信息

（三）常用命令

1. 文件目录操作命令

（1）ls：列出指定目录下的文件和子目录

格式：ls [选项] [目录名]

主要选项说明如下：

-a 用于显示所有文件和子目录。
-l 除了文件名之外，还详细列出文件的权限、所有者、文件大小等信息。
-r 将目录的内容清单以英文字母顺序的逆序显示。
-t 按文件修改时间进行排序，而不是按文件名进行排序。
-A 同 -a，但不列出"."（表示当前目录）和".."（表示当前目录的父目录）。
-R 如果目标目录及其子目录中有文件，就列出所有的文件。

（2）mkdir：创建目录
格式：mkdir [选项] 目录名
选项说明如下：
-p 递归创建目录，可同时创建多级目录。

（3）cd：切换目录
格式：cd 目录名

（4）pwd：查看目录
格式：pwd
选项说明如下：
无须任何选项或参数，直接输入 pwd 即可显示当前工作目录的完整路径。

（5）rm：删除目录 / 文件
格式：rm [选项] 目录名 / 文件名
选项说明如下：
-i 删除前逐一询问确认。
-r 递归删除指定目录及其子目录。
-f 强制删除目录下的文件，不询问。

（6）cp：拷贝目录 / 文件
格式：cp [选项] 目录 / 文件拷贝的目标目录 / 文件
主要选项说明如下：
-f 覆盖已经存在的目标文件而不给出提示。
-i 在覆盖目标文件之前给出提示，要求用户确认是否覆盖，回答 y 时目标文件将被覆盖。
-p 除复制文件的内容外，还把修改时间和访问权限也复制到新文件中。
-r 若给出的源文件是一个目录文件，此时将复制该目录下所有的子目录和文件。

（7）mv：移动目录 / 文件，也可以实现目录 / 文件的重命名
格式：mv [选项] 目录 / 文件拷贝的目标目录 / 文件
主要选项说明如下：
-b 当目标文件或目录存在时，在执行覆盖前，会为其创建一个备份。
-i 如果指定移动的源目录或文件与目标的目录或文件同名，则会先询问是否覆盖旧文件，输入 y 表示直接覆盖，输入 n 表示取消该操作。

-f 如果指定移动的源目录或文件与目标的目录或文件同名，不会询问，直接覆盖旧文件。

-n 不要覆盖任何已存在的文件或目录。

（8）find：查找文件所在的目录

格式：find 目录 [选项]

主要选项说明如下：

-mount，-xdev 只检查和指定目录在同一个文件系统下的文件，避免列出其他文件系统中的文件。

-amin n 在过去 n 分钟内被读取过。

-anewer file 比文件 file 更晚被读取过的文件。

-atime n 在过去 n 天内被读取过的文件。

-cmin n 在过去 n 分钟内被修改过。

-cnewer file 比文件 file 更新的文件。

-ctime n 在过去 n 天内创建的文件。

-mtime n 在过去 n 天内修改过的文件。

-name name，-iname name 文件名称符合 name 的文件。iname 会忽略大小写。

-size n 文件大小是 n 单位，b 代表 512 位元组的区块，c 表示字元数，k 表示 kilo-bytes，w 是二个位元组。

-type t 文件类型是 t 的文件,t 的值包括 d：目录、c：字型装置文件、b：区块装置文件、p：具名贮列、f：一般文件、l：符号链接等。

（9）grep：查找文件中包含指定字符串的行

格式：grep [选项] [参数] [字符串样式] 目录 / 文件

主要选项说明如下：

-a 不要忽略二进制的数据。

-c 计算符合样式的列数。

-i 忽略字符大小写的差别。

-l 列出文件内容符合指定样式的文件名称。

-L 列出文件内容不符合指定样式的文件名称。

-n 在显示符合样式的那一行之前，标示出该行的列数编号。

-r 此参数的效果和指定 "-d recurse" 参数相同。

-w 只显示全字符合的列。

-x 只显示全列符合的列。

参数说明如下：

-A< 显示行数 > 除了显示符合范本样式的那一列之外，还显示该行之后的内容。

-B< 显示行数 > 除了显示符合样式的那一行之外，还显示该行之前的内容。

-C< 显示行数 > 除了显示符合样式的那一行之外，还显示该行之前后的内容。

（10）cat：显示文件内容

格式：cat [选项] 文件名

主要选项说明如下：

-n 由 1 开始对所有输出的行数编号。

-b 和 -n 相似，只不过对于空白行不编号。

-s 当遇到有连续两行以上的空白行，就代换为一行的空白行。

-v 使用 ^ 和 M- 符号，除了 LFD 和 TAB 之外。

-E 在每行结束处显示 $。

-T 将 TAB 字符显示为 ^I。

-A 等价于 -vET。

-e 等价于 "-vE" 选项。

-t 等价于 "-vT" 选项。

（11）wc：统计文本文件

格式：wc [选项] 文件名

选项说明如下：

-c 只显示字节数。

-l 显示行数。

-w 只显示字数。

2. 系统管理命令

（1）useradd：创建新的用户账号

格式：useradd [选项] [参数] 用户账号

选项说明如下：

-m 自动建立用户的登入目录。

-M 不要自动建立用户的登入目录。

-n 取消建立以用户名称为名的群组。

-r 建立系统账号。

参数说明如下：

-c< 备注 > 加上备注文字。备注文字会保存在 passwd 的备注栏位中。

-d< 登入目录 > 指定用户登入时的起始目录。

-D 变更预设值。

-e< 有效期限 > 指定账号的有效期限。

-f< 缓冲天数 > 指定在密码过期后多少天即关闭该账号。

-g< 群组 > 指定用户所属的群组。

-G< 群组 > 指定用户所属的附加群组。

-s<shell> 指定用户登入后所使用的 shell。

-u<uid> 指定用户 ID。

（2）passwd：修改口令

选项说明如下：

-d 删除密码。

-f 强迫用户下次登录时必须修改口令。

-w 口令要到期提前警告的天数。

-k 更新只能发送在过期之后。

-l 停止账号使用。

-S 显示密码信息。

-u 启用已被停止的账户。

-x 指定口令最长存活期。

-g 修改群组密码。

-i 口令过期后多少天停用账户。

（3）uname：显示操作系统信息

格式：uname [选项]

选项说明如下：

-a 显示全部的信息。

-m 显示电脑类型。

-n 显示在网络上的主机名称。

-r 显示操作系统的发行编号。

-s 显示操作系统名称。

-v 显示操作系统的版。

（4）du：显示指定文件 / 目录所占的磁盘空间

格式：du [选项] [参数] 目录 / 文件

主要选项说明如下：

-b 显示目录或文件大小时，以 Byte 为单位。

-c 除了显示个别目录或文件的大小外，同时也显示所有目录或文件的总和。

-h 以 K，M，G 为单位，提高信息的可读性。

-H 与 -h 参数相同，但是 K，M，G 是以 1000 为换算单位。

-k 以 1024 Bytes 为单位。

-m 以 1MB 为单位。

-s 仅显示总计。

-S 显示个别目录的大小时，并不含其子目录的大小。

主要参数说明如下：

-L< 符号连接 > 显示选项中所指定符号连接的源文件大小。

-X< 文件 > 在 < 文件 > 指定目录或文件。

--exclude=< 目录或文件 > 略过指定的目录或文件。

--max-depth=< 目录层数 > 超过指定层数的目录后，予以忽略。

（5）df：显示文件系统磁盘空间使用情况
格式：df [选项] [目录]
主要选项说明如下：
-a 包含所有的具有 0 Blocks 的文件系统。
-h 使用人类可读的格式。

（6）free：显示内存和交换空间使用情况
格式：free [选项] [参数]
主要选项说明如下：
-b 以 Byte 为单位显示内存使用情况。
-k 以 KB 为单位显示内存使用情况。
-m 以 MB 为单位显示内存使用情况。
-h 以合适的单位显示内存使用情况，最大为三位数，自动计算对应的单位值。单位有：B、K、M、G、T。

参数说明如下：
-s< 间隔秒数 > 持续观察内存使用状况。

（7）ifconfig：设置或查看网络设备状态
格式：ifconfig [参数]
主要参数说明如下：
down 关闭指定的网络设备。
io_addr<I/O 地址 > 设置网络设备的 I/O 地址。
irq<IRQ 地址 > 设置网络设备的 IRQ。
netmask< 子网掩码 > 设置网络设备的子网掩码。
up 启动指定的网络设备。
-broadcast< 地址 > 将要送往指定地址的数据包当成广播数据包来处理。

（8）ping：测试网络连通性
格式：ping [选项] [参数] 主机名或 IP 地址
主要选项说明如下：
-n 只输出数值。
-R 记录路由过程。
-v 详细显示指令的执行过程。

主要参数说明如下：
-c < 完成次数 > 设置完成要求回应的次数。
-i< 间隔秒数 > 指定收发信息的间隔时间。
-s< 数据包大小 > 设置数据包的大小。
-t< 存活数值 > 设置存活数值 TTL 的大小。
-w <deadline> 在 deadline 秒后退出。

-W <timeout> 在等待 timeout 秒后开始执行。

（9）netstat：显示网络状态信息

格式：netstat [选项]

主要选项说明如下：

-a 显示所有连线中的 Socket。

-A< 网络类型 > 列出该网络类型连线中的相关地址。

-c 持续列出网络状态。

-i 显示网络界面信息表单。

-o 显示计时器。

-r 显示路由表。

-s 显示网络工作信息统计表。

3. 备份压缩命令

（1）gzip：压缩 / 解压缩程序

格式：gzip [选项] [参数] 目录 / 文件

主要选项说明如下：

-a 使用 ASCII 文字模式。

-c 把压缩后的文件输出到标准输出设备，不去更动原始文件。

-d 解开压缩文件。

-f 强行压缩文件。不理会文件名称或硬连接是否存在以及该文件是否为符号连接。

-l 列出压缩文件的相关信息。

-r 递归处理，将指定目录下的所有文件及子目录一并处理。

-t 测试压缩文件是否正确无误。

-v 显示指令执行过程。

主要参数说明如下：

-S< 压缩字尾字符串 > 更改压缩字尾字符串。

-< 压缩效率 > 压缩效率是一个介于 1~9 的数值，预设值为 "6"，愈大的数值，压缩效率就会愈高。

（2）tar：归档程序

格式：tar [选项] 目录 / 文件

主要选项说明：

-A 新增文件到已存在的备份文件。

-c 建立新的备份文件。

-d 对比备份文件内和文件系统上的文件的差异。

-k 解开备份文件时，不覆盖已有的文件。

-r 新增文件到已存在的备份文件的结尾部分。

-t 列出备份文件的内容。

-u 仅置换较备份文件内的文件更新的文件。
-v 显示指令执行过程。
-x 从备份文件中还原文件。
-z 通过 gzip 指令处理备份文件。
--delete 从备份文件中删除指定的文件。

4. 关机 / 重启命令

（1）shutdown：关机

格式：shutdown [选项] [参数]

主要选项说明如下：

-k 并不会真的关机，只是将警告信息传送给所有使用者。
-r 关机后重新开机。
-h 关机后停机。
-n 不采用正常程序来关机，用强迫的方式杀掉所有执行中的程序后自行关机。
-c 取消目前已经进行中的关机动作。

参数说明如下：

-t seconds 设定在几秒钟之后进行关机程序。
time 设定关机的时间。
message 传送给所有使用者的警告消息。

（2）halt：关闭系统

格式：halt [选项]

主要选项说明如下：

-n 在关机前不做将内存写回硬盘的动作。
-f 强迫关机，不呼叫 shutdown 这个指令。
-i 在关机之前先把所有网络相关的装置停止。
-p 当关机的时候，顺便做关闭电源的动作。

（3）reboot：重启系统

格式：reboot [选项]

主要选项说明如下：

-n 在重开机前不做将内存写回硬盘的动作。
-f 强迫重开机，不呼叫 shutdown 这个指令。
-i 在重开机之前先把所有网络相关的装置停止。

任务实施

1. 在教师的引导下，以小组为单位学习相关技能，并完成下列作业：

1）Ubuntu 桌面环境下的常用快捷键有哪些？

2）简述 Ubuntu 系统的目录结构。

3）简述 Ubuntu 系统的常用命令。

2. 在教师的引导下分组，以小组为单位学习相关知识，并结合计算机系统，完成以下作业：

1）简述 Windows 系统和 Ubuntu 系统文件系统目录结构的差异。
2）列举常见的 Linux 系统命令，并简述其主要功能和用法。

工作任务	了解 Ubuntu 系统的文件系统及常用命令

①结合所学知识，简述 Windows 系统和 Ubuntu 系统文件系统目录结构的差异。

②列举常见的 Linux 系统命令，并简述其主要功能和用法。

序号	常用命令及语法格式	功能描述及示例

评价反馈

1. 学习效果评价：小组同学在计算机上学习 Ubuntu 的基本操作。
2. 学习过程评价：

项目	评价内容	评价等级		
		A	B	C
关键能力考核项目	遵守纪律，遵守学习场所管理规定，服从安排			
	安全意识、责任意识、5S 管理意识，注重节约、节能与环保			
	学习态度积极主动，能参加实习安排的活动			
	团队合作意识，注重沟通，能自主学习及相互合作			
	仪容仪表符合活动要求			
专业能力考核项目	按时按要求独立完成工作页、任务			
	工具、设备选择得当，使用符合技术要求			
	操作规范，符合要求			
	学习准备充分、齐全			
	注重工作效率与工作质量			
	技能点 1：			
	技能点 2：			
小组评语及建议		组长签名： 　　　　　年　　月　　日			
老师评语及建议		老师签名： 　　　　　年　　月　　日			

项目 3 NVIDIA 显卡的认知与安装

智能网联汽车是车联网与智能车的有机联合,搭载有先进的车载传感器、控制器、执行器等装置,融合现代通信与网络技术,实现车与人、车、路、后台等智能信息交换共享,进而需要更加强大的计算、数据存储和通信功能作为基础。计算平台是满足新型汽车电子电气架构的核心,而显卡在计算机中的重要性不容忽视,显卡是处理图像和视频的关键设备,在进行图像处理和计算任务时,显卡能够对计算过程进行加速,大大提高计算性能。

现代的显卡通常具有强大的计算能力,被广泛用于通用计算领域。通过显卡的 GPU 可以进行并行计算,提高计算速度和效率。这种能力对于科学计算、机器学习和人工智能等领域非常重要。

通过本项目的学习,主要达到以下目标:

目标	具体描述
知识目标	能够了解显卡的概念和基本参数
	能够掌握显卡的基本结构、分类和接口
	能够掌握显卡和显卡驱动的安装
技能目标	能够独立讲解显卡的概念
	能够独立叙述显卡的基本结构及分类
	能够讲解几种常见的显卡显示接口
	能够独立安装显卡
	能够独立安装显卡驱动
素质目标	能够正确认识和理解显卡,通过调研显卡技术的发展趋势培养创新意识
	能够养成良好的学习习惯和问题解决能力,能够独立学习和探索显卡的更多功能和特性
	能够培养团队合作和沟通能力,能够与他人分享和交流关于显卡的知识和经验
	能够锻炼动手能力,培养逻辑思维和解决问题的能力,形成严谨的科学思维

本项目的主要任务包括:任务 1 显卡的基本认知;任务 2 显卡的安装事项。

任务 1
显卡的基本认知

任务描述

最近，公司新来一批实习员工，他们对显卡并不熟悉，需要对显卡有一个清晰的认识，请你为他们讲解显卡的基本结构和分类，并对学习效果进行评价。

任务目标

1）能够了解显卡的概念和主要参数。
2）能够掌握显卡的基本结构、分类及接口。

任务准备

1）防护装备：常规实训着装。
2）教学设备：安装有操作系统的计算机。
3）教学工具：教学课件、计算机主机。

知识准备

一、显卡概述

显示接口卡（Video card，Graphics card）又被称为视频卡、视频适配器、图形卡、图形适配器和显示适配器等，被用于连接中央处理器与显示器，将中央处理器送来的影像数据处理成显示器认识的格式，再送到显示器形成图像，是连接显示器和个人计算机主板的重要元件，是人机交互的重要设备之一。如图 3-1 所示为一款常用的计算机显卡。

图 3-1 显卡

自 1981 年 IBM 推出第一块显卡以来，显卡技术已经有了很大改进。第一块显卡称为单色显示适配器（MDA），只能在黑色屏幕上显示绿色或白色文本。而现在，新型显卡的最低标准是视频图形阵列（VGA），它能显示 256 种颜色。通过量子扩展图矩阵（Quantum Extended Graphics Array，QEGA）等高性能标准，显卡可以在最高达 2040×1536 像素的分辨率下显示数百万种颜色。

根据二进制数据生成图像是一个很费力的过程。为了生成三维图像，显卡首先要用直线创建一个线框。然后，它对图像进行光栅化处理（填充剩余的像素）。此外，显卡还需添加明暗光线、纹理和颜色。对于快节奏的游戏，计算机每秒必须执行此过程约 60 次。如果没有显卡来执行必要的计算，则计算机将无法承担如此大的工作负荷。

像主板一样，显卡也是装有处理器和 RAM 的印制电路板。此外，它还具有输入/输出系统（BIOS）芯片，该芯片用于存储显卡的设置以及在启动时对内存、输入和输出执行诊断。显卡的处理器称为图形处理单元（GPU），它与计算机的 CPU 类似。但是，GPU 是专为执行复杂的数学和几何计算而设计的，这些计算是图形渲染所必需的。某些最快速的 GPU 所具有的晶体管数甚至超过了普通 CPU。GPU 会产生大量热量，所以它的上方通常安装有散热器或风扇。

除了处理能力以外，GPU 还使用特殊的程序设计来帮助自己分析和使用数据。市场上的绝大多数 GPU 都是 AMD 和 NVIDIA 生产的，并且这两家公司都开发出了自己的 GPU 性能增强功能。为了提高图像质量，这些处理器使用全景抗锯齿技术，它能让三维物体的边缘变得平滑，以及各向异性过滤，它能使图像看上去更加鲜明。

GPU 在生成图像时，需要有个地方能存放信息和已完成的图像。这正是显卡 RAM 用途所在，它用于存储有关每个像素的数据、每个像素的颜色及其在屏幕上的位置。有一部分 RAM 还可以起到帧缓冲器的作用，这意味着它将保存已完成的图像，直到显示它们。通常，显卡 RAM 以非常高的速度运行，且采取双端口设计，这意味着系统可以同时对其进行读取和写入操作。

RAM 直接连接到数模转换器，即 DAC。这个转换器也称为 RAMDAC，用于将图像转换成监视器可以使用的模拟信号。有些显卡具有多个 RAMDAC，这可以提高性能及支持多台监视器。

二、显卡的基本结构和原理

显卡的主要部件包括主板连接设备、处理器、内存和监视器连接设备。其中，主板连接设备主要用于传输数据和供电；处理器又称为显示芯片（Video chipset）、图形处理器（GPU）或视觉处理器（VPU），是显卡的主要处理单元，用于决定如何处理屏幕上的每个像素，由于它工作时会产生大量热量，所以它的上方通常安装有散热器或风扇；内存常被称为"显示存储器"，简称显存，用于存放有关每个像素的信息以及暂时存储已完成的图像；监视器连接设备便于我们查看最终结果。

不同显卡的工作原理基本相同，即 CPU 与软件应用程序协同工作，以便将有关图像的信息发送到显卡。显卡决定如何使用屏幕上的像素来生成图像。之后，它通过线缆将这些信息发送到监视器。数据离开 CPU 后，必须通过以下 4 个步骤，最后才会到达显示屏：

1）从总线（bus）进入 GPU（图形处理器），将 CPU 送来的数据送到 GPU（图形处理器）里面进行处理。

2）从 video chipset（显卡芯片组）进入 video RAM（显存），将芯片处理完的数据送到显存。

3）从显存进入 Digital Analog Converter（RAM DAC），由显存读取数据再送到 RAM DAC 进行数据转换的工作（数码信号转模拟信号）。

4）从 DAC 进入显示器（Monitor），将转换完的模拟信号送到显示屏。

三、显卡分类

显卡可以分为集成显卡、核心显卡和独立显卡三类。

集成显卡是指在主板的芯片组内集成了显示芯片，不需要单独的显卡就能够实现计算机的各种显示功能，满足普通计算机使用者、一般的家庭影音娱乐以及某些办公使用的需求，节省了独显的开支。由于使用集成显卡的主板大多数不带有单独的显存，所以往往使用一部分内存作为显存，功耗低、发热量小。但是可维护性和扩展性较差，不能单独升级替换显卡，只能和主板一起更换。

核心显卡实际上也是集成显卡的一种，只不过它的显卡集成位置在 CPU 上，而不是主板上。核显是集显后期发展起来的，因为它集成在 CPU 上，可以带来高性能低功耗的特性。GPU 和 CPU "融合"在一起，可以更好地通信，共用总线资源，是目前大部分轻薄笔记本电脑和台式一体机所使用的显卡结构，其性能也能满足作图和运行部分 3D 游戏的需要，但是因此造成的功耗发热较大。不过由于其极具性价比的特点，甚至比有些独立显卡还要受欢迎。

独立显卡就是插在主板扩展插槽中（一般用 PCI-E 接口）的显卡，它将显示芯片、显存及相关电路单独集成在一块电路板上，形成一块独立的板卡。独立显卡具备单独的处理芯片、显示内存、处理模块和缓存，并且还有专门的散热风扇。独立显卡在技术上比集成显卡要先进，能够得到更好的显示效果和性能，升级显卡只需更换独立显卡即可，更容易进行升级。但更强的性能也带来了更高的功耗，发热量也较大，比较适合对显示性能要求较强的游戏用户选用。

独立显卡目前分为两大阵营，即 NVIDIA 和 AMD，这两家同时也是显卡芯片的生产厂商，也就是经常说的 N 卡和 A 卡，目前 N 卡在市场份额最大，从入门到旗舰级的产品线更加丰富，并在高端显卡市场遥遥领先，在技术上相对更有优势，功耗上也相比 A 卡要低一些，优化上也更胜一筹。而 A 卡的产品线不是特别全面，用户的选择性较少，不过 A 卡相对性价比高，同级别显卡的价格更为便宜实惠。

独立显卡又可以分为非公版和公版。公版指的是采用 NVIDIA 或 AMD 原厂设计（或者授权设计）的 PCB 板型，具有一致的核心频率，并且在电路、接口、用料、散热等方面有统一标准，由指定 OEM 厂商生产的显卡。

非公版显卡指的是采用 NVIDIA 和 AMD 提供的 GPU 芯片，但是在外观、做工用料、接口、灯效、散热等方面由各 OEM 厂商自行设计的显卡。市场上的华硕、微星、技嘉、影驰、七彩虹、耕升、索泰、映众、铭瑄、蓝宝石、迪兰等品牌均为非公版。

四、显卡接口

常见的显卡显示接口有 VGA、DVI、HDMI、DP。

（一）VGA

VGA（Video Graphics Array）接口也叫 D-Sub 接口，是显卡上模拟信号的输出接口。早期的 CRT 显示器由于制造原因，只能接受模拟信号的输入。

如图 3-2 所示，VGA 接口是一种 D 型接口，上面共有 15 个针脚，分成 3 排，每排 5 个，定义如图 3-3 所示。

1：红基色	2：绿基色	3：蓝基色	4：地址码	5：自测试
6：红地	7：绿地	8：蓝地	9：保留脚位	10：数字地
11：地址码	12：地址码	13：行同步	14：场同步	15：地址码

图 3-2　VGA 接口　　　　　　　图 3-3　VGA 接口针脚定义

VGA 接口是显卡上应用最为广泛的接口类型，多数显卡都带有这种接口。有些不带 VGA 接口但是带有 DVI 接口的显卡，也可以通过一个简单的转接头将 DVI 接口转换成 VGA 接口。

（二）DVI

DVI（Digital Visual Interface）接口，即数字视频接口，是一种视频接口标准，目的是通过数字化的传送来强化个人计算机显示器的画面品质，目前广泛应用于 LCD、数字投影仪等显示设备上。DVI 接口可以传送未压缩的数字视频数据到显示设备。如图 3-4 所示为常用的 DVI 接口。

如图 3-5 所示，从正面看 DVI 接口，共有 29 个针脚，分别是 1~24 及 C1~C5。每个针脚的定义如图 3-6 所示。

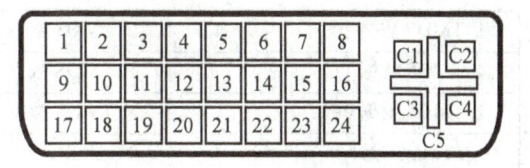

图 3-4　DVI 接口　　　　　　　图 3-5　DVI 接口针脚分布

（三）HDMI

如图 3-7 所示为常用的 HDMI（High Definition Multimedia Interface）接口，即高清多媒体接口。它是一种数字化视频 / 音频接口技术，是适合影像传输的专用型数字化接口，可以同时传输音频和视频信号，最高数据传输速率为 5Gbit/s，同时不需要在数据传输前进行数 / 模或模 / 数转换。HDMI 接口还可以搭配宽带数字内容保护（HDCP），以防止具有著作权的影音内容遭到未经授权的复制。

针脚	功能	针脚	功能
1	TMDS 数据 2-	13	TMDS 数据 3+
2	TMDS 数据 2+	14	+5V 直流电源
3	TMDS 数据 2/4 屏蔽	15	接地（+5 回路）
4	TMDS 数据	16	热插拔检测
5	TMDS 数据	17	TMDS 数据 0-
6	DDC 时钟	18	TMDS 数据 0+
7	DDC 数据	19	TMDS 数据 0/5 屏蔽
8	模拟垂直同步	20	TMDS 数据 5-
9	TMDS 数据 1-	21	TMDS 数据 5+
10	TMDS 数据 1+	22	TMDS 时钟屏蔽
11	TMDS 数据 1/3 屏蔽	23	TMDS 时钟 +
12	TMDS 数据 3-	24	TMDS 时钟 -
C1	模拟红色	C4	模拟水平同步
C2	模拟绿色	C5	模拟接地（RGB 回路）
C3	模拟蓝色		

图 3-6 DVI 接口针脚定义

HDMI 规格书中定义了 4 种 HDMI 接口：Type A、Type B、Type C 和 Type D。标准的 Type A 接口具有 19 个脚位，如图 3-8 所示。每个针脚的定义如图 3-9 所示。

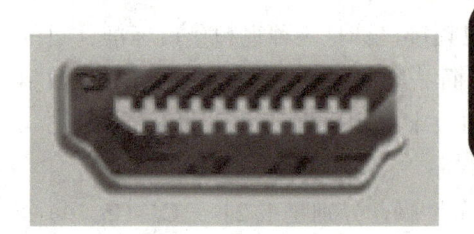

图 3-7 HDMI 接口

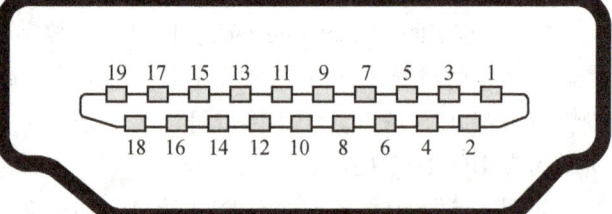

图 3-8 HDMI Type A 接口针脚分布

1. TMDS 数据 2	2. TMDS 数据 2 屏蔽	3. TMDS 数据 2-
4. TMDS 数据 1+	5. TMDS 数据 1 屏蔽	6. TMDS 数据 1-
7. TMDS 数据 0+	8. TMDS 数据 0 屏蔽	9. TMDS 数据 0-
10. TMDS 时钟 +	11. TMDS 时钟屏蔽	12. TMDS 时钟 -
13. CEC 一种简单的控制总线	14. 保留脚位	15. 串行时钟
16. 串行数据	17. DDC/CEC 地	18. +5V 电源
19. 热拔插检测		

图 3-9 HDMI Type A 针脚定义

HDMI 不仅可以满足 1080P 的分辨率，还能支持 DVD Audio 等数字音频格式，支持八声道 96kHz 或立体声 192kHz 数码音频传送，是一种高清输入接口。具有 HDMI 接口的设备有"即插即用"的特点，信号源和显示设备之间会自动进行"协商"，自动选择最合适的视频/音频格式。与 DVI 相比，HDMI 接口的体积更小，DVI 的线缆长度不能超过 8m，否则将影响画面质量，而 HDMI 最远可传输 15m。只要一条 HDMI 缆线，就可以取代最多 13 条模拟传输线，能有效解决家庭娱乐系统背后连线杂乱纠结的问题。

（四）DisplayPort

DisplayPort（DP）也是一种高清数字显示接口标准，可以连接计算机和显示器，也可以连接计算机和家庭影院。DisplayPort 定义了两种接口：全尺寸（Full Size）如图 3-10 所示；迷你尺寸（Mini）如图 3-11 所示。两种接口都有 20 针，但是迷你接口的宽度大约是全尺寸的一半。

图 3-10　全尺寸 DisplayPort 接口　　图 3-11　迷你尺寸 DisplayPort 接口

DisplayPort 接口共定义了 20 个针脚，如图 3-12 所示。

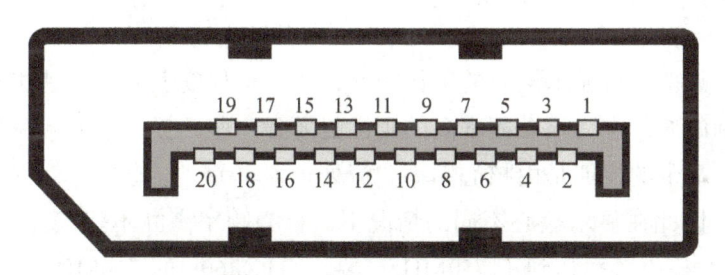

图 3-12　DisplayPort 针脚分布

DisplayPort 接口具有高带宽、高可扩展，以及内容保护技术更可靠等特点。DisplayPort 接头的最长外接距离可以达到 15m，接头和接线的相关规格已为日后升级做好了准备，即便未来采用新的 2X 速率标准（21.6Gbit/s），接头和接线也不必重新进行设计。除实现设备与设备之间的连接外，DisplayPort 还可用作设备内部的接口，甚至是芯片与芯片之间的数据接口。

五、显卡主要参数

（一）显示芯片

显示芯片又称图形处理器 GPU，它在显卡中的作用，和 CPU 在计算机中的作用一样。GPU 让显卡减少了对 CPU 的依赖，并进行部分原本 CPU 的工作，尤其是在处理 3D 图形时。GPU 所采用的核心技术有硬件 T&L（几何转换和光照处理）、立方环境材质贴图和顶点混合、纹理压缩和凹凸映射贴图、双重纹理四像素 256 位渲染引擎等。GPU 的主要厂商有 NVIDIA 和 AMD。

（二）开发代号

开发代号是显示芯片制造商为了便于显示芯片在设计、生产、销售方面的管理和驱动架构的统一而对一个系列的显示芯片给出的相应的基本的代号。开发代号作用是降低显示芯片制造商的成本、丰富产品线以及实现驱动程序的统一。

同一种开发代号的显示芯片使用相同的驱动程序，这为显示芯片制造商编写驱动程序以及消费者使用显卡都提供了方便。

（三）制造工艺

GPU 生产过程中，需要加工各种电路和电子元件，并制造导线连接各个元器件，通常其精度以 nm（纳米）来表示（1mm=1000000nm），精度越高，代表生产工艺越先进，在同样的材料中可以制造更多的电子元件，连接线也越细，芯片的集成度越高，芯片的功耗也越小。

微电子技术的发展与进步，主要是依靠不断改进工艺技术，使得元器件的特征尺寸不断缩小，集成度不断提高，功耗不断降低，最终实现器件性能的持续提高。1995 年以来，芯片制造工艺不断提高，从 $0.5\mu m$、$0.35\mu m$、$0.25\mu m$、$0.18\mu m$、$0.15\mu m$、$0.13\mu m$、$0.09\mu m$，再到主流的 65nm、55nm、40nm、28nm、14nm、7nm 等。

（四）核心频率

显卡的核心频率是指显示核心的工作频率，在一定程度上可以反映出显示核心的性能。在同样级别的芯片中，核心频率高的则性能要强一些，提高核心频率是显卡超频的方法之一。但是显卡的性能是由核心频率、流处理器单元、显存频率、显存位宽等多因素共同决定的，因此在显示核心不同的情况下，核心频率高并不代表此显卡性能强劲。例如，GTS250 的核心频率达到了 750MHz，要比 GTX260+ 的 576MHz 高，但在整体性能上 GTX260+ 要强于 GTS250。

（五）显卡 BIOS

与主板 BIOS 的作用一样，显卡 BIOS 也是用于存放显示芯片与驱动程序之间的控制程序，此外还存有显卡的型号、规格、生产厂家及出厂时间等信息。计算机启动时，通过显卡 BIOS 内的一段控制程序，将这些信息显示到屏幕上。早期显卡 BIOS 是固化在 ROM 中的，不可以修改。现在的多数显卡采用了大容量的 EPROM，即 FlashBIOS，可以通过专用的程序进行改写或升级。

（六）显存

显示内存简称为显存，其主要功能与内存相同，即暂时储存显示芯片要处理的数据和处理完毕的数据。图形核心的性能越强，需要的显存也就越多。在高级的图形加速卡中，显存不仅用来存储图形数据，而且还被显示芯片用来进行 3D 函数运算。

从早期的 EDORAM、MDRAM、SDRAM、SGRAM、VRAM、WRAM 等到今天广

泛采用的 DDR SDRAM，显存经历了很多代的发展。市场中所采用的显存类型主要有 SDRAM、DDR SDRAM、DDR SGRAM 三种。

SDRAM 颗粒主要应用在低端显卡上，频率一般不超过 200MHz，在价格和性能上它比 DDR 都没有什么优势，因此逐渐被 DDR 取代。

DDR SDRAM 是市场中的主流（包括 DDR2 和 DDR3），一方面是工艺的成熟、批量的生产导致成本下跌，使得它的价格便宜；另一方面它能提供较高的工作频率，带来优异的数据处理性能。

DDR SGRAM 是显卡厂商特别针对绘图者需求，为了加强图形的存取处理以及绘图控制效率，从同步动态随机存取内存（SDRAM）所改良而得的产品。SGRAM 允许以方块（Blocks）为单位个别修改或者存取内存中的资料，它能够与中央处理器（CPU）同步工作，可以减少内存读取次数，增加绘图控制器的效率。尽管它稳定性不错，而且性能表现也很好，但是它的超频性能很差劲，目前也极少使用。

（七）显存位宽

显存位宽是显存在一个时钟周期内所能传送数据的位数，位数越大则瞬间所能传输的数据量越大，这是显存的重要参数之一。目前市场上的显存位宽有 64 位、128 位和 256 位几种，习惯上称为 64 位显卡、128 位显卡和 256 位显卡。显存位宽越高，性能越好，价格也就越高。因此 256 位宽的显存更多应用于高端显卡，而主流显卡基本都采用 64 和 128 位显存。

显存带宽 = 显存频率 × 显存位宽 /8。在显存频率相当的情况下，显存位宽将决定显存带宽的大小。显卡的显存是由一块块的显存芯片构成的，显存总位宽同样也是由显存颗粒的位宽组成。显存位宽 = 显存颗粒位宽 × 显存颗粒数。显存颗粒上带有相关厂家的内存编号，可以在网上查找其编号，就能了解其位宽，再乘以显存颗粒数，就能得到显卡的位宽。

（八）显存速度

显存速度一般以 ns（纳秒）为单位。常见的显存速度有 1.2ns、1.0ns、0.8ns 等，越小表示速度越快、越好。显存的理论工作频率计算公式是：等效工作频率（MHz）= 1000/（显存速度 × n）。其中 n 因显存类型不同而不同，如果是 GDDR3 显存则 $n=2$；GDDR5 显存则 $n=4$。

（九）显存频率

显存频率一定程度上反映了显存的速度，以 MHz（兆赫兹）为单位，显存频率随着显存类型、性能的不同而不同；DDR SDRAM 显存能提供较高的显存频率，因此是采用最为广泛的显存类型，无论中、低端显卡，还是高端显卡大部分都采用 DDR SDRAM，其所能提供的显存频率也差异很大，主要有 400MHz、500MHz、600MHz、650MHz 等，高端产品中还有 800MHz 或 900MHz，乃至更高。

（十）流处理器

在 DX10 显卡出来以前，并没有"流处理器"这个说法。GPU 内部由"管线"构成，分为像素管线和顶点管线，它们的数目是固定的。顶点管线主要负责 3D 建模，像素管线负责 3D 渲染。由于它们的数量是固定的，这将导致当某个游戏场景需要大量的 3D 建模而不需要太多的像素处理时，会造成顶点管线资源紧张而像素管线大量闲置。

在这样的背景下，人们在 DX10 时代首次提出了"统一渲染架构"，显卡取消了传统的"像素管线"和"顶点管线"，统一改为流处理器单元，它既可以进行顶点运算也可以进行像素运算，这样，在不同的场景中，显卡就可以动态地分配进行定点运算和像素运算的流处理器数量，达到资源的充分利用。现在，流处理器数量的多少已经成为决定显卡性能高低的一个很重要的指标，NVIDIA 和 AMD 也在不断地增加显卡的流处理器数量使显卡的性能跳跃式增长。

（十一）3D API

3D API 是指显卡与应用程序直接的接口。程序员只需要编写符合接口的程序代码，就可以充分发挥显卡的性能，不必再去了解硬件的具体性能和参数，这样就大大简化了程序开发的效率。同样，显示芯片厂商根据标准来设计自己的硬件产品，以达到在 API 调用硬件资源时最优化，获得更好的性能。有了 3D API，便可实现不同厂家的硬件、软件最大范围兼容。

目前个人计算机中主要的 3D API 有 DirectX 和 OpenGL。

DirectX 是由微软公司开发的用途广泛的 API，它包含有 Direct Graphics（Direct 3D+Direct Draw）、Direct Input、Direct Play、Direct Sound、Direct Show、Direct Setup、Direct Media Objects 等多个组件，在 3D 图形方面有着优秀表现，而今已发展成为对整个多媒体系统的各个方面都有决定性影响的接口。最新版本为 DirectX 12。

OpenGL（Open Graphics Library）是一套三维图形处理库，也是该领域的工业标准。计算机三维图形是指将用数据描述的三维空间通过计算转换成二维图像并显示或打印出来的技术。OpenGL 就是支持这种转换的程序库，它源于 SGI 公司为其图形工作站开发的 IRIS GL，在跨平台移植过程中发展成为 OpenGL。SGI 在 1992 年 7 月发布 1.0 版，后成为工业标准，由成立于 1992 年的独立财团 OpenGL Architecture Review Board（ARB）控制。SGI 等 ARB 成员以投票方式产生标准，并制成规范文档（Specification）公布，各软硬件厂商据此开发自己系统上的实现。只有通过了 ARB 规范全部测试的实现才能称为 OpenGL。1995 年 12 月 ARB 批准了 1.1 版本，目前的最新版本是 OpenGL 4.6。

任务实施

1. 在教师的引导下，以小组为单位学习相关技能，并完成下列作业：

1）显卡的性能影响因素有哪些？

2）选择一个特定领域（如游戏、科学计算、图形设计等），说明在这个领域中选择显卡时需要考虑的关键因素，并举例说明某个显卡型号在该领域的优势和劣势。

3）调研并概述当前显卡技术的发展趋势，以及有哪些新技术或创新对显卡性能和功能产生了影响。

2. 在教师的引导下分组，以小组为单位学习相关知识，并结合显卡的结构，完成以下作业：

1）研究显卡的主要结构。
2）理解每个组件的功能和相互关系。
3）每个小组成员查找一款显卡的技术规格。
4）使用图表或示意图展示一张显卡的结构图，标明各个组件的位置和连接关系。

工作任务	显卡结构图
①结合所学知识及线上资源，绘制显卡结构图。	

②根据所绘制的结构图，写出显卡的主要结构，包括 GPU、显存、散热系统、电源等组件。

组件	详细功能	位置

评价反馈

1. 学习效果评价：小组研究当前显卡结构的技术趋势，包括新的设计理念、材料和制造工艺等。

2. 学习过程评价：

项目	评价内容	评价等级 A	B	C
关键能力考核项目	遵守纪律，遵守学习场所管理规定，服从安排			
	安全意识、责任意识、5S 管理意识，注重节约、节能与环保			
	学习态度积极主动，能参加实习安排的活动			
	团队合作意识，注重沟通，能自主学习及相互合作			
	仪容仪表符合活动要求			
专业能力考核项目	按时按要求独立完成工作页、任务			
	工具、设备选择得当，使用符合技术要求			
	操作规范，符合要求			
	学习准备充分、齐全			
	注重工作效率与工作质量			
	技能点 1：			
	技能点 2：			
小组评语及建议		组长签名： 年 月 日		
老师评语及建议		老师签名： 年 月 日		

知识拓展

- 了解 DVI 接口的类型。
- NVIDIA GPU 的认知。

一、DVI 接口的类型

DVI 接口分 3 种类型 5 种规格，如图 3-13 所示。

DVI-A 是一种模拟传输标准，往往在大屏幕专业 CRT 中能看见，不过由于和 VGA 没有本质区别，性能也不高，因此 DVI-A 事实上已经被废弃了。DVI-D 只有数字接口，DVI-I 有数字和模拟接口，目前应用以 DVI-D 为主，同时 DVI-D 和 DVI-I 又有单通道（Single Link）和双通道（Dual Link）之分，平时见到的基本都是单通道版的，双通道版的成本很高，只有部分专业设备才具备。

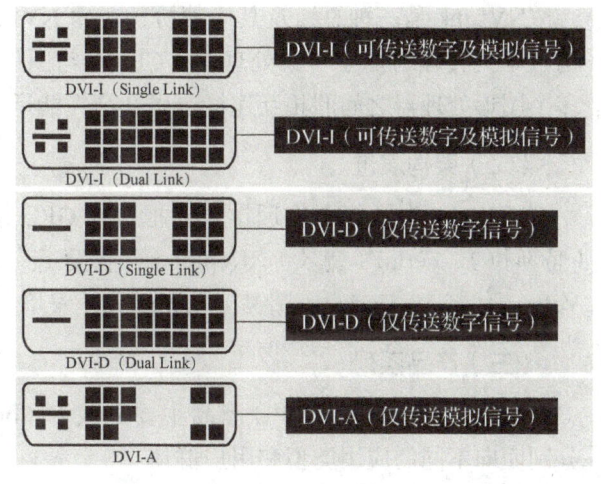

图 3-13　DVI 针脚分布

二、NVIDIA GPU 的认知

NVIDIA 公司在 1999 年发布 GeForce 256 图形处理芯片时首先提出 GPU 的概念。从此 NVIDIA 显卡的核心就用 GPU 来称呼了。GPU 最初是为图形渲染而生，专为执行复杂的数学和几何计算，可以让 CPU 从图形工作中解放出来。由于其诞生的使命，GPU 在发展过程中专注于 2D 或者 3D 图形加速功能。但是在技术迭代过程中，GPU 已经不再局限于 2D/3D 图形处理了，基于 GPU 的通用计算技术发展引起了广泛的关注，事实也证明其在浮点运算、并行计算等方面的能力。此外机器学习等现代应用领域中 GPU 已成为深度学习训练的最佳选择。

（一）关键技术

CUDA（Compute Unified Device Architecture）是 NVIDIA 推出的通用并行计算架构，该架构使 GPU 能够解决复杂的计算问题。CUDA 核心数量决定了 GPU 并行处理的能力，在深度学习、机器学习等并行计算类业务下，CUDA 核心多意味着性能好一些。

RT 即光线追踪（Ray Tracing），可以实现更为逼真的阴影和反射效果，同时还可以大大改善半透明度和散射，带来相似于人眼所看到的更为真实场景效果，从而带来更好的游戏体验。

Tensor Core 即张量内核。Tensor Core 是专为执行张量或矩阵运算而设计的专用执行单元，而这些运算正是深度学习所采用的核心计算函数。张量内核在训练方面能够提供高达 12 倍的 teraflops（TFLOPS）峰值，而在推理方面则可提供 6 倍的 TFLOPS 峰值。每个 Tensor 核心每个时钟周期可执行 64 次浮点混合乘加（FMA）运算。

PCI-e 是 PCI Express 接口的缩写，是新一代的总线接口。采用业内流行的点对点串行连接，每个设备都有自己的专用连接，不需要向整个总线请求带宽，而且可以把数据传输率提高到一个很高的频率，达到 PCI、AGP 等接口所不能提供的高带宽，满足不断更新的高性能显卡产品需要。

NVLink 是一种总线及其通信协议，由 NVIDIA 开发并推出。NVLink 采用点对点结构、串列传输，用于中央处理器（CPU）与图形处理器（GPU）之间的连接，也可用于多个图形处理器之间的相互连接，可在高性能运算应用领域发挥主要作用。

（二）架构演进

NVIDIA 为了纪念物理学家，把每代 GPU 架构都用物理学家名字来命名，如 Tesla（特斯拉）、Fermi（费米）、Kepler（开普勒）、Maxwell（麦克斯韦）、Pascal（帕斯卡）、Volta（伏特）、Turing（图灵）、Ampere（安培）、Hopper（赫柏）等。

（三）产品系列

目前，NVIDIA 的 GPU 产品主要分成 GeForce、Quadro、Tesla、Tegra 等系列产品，分别面向不同的应用类型和用户群体。

1）GeForce 系列：主要面向 3D 游戏应用。几个高端型号分别是 GTX1080、TitanX 和 GTX980，分别采用最新的 Pascal 架构和 Maxwell 架构，因为面向游戏玩家，对双精度计算能力没有需求，所以双精度计算单元只有单精度计算单元的 1/32，但同时也因为受众群体较大，出货量也大，单价相比采用相同架构的 Tesla 系列产品要便宜很多，也经常被用于机器学习。该系列又可分为面向性能的 GTX 系列、面向主流市场的 GTS 和 GT 系列，以及具有高性价比的 GS 系列等。

2）Quadro 系列：主要针对 CAD、3DMaxs、Maya 这一类的设计软件做过驱动层的优化。因为针对专业用户人群，出货量少，所以采用相同架构的 Quadro。售价比 GeForce 高出许多，也很少有人会拿它作别的用途。按照不同应用领域划分，有为 AutoCAD 设计优化的 VX 系列，为专业图形渲染优化的 FX 系列，用于移动和专业显示的 NVS 系列，以及为图像和视频应用优化的 CX 系列。

3）Tesla 系列：专用于 GPU 加速计算，以有限的体积和功耗实现了强大的处理能力。Tesla 系列包括以扩展卡形式安装的 C 系列，包含 2 个 GPU 的 D 系列和包含 4 个 GPU 的 S 系列，以及将 CPU 和 GPU 安装于同一单元内的 M 系列。D、S、M 系列适合作为集群或者超级计算机的基本单元，而 C 系列则可以为普通研究人员提供强大的计算能力。

4）Tegra 系列：NVIDIA 为便携式和移动领域推出的全新解决方案。它在极为有限的面积上集成了通用处理器、GPU、视频解码器、网络、音频输入输出等功能，并维持了极低的功耗，可以提供长达数天的续航能力及强大的图形和视频功能，是一种革命性的新产品。未来 Tegra 系列产品可能引入 GPU 通用计算功能，这将极大地提高移动便携设备的计算能力和应用领域。

任务 2
显卡的安装事项

任务描述

最近，公司新来一批实习员工，他们对显卡的安装并不熟悉，需要给计算机安装显卡，请你为他们讲解显卡的安装方法，并对学习效果进行评价。

任务目标

1）掌握显卡的安装过程。
2）掌握显卡驱动及软件包的安装。

任务准备

1）防护装备：常规实训着装。
2）教学设备：安装有操作系统的计算机。
3）教学工具：教学课件、计算机主机。

知识准备

一、显卡的安装

（一）安装前准备

1）检查机箱尺寸是否可以容得下显卡。有些高端显卡往往尺寸比较大，小机箱可能装不下，一般是中塔或者全塔机箱才能容得下。

2）检查主机电源的功率是否足够（例如电源为 400W 就带不动功耗为 250W 的显卡）。如果电源功率不够，需要更换功率更大的电源。

3）检查是否还有可用的电源接口。现在几乎所有的显卡使用的都是 6 针或者 6+2 针的 PCI-E 电源接口。显卡的电源接口可能有一个或多个。因此，要确定主机电源是否有足够的电源连接线。

4）检查主板上是否还有可用的 PCI-E 插槽。

(二) 安装

1）安装独立显卡之前，需要先将独立显卡位置的挡片拆卸下来，如图 3-14 所示。注意由于每个机箱设计不同，所以拆卸的方法也会不同，比如有的挡片可能不是用螺钉固定的，需要自行掰掉。

2）找到主板上的 PCI-E X16 显卡插槽，如图 3-15 所示。可能有些主板有多条显卡插槽，建议安装在靠近 CPU 的那条显卡插槽中，将显卡插槽的尾部卡扣摁下去即可解锁（不同型号的主板，显卡尾部卡扣可能有细微不同），准备安装独立显卡。

图 3-14 拆除挡片

图 3-15 显卡插槽

3）取出显卡，将显卡金手指部分对准主板上的 PCI-E X16 显卡插槽中插入，如图 3-16、图 3-17 所示，注意要使显卡金手指部分完全插入。插好后，可以从侧面观察一下显卡金手指部分是不是已经完全插进去了。

图 3-16 显卡和插槽

图 3-17 将显卡插入插槽

4）拧上螺钉，将显卡固定在机箱上。

5）如果显卡没有独立供电接口，到这里就已经安装完毕了。如果显卡有独立供电接口，先查看显卡是几个 PIN 供电接口的，然后找到电源上合适的 PCI-E 显卡供电接口。例如，如果是 8PIN 供电，就插上 8PIN 供电接口；如果是双 6PIN 供电，就找到电源上两个 6PIN 分别插入。

二、显卡驱动的安装

（一）安装前准备

安装前需要检查 Ubuntu 系统是否满足 NVIDIA 显卡及相应软件的安装要求。启动计算机，登录进入 Ubuntu 桌面，启动 Ubuntu 终端。

1）检查是否有支持 CUDA 的 GPU。方法如图 3-18 所示，在 Ubuntu 终端上输入命令：lspci | grep –invidia，如果命令有结果显示，说明有支持 CUDA 的 GPU。

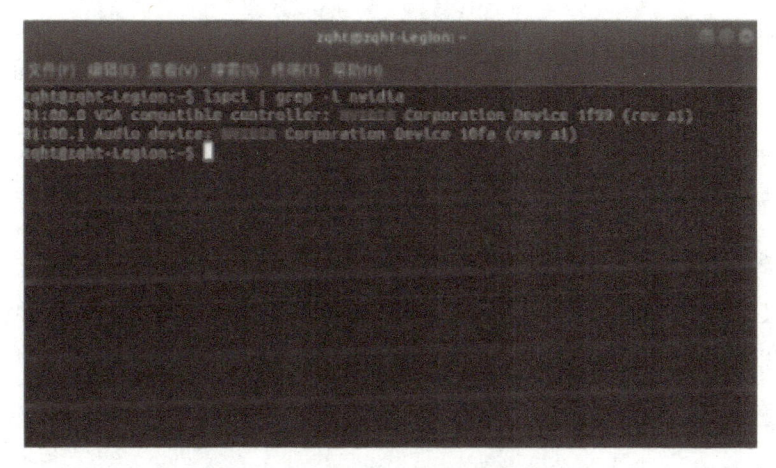

图 3-18　检查 GPU 是否支持 CUDA

2）检查计算机内是否安装了合适版本的 gcc。方法如图 3-19 所示，在 Ubuntu 终端上输入命令：gcc --version，确认 gcc 版本号大于 7.3.0。

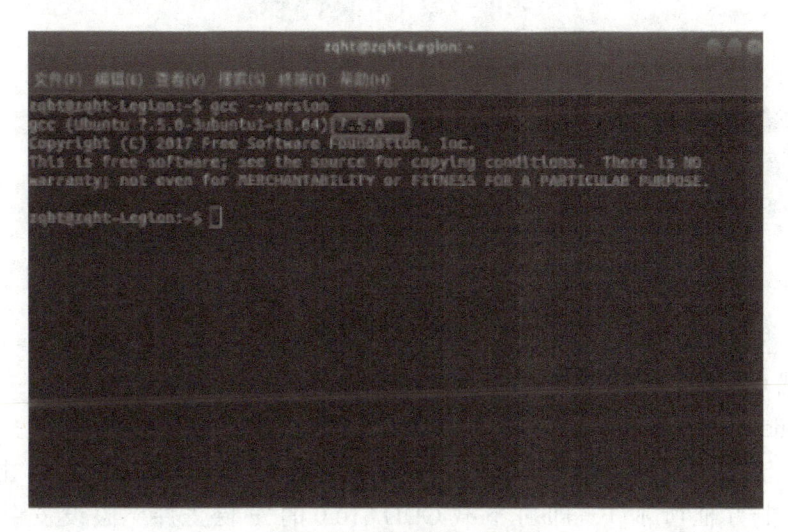

图 3-19　检查 gcc 版本

3）确保系统有正确的 Kernel Header。在 Ubuntu 终端上输入命令：sudo apt install linux-headers-$（uname -r）即可。

4）禁用 nouveau 驱动。编辑 /etc/modprobe.d/blacklist-nouveau.conf 文件，增加以下内容：

```
blacklist nouveau
options nouveau modeset=0
sudo update-initramfs -u
```

然后保存，重启计算机。

（二）安装驱动

1）删除计算机上已有的 NVIDIA 显卡驱动。在 Ubuntu 终端上执行如下命令：sudo apt purge nvidia-*。

2）安装 NVIDIA 显卡驱动。在 Ubuntu 终端上执行如下命令：sudo ubuntu-drivers autoinstall。

3）重启计算机。

4）查看显卡驱动是否已经安装成功。

（三）安装 CUDA 软件包

CUDA（Compute Unified Device Architecture）是 NVIDIA 推出的通用并行计算架构，该架构使 GPU 能够解决复杂的计算问题，是深度学习所必需的软件包之一。

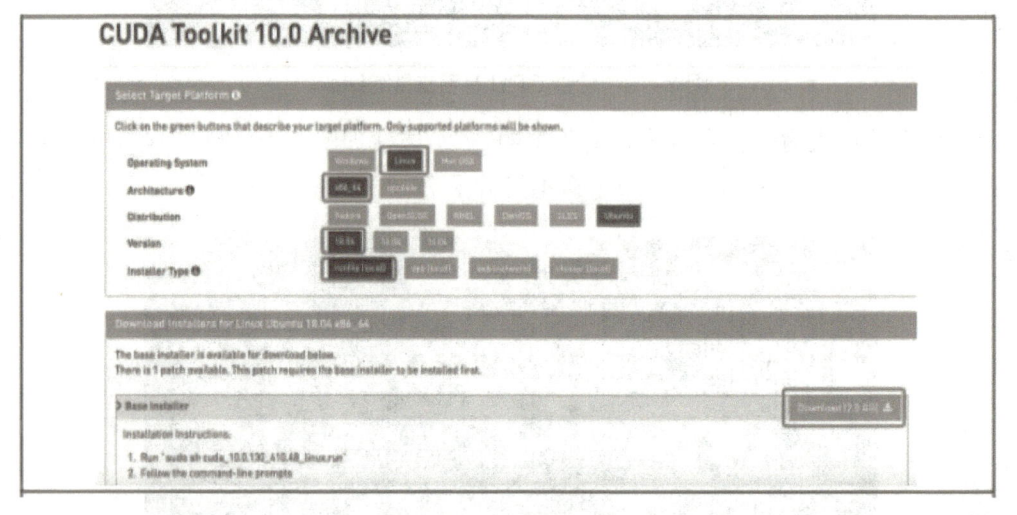

图 3-20 下载 CUDA

1）下载 CUDA 安装文件。以 CUDA10.0 为例，其下载地址为：https://developer.nvidia.com/cuda-10.0-download-archive。

在页面上依次单击 Linux、x84_64、Ubuntu、18.04、runfile，然后单击 Download（如图 3-20 中方框所示），即可下载 CUDA10.0 的安装文件。假设安装文件名为 cuda_10.0.130_410.48_linux.run。

2）在 Ubuntu 终端上，进入 CUDA 安装文件所在的目录，执行命令：sudo sh cuda_10.0.130_410.48_linux.run。

3)根据屏幕提示,一步一步操作即可。注意一定不要选择安装驱动,其余回答"yes"或默认值。

4)设置环境变量。编辑当前用户的配置文件 ~/.bashrc,增加以下内容:

```
export CUDA_HOME=/usr/local/cuda export PATH=$PATH:$CUDA_HOME/bin
export LD_LIBRARY_PATH=/usr/local/cuda-10.0/lib64
${LD_LIBRARY_PATH:+:${LD_LIBRARY_PATH}}
```

5)保存并退出,在 Ubuntu 终端上执行命令:

```
source ~/.bashrc。
```

6)验证是否安装成功。在 Ubuntu 终端上输入以下命令:

```
cd/usr/local/cuda/samples/1_Utilities/deviceQuerysudomake.
/deviceQuery。
```

7)显示 Result=PASS 以及 CUDA 驱动信息,表示安装成功。

任务实施

1.在教师的引导下,以小组为单位学习相关技能,并完成下列作业:
1)什么是显卡?简要介绍其基本原理和功能。

2)显卡驱动的作用是什么?为什么在安装显卡后需要安装相应的驱动程序?

3)CUDA 软件的作用是什么?

2.在教师的引导下分组,以小组为单位学习相关知识,并结合显卡结构图,完成以下作业:
1)研究显卡的主要结构。
2)理解每个组件的功能和相互关系。
3)学会安装不同型号的显卡。
4)学会调试显卡的设置。

工作任务	安装显卡及显卡驱动

①选择一款显卡品牌和型号,前往官方网站下载并安装最新的显卡驱动。记录整个安装过程中的关键步骤,并在安装完成后检查系统中显卡驱动的版本。

②使用图形处理软件或游戏应用程序,调整显卡设置,如分辨率、画质等。请描述调整过程中的体验,并说明不同设置对图像质量和性能的影响。

评价反馈

1. 学习效果评价：小组研究当前显卡结构的技术趋势，包括新的设计理念、材料和制造工艺等。

2. 学习过程评价：

项目	评价内容	评价等级 A	评价等级 B	评价等级 C
关键能力考核项目	遵守纪律，遵守学习场所管理规定，服从安排			
	安全意识、责任意识、5S管理意识，注重节约、节能与环保			
	学习态度积极主动，能参加实习安排的活动			
	团队合作意识，注重沟通，能自主学习及相互合作			
	仪容仪表符合活动要求			
专业能力考核项目	按时按要求独立完成工作页、任务			
	工具、设备选择得当，使用符合技术要求			
	操作规范，符合要求			
	学习准备充分、齐全			
	注重工作效率与工作质量			
	技能点1：			
	技能点2：			
小组评语及建议		组长签名： 年　月　日		
老师评语及建议		老师签名： 年　月　日		

知识拓展

NVIDIA 显卡驱动的更新

更新显卡驱动是确保显卡性能和稳定性的重要步骤。以下是一般的更新过程，具体步骤可能会有所不同，具体取决于显卡品牌和型号，以及操作系统。

1）识别显卡信息：首先，确定计算机上安装的显卡的品牌和型号。可以在计算机的设备管理器（Windows）或系统报告（Mac）中查看显卡信息。

2）访问官方网站：前往显卡制造商的官方网站，如 NVIDIA、AMD、Intel 等。在官方网站上，通常会有一个"支持"或"驱动程序"的部分。

3）选择正确的显卡型号：在支持页面上，选择显卡型号和操作系统。确保下载的驱动程序与显卡和操作系统版本兼容。

4）下载最新驱动程序：单击相应的链接或按钮以下载最新的显卡驱动程序。下载过程可能需要一些时间，具体取决于文件大小和网络速度。

5）关闭图形应用程序：在安装驱动程序之前，最好关闭所有图形应用程序，以防止干扰安装过程。

6）运行安装程序：打开下载的驱动程序安装文件，并按照安装向导中的说明进行操作。通常需要同意许可协议，并选择安装选项。

7）等待安装完成：安装过程可能需要一些时间，要耐心等待。不要在安装过程中关闭安装程序或重启计算机，除非明确说明需要这样做。

8）重启计算机：完成安装后，建议重新启动计算机，以确保新的驱动程序能够正确应用。

9）验证安装：重新启动后，可以通过设备管理器（Windows）或系统报告（Mac）来验证新的显卡驱动程序是否成功安装。还可以在显卡制造商提供的工具中检查驱动程序的版本信息。

这些步骤是一般性的指南，具体步骤可能因显卡品牌、操作系统版本和驱动程序版本而异。在执行更新之前，确保备份重要数据，并谨慎遵循显卡制造商提供的具体指南。

项目 4　Kinect 深度相机的认知与安装

深度相机被称为终端的眼睛，智能网联汽车作为终端，也需要安装这种深度相机来完成对于路况的观察。作为新型的智能移动终端，智能网联汽车对于深度相机的种类有着低延迟和高精度的要求，从而可以将实时路况上传到计算平台中，完成信息的交互过程，为计算中枢提供实时的画面。

通过本项目的学习，主要达到以下目标：

目标	具体描述
知识目标	能够了解 Kinect 深度相机的特点
	能够掌握 Kinect 深度相机的驱动安装
	能够掌握 Kinect 深度相机的安装方法
技能目标	能够独立讲解 Kinect 深度相机的基本情况
	能够独立讲解 Kinect 深度相机的驱动分类和下载方法
	能够独立完成 Kinect 深度相机的驱动下载和安装
	能够独立描述车载智能计算平台的组成
	能够独立描述 AI 单元、计算单元和控制单元的功能
素质目标	能够正确认识 Kinect 深度相机，培养对 Kinect 深度相机及其哲学的尊重和赞赏
	能够养成良好的学习习惯和问题解决能力，能够独立学习和探索计算平台系统的更多功能和特性
	能够培养团队合作和沟通能力，能够与他人分享和交流关于计算平台系统的知识和经验
	能够养成对数据安全和隐私保护的意识，能够合理配置和保护计算平台系统的安全性

本项目的主要任务包括：任务 1 深度相机 Kinect V2 驱动的认知；任务 2 Kinect 相机驱动的安装。

任务 1
深度相机 Kinect V2 驱动的认知

任务描述

最近，小刘忙于自己的课程任务，但他当前对于深度相机 Kinect V2 驱动不太了解，而且需要将其安装在自己的计算机上，请你向他简要介绍一下深度相机 Kinect V2 驱动，并且帮助他完成安装任务，最后对学习效果进行评价。

任务目标

1）能够了解深度相机 Kinect V2 驱动。
2）能够掌握深度相机 Kinect V2 驱动的安装方法。

任务准备

1）防护装备：常规实训着装。
2）教学设备：安装有操作系统的计算机。
3）教学工具：教学课件、计算机主机。

知识准备

一、深度相机 Kinect V2 驱动的概述

深度相机也被称为三维相机或者 RGBD 相机，是一种能够同时获取场景的颜色信息和深度信息的相机技术。与传统的 RGB 相机只能获取颜色信息不同，深度相机通过使用红外光或者其他特殊传感器，可以获取场景中物体和环境的三维结构信息。

深度相机的工作原理基于 ToF 成像技术，实现调幅连续波（AMCW）时差测距（ToF）。这种相机将近红外（NIR）频谱中的调制光投射到场景中，然后记录光线从相机传播到场景，再从场景返回到相机所花费的间接时间测量值。处理这些测量值可以生成

深度图,深度图是图像每个像素的一组 Z 坐标值,以毫米为单位。

深度相机在多个领域有广泛的应用。例如,它可以实现更精细自然的背景虚化、人像光效的模仿、动画表情的实时转移,以及三维美颜和人脸活体识别等功能。此外,还有针对户外场景打造的 3D 结构光深度相机,解决了户外强光下成像困难的痛点,赋能景区、校园、加油站、公共交通等户外刷脸支付及身份核验应用。

Kinect V2 是一款集成了彩色相机、深度传感器、红外发射器和传声器阵列的硬件设备,也是美国微软公司生产的 Xbox 第二代 3D 体感摄像机,包括彩色摄像头(Color Camera)、深度传感器(Depth Sensor)、传声器阵列(Microphone Array)等部件,其中深度传感器由红外摄像机(IR Camera)和红外投影仪(IR Projector)构成。驱动程序(Device Driver)全称为"设备驱动程序",是一种可以使计算机和设备进行通信的特殊程序。操作系统只有通过这类程序,才能控制相应的硬件设备。如果某设备的驱动程序未能正确安装,该设备便不能正常工作。其驱动是为了使 Kinect V2 能够在计算机上正常工作而设计的软件程序。

在安装 Kinect V2 驱动时,通常需要将设备连接到计算机上,并安装相应的 USB 驱动。随后,下载并安装 Kinect 2.0 SDK(软件开发工具包)以支持设备的运行。这个 SDK 提供了必要的库和工具,使得开发者能够利用 Kinect V2 进行各种应用程序的开发。

深度图像的每个像素数值都代表 Kinect V2 距离此像素实际对应区域与相机的深度距离,因此 Kinect V2 能够直接输出三维空间信息。同时,Kinect V2 的彩色相机用于获取高清彩色图像,而传声器阵列则用于采集周围的声音信息,结合微软的语音库,可以实现语音识别等功能。

驱动安装完成后,Kinect V2 就可以通过其深度传感器捕获场景中对象的深度信息。这主要依赖于结构光技术,即使用红外线光源和红外线相机。当红外线光照射到场景中的对象时,光线会反射回设备并被红外线相机捕捉。根据红外线光照射和反射的时间差,Kinect V2 能够计算出每个对象的距离和深度,生成深度图像。

二、深度相机 Kinect V2 驱动的分类

Kinect V2 的驱动按照开发商类型,可以分为官方驱动和第三方驱动。

(一)官方驱动

深度相机 Kinect V2 的官方驱动由微软公司提供,包含在 Kinect For Windows SDK 2.0 软件包中,可以从微软官网下载(https://www.microsoft.com/en-us/download/details.aspx?id=44561)。

Kinect For Windows SDK 2.0 软件包包含以下内容:

1)Kinect V2 驱动程序,适用于 Windows 桌面操作系统及 Windows 嵌入式操作系统。
2)Kinect V2 应用编程接口(API)以及设备编程接口。
3)SDK 使用范例代码。

（二）第三方驱动

深度相机 Kinect V2 的第三方驱动指由微软以外的其他公司 / 组织 / 个人开发的驱动程序，最常用的是 OpenKinect。

OpenKinect 是一个开源社区，致力于将 Kinect 设备运行于各种 PC 操作系统上，包括 Windows、Linux 以及 Mac，并允许多台 Kinect V2 设备连接到同一台计算机上。OpenKinect 的所有代码可以在 Github 上得到（https：//github.com/OpenKinect），其中驱动程序部分的代码为 libfreenect2，网址是 https：//github.com/OpenKinect/libfreenect2。

任务实施

1. 在教师的引导下，以小组为单位学习相关技能，并完成下列作业：

1）Kinect V2 是哪家公司生产的？包括哪些部件？

2）驱动程序的作用是什么？

3）Kinect V2 驱动程序有几种？各从什么渠道进行下载？

2.在教师的引导下分组,以小组为单位学习相关知识,并结合对 Kinect V2 深度相机的认识,完成以下作业:

1)了解 Kinect V2 深度相机的来源和部件。

2)了解 Kinect V2 深度相机的驱动程序的作用。

3)掌握 Kinect V2 驱动程序有几种和各自的下载渠道。

4)按照下列表格索引,掌握 Kinect V2 深度相机的相关知识,并完成下列表格的填写。

工作任务	Kinect V2 深度相机的认知
①结合所学知识及前文内容,写出 Kinect V2 深度相机各有什么部件,以及驱动程序的作用。	

②写出 Kinect V2 深度相机的驱动程序有几种和各自的下载渠道。

驱动程序	下载驱动	下载链接

评价反馈

1. 学习效果评价：找出几种类似的深度相机，完成与本任务相同的作业。
2. 学习过程评价：

项目	评价内容	评价等级		
		A	B	C
关键能力考核项目	遵守纪律，遵守学习场所管理规定，服从安排			
	安全意识、责任意识、5S管理意识，注重节约、节能与环保			
	学习态度积极主动，能参加实习安排的活动			
	团队合作意识，注重沟通，能自主学习及相互合作			
	仪容仪表符合活动要求			
专业能力考核项目	按时按要求独立完成工作页、任务			
	工具、设备选择得当，使用符合技术要求			
	操作规范，符合要求			
	学习准备充分、齐全			
	注重工作效率与工作质量			
	技能点1：			
	技能点2：			
小组评语及建议		组长签名： 年　月　日		
老师评语及建议		老师签名： 年　月　日		

知识拓展

- 了解什么是深度相机。

一、深度相机

深度相机（3D相机）就是终端和机器人的眼睛，通过该相机能检测出拍摄空间的景深距离。通过深度相机获取到图像中每个点距离摄像头的距离，再加上该点在2D图像中的二维坐标，就能获取图像中每个点的三维空间坐标。

二、深度相机的原理

深度相机的原理主要基于多种技术，其中最核心的是通过主动发射光线（如红外光）到场景中，并测量光线从发射到被物体反射后返回的时间或形状变化，从而计算出物体与相机之间的距离，获取三维空间信息。

Kinect系列深度相机的基本原理是，通过近红外激光器，将具有一定结构特征的光线投射到被拍摄物体上，再由专门的红外摄像头进行采集。这种具备一定结构的光线根据编码图案不同，一般有条纹结构光enshape、编码结构光Mantis Vision, Realsense（F200）和散斑结构光apple（primesense），对被摄物体的不同深度区域采集反射的结构光图案的信息，然后通过运算单元将这种结构的变化换算成深度信息，以此来获得三维结构。

简单来说就是采用特定波长的不可见的红外激光作为光源，它发射出来的光经过一定的编码投影在物体上，通过一定算法计算返回的编码图案的畸变来得到物体的位置和深度信息。

除此之外，由于深度相机有着多种分类，因此有以下工作原理：

1）结构光原理：深度相机发射一束结构化光（如条纹或格网）到场景中，然后通过相机捕捉被物体表面反射的结构化光斑。通过分析光斑的形状和位置变化，可以计算出物体表面的深度信息。这种方法测量精度高，但可能受到光照条件的限制。

2）飞行时间原理（Time-of-Flight，ToF）：深度相机发射红外光脉冲或调制光，并测量光脉冲从发射到被物体反射后返回相机的时间。基于光的传播速度和测量得到的时间差，可以计算出物体与相机之间的距离。这种原理不受光照条件的限制，但对物体表面的材质和颜色可能有一定要求。

3）立体视觉原理：通过两个或多个相机同时捕获场景的不同视角图像，然后利用图像之间的视差信息（即像素之间的相对位移）来计算物体表面的深度信息。这种方法不需要额外的光源或激光器，但对摄像机的标定和图像匹配算法要求较高。

三、常见的深度相机种类

深度相机根据其工作原理和技术特点，大致可以分为以下几类。

（一）结构光深度相机

1）代表技术：散斑、掩模、光栅、线激光。

2）工作原理：通过发射特定的结构光（如散斑、光栅等）到物体表面，并观察光线的反射和调制情况，从而计算出物体的深度信息。

3）应用示例：iPhone 的前置摄像头（用于面部识别）、奥比中光的 Astra+ 和 Astra Mini S 3D 摄像头模组等。

（二）飞行时间原理（ToF）深度相机

1）代表技术：相位、时间。

2）工作原理：通过发射光脉冲（通常是红外光），并测量光脉冲从发射到被物体反射后返回的时间，从而确定物体的深度信息。

3）应用示例：Kinect 2.0、魅族旗舰手机 17Pro 和 18Pro、无人驾驶中常用的激光雷达等。

（三）被动视觉深度相机

1）代表技术：单目、双目。

2）单目技术原理：主要依赖于深度学习和匹配算法，从单张图像中提取深度信息。

3）双目技术原理：类似于人的双眼，通过左右两个相机拍摄到的图像差异（视差）来确定物体的距离，基于三角测量原理计算深度信息。

4）应用示例：双目立体成像技术在机器人导航、三维重建等领域有广泛应用。

（四）其他技术

1）光场相机：利用微透镜阵列获取不同深度平面的图像。

2）相控阵技术：通过控制大量小型天线单元来合成不同相位波束，从而实现深度测量。

3）原位投射掩模技术：也是深度相机的一种技术实现方式。

每种深度相机技术都有其独特的优势和适用场景。

四、深度相机与普通相机的区别

深度相机与普通相机的主要区别体现在它们的工作原理、功能和应用场景上。

1）工作原理：普通相机主要依赖于镜头、感光元件、图像处理芯片等组件，通过捕捉光线并将其转换为数字信号来生成二维图像；深度相机则采用了更为复杂的技术，如结构光、飞行时间（ToF）或双目视觉等，来主动发射光线并测量其反射回来的时间或形状变化，从而获取物体的三维空间信息。

2）功能：普通相机主要用于拍摄二维图像，记录物体的颜色、形状等视觉信息；深度相机除了能够获取物体的二维图像外，还能测量物体与相机之间的距离，获取物体的深度信息，从而生成具有三维效果的图像或视频。

3）应用场景：普通相机广泛应用于日常生活、摄影、影视制作等领域；深度相机由于其能够获取物体的深度信息，因此在机器人导航、虚拟现实、游戏开发、安防等领域具有更广泛的应用前景。例如，在机器人导航中，深度相机可以帮助机器人识别障碍物并规划路径；在安防领域，深度相机可以用于人脸识别和身份验证，提供更安全、便捷的用户体验。

任务 2
Kinect 相机驱动的安装

任务描述

最近，公司新来一批实习员工，他们对 Kinect 相机驱动的安装并不了解，需要学习如何安装 Kinect 相机驱动，请你为他们讲解 Kinect 相机驱动需要的系统要求及安装方法，包括官方驱动和第三方驱动。

任务目标

1）了解官方驱动和第三方驱动的使用场景。
2）能够掌握官方驱动的安装方法。
3）能够掌握第三方驱动的安装方法。

任务准备

1）防护装备：常规实训着装。
2）教学设备：安装有操作系统的计算机。
3）教学工具：教学课件、计算机主机。

知识准备

一、官方驱动安装

（一）系统要求

1）双核 3.1GHz 以上 64 位处理器。
2）4GB 以上内存。
3）支持 USB3.0 接口。
4）支持 DirectX 11 显卡。

5）Visual Studio 2012 以上。

6）Net Framework 4.5 以上。

（二）安装

1）确定 Kinect V2 未连接到计算机上。

2）从微软官网下载 Kinect SDK 2.0 安装包：https：//download.microsoft.com/download/F/2/D/F2D1012E-3BC6-49C5-B8B3-5ACFF58AF7B8/KinectSDK-v2.0_1409-Setup.exe。

3）下载完毕，双击 KinectSDK-v2.0_1409-Setup.exe 文件，开始安装。

4）安装完毕，将 Kinect V2 接上电源，并插入计算机上的 USB3.0 接口，Windows 将自动安装 Kinect V2 的驱动程序。

5）驱动程序安装完成后，可以在 Windows 的设备管理器中看到 Kinect V2 设备。

二、OpenKinect 驱动安装

在非 Windows 环境下，一般选择安装第三方的驱动。接下来，以在 Ubuntu 18.04 操作系统中安装 Kinect V2 驱动 libfreenect2 为例进行说明。

（一）系统要求

1）支持 USB3.0 的接口。

2）Ubuntu 14.04 以上。

3）已经安装了 NVIDIA 显卡及驱动。

4）已经安装了 CUDA 10.0 以上。

（二）安装

1）首先更新 Ubuntu 系统软件包。在 Ubuntu 终端上执行如下命令：sudo apt update。

2）安装 libfreenect2 依赖软件包。在 Ubuntu 终端上依次执行如下命令：

```
sudo apt install build-essential cmake pkg-config
sudo apt install libopenni2-dev
sudo apt install libturbojpeg0-dev
sudo apt install libglfw3-dev
sudo apt install libva-dev libjpeg-dev
```

其中，libopenni2-dev 是 OpenNI2 项目提供的函数库。OpenNI 即开放自然语言交互，用于 3D 感知的开发接口，OpenNI2 是其第二代版本，相对于第一代更加专注于对 3D 设备的支持和数据的获取，移除了手势识别等中间件的方式，代码更加精简。

OpenNI2 是 RGBD 相机的用户态驱动，对上提供统一的接口，方便用户获取 RGBD 的图像数据，对下提供统一的标准类，方便 RGBD 厂商进行适配。目前 OpenNI2 支持的设备包括 PS1080、PSLink、orbbec、Kinect 等，由于其清晰的代码结构，很容易对第三方设备进行适配。

3）获取 libfreenect2 源码。在 Ubuntu 终端上依次执行如下命令：

```
cd ~
git clone https: //github.com/OpenKinect/libfreenect2.git
```

4）编译 libfreenect2 并安装驱动。在 Ubuntu 终端上依次执行如下命令：

```
cd ~/libfreenect2
mkdir build
cd build
cmake .. -DENABLE_CXX11=ON -DCUDA_PROPAGATE_HOST_FLAGS=OFF
-DENABLE_CUDA=ON
make
sudo make install
```

5）为 Kinect V2 获得计算机 USB 接口的访问权限。在 Ubuntu 终端上执行如下命令：

```
sudo cp ../platform/linux/udev/90-kinect2.rules /etc/udev/
rules.d/
```

6）插拔 Kinect V2 与计算机的连接线，接着测试 Kinect V2 是否已经能够在该计算机上正确访问。在 Ubuntu 终端上执行如下命令：./bin/Protonect。如果此时能够在计算机上看到图像，说明已经正确安装了 libfreenect2 驱动。

7）由于还需要在 ROS 下使用深度相机 Kinect V2，因此，下面还要继续安装 libfreenect2 的 ROS 驱动。在 Ubuntu 终端上依次执行如下命令，完成 libfreenect2 的 ROS 驱动的源代码下载和编译：

```
mkdir -p ~/kinect2_bridge/src/
cd ~/kinect2_bridge/src/
git clone https://github.com/code-iai/iai_kinect2.git
cd iai_kinect2
rosdep install --from-paths . --ignore-src
cd ~/kinect2_bridge
catkin_make -DCMAKE_BUILD_TYPE="Release"
```

8）编译成功，说明 libfreenect2 的 ROS 驱动已经正确安装，接下来进行测试。在 Ubuntu 终端上依次执行如下命令：

```
cd ~/kinect2_bridge
source ./devel/setup.bash
roslaunch kinect2_bridge kinect2_bridge.launch
rosrun kinect2_viewer kinect2_viewer kinect2 sd image
```

9）如果此时能够在计算机上看到图像，说明已经正确安装 libfreenect2 的 ROS 驱动。

任务实施

1. 在教师的引导下，以小组为单位学习相关技能，并完成下列作业：

1）官方驱动安装的系统要求有哪些？

2）OpenKinect 驱动安装的系统要求有哪些？

3）简述 Ubuntu 18.04 操作系统中 libfreenect2 的安装步骤。

2. 在教师的引导下分组，以小组为单位学习相关知识，并结合 Kinect 相机驱动的安装，完成以下作业：

1）了解官方驱动和第三方驱动的使用场景。
2）掌握驱动安装包的下载渠道。
3）在 Windows 桌面操作系统上安装 Kinect SDK 2.0。
4）在 Ubuntu 操作系统中安装 libfreenect2。

评价反馈

1. 学习效果评价：下载不同版本的相机驱动，完成与本任务相同的作业。
2. 学习过程评价：

项目	评价内容	评价等级		
		A	B	C
关键能力考核项目	遵守纪律，遵守学习场所管理规定，服从安排			
	安全意识、责任意识、5S管理意识，注重节约、节能与环保			
	学习态度积极主动，能参加实习安排的活动			
	团队合作意识，注重沟通，能自主学习及相互合作			
	仪容仪表符合活动要求			
专业能力考核项目	按时按要求独立完成工作页、任务			
	工具、设备选择得当，使用符合技术要求			
	操作规范，符合要求			
	学习准备充分、齐全			
	注重工作效率与工作质量			
	技能点1：			
	技能点2：			
小组评语及建议		组长签名： 　　　年　　月　　日		
老师评语及建议		老师签名： 　　　年　　月　　日		

知识拓展

- 了解视觉传感器在智能网联汽车中的作用。

一、视觉传感器在智能网联汽车中的作用

在自动驾驶车辆中,视觉传感器是重要的感知系统之一,与其他传感器最大的不同,就是它能够提供行驶环境中的色彩、纹理结构等信息,视觉传感器对信号灯、车道线、交通标志的识别能力是其他传感器所不具备的。

深度相机通常由多个光学传感器组成,根据测量原理不同,常见的深度相机可以分为双目立体视觉深度相机、结构光深度相机、飞行时间深度相机、单目深度相机、融合模式深度相机等。Kinect V2 深度传感器基于飞行时间 ToF 测量原理,用红外光照亮场景,光线被障碍物反射,每个像素的飞行时间由红外相机记录。在内部,波调制和相位检测用于估计到障碍物的距离(间接 ToF)。

对智能汽车而言,视觉传感器是智能汽车的"眼睛",它的原理是利用计算机视觉技术,通过处理摄像镜头捕捉的图像,从而获得引导信息,就像人眼视觉的机制一样。

视觉传感器常见的布置位置如图 4-1 所示。

通过视觉传感器,汽车就可以知道外界环境,并获取信息,从而使汽车控制系统可以发布指令,对汽车做出调控。

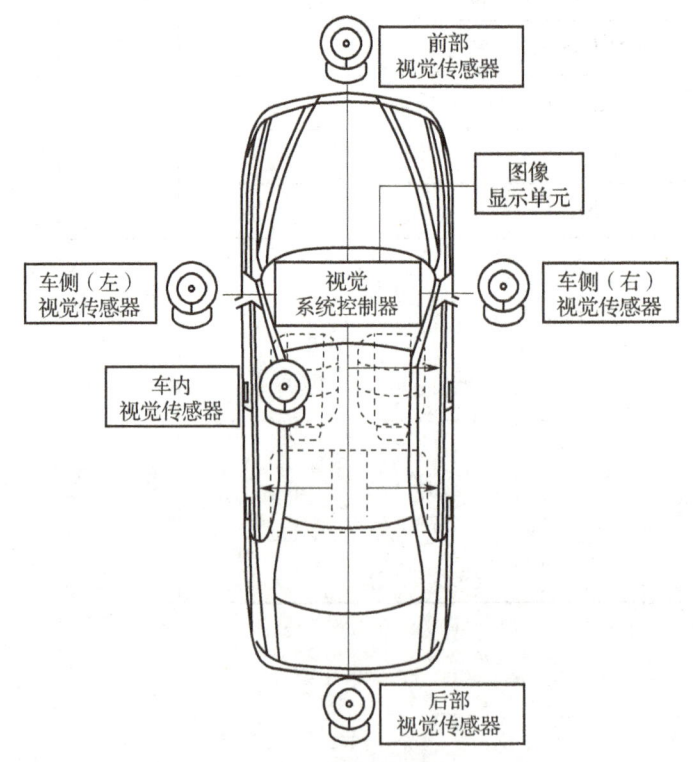

图 4-1 视觉传感器

首先，视觉传感器能够实现车辆的感知与环境理解。通过捕捉道路、车辆、行人、交通标志等图像数据，并进行识别和分析，车辆能够实时感知周围环境的状态和变化。例如，视觉传感器能够识别道路标线和障碍物，从而使车辆实现自动行驶和避免碰撞；同时，通过识别交通标志和信号灯，车辆可以理解交通规则，进行自主驾驶。

其次，视觉传感器支持多种驾驶辅助功能。这些功能包括但不限于自动泊车、车道保持、自适应巡航等。在自动泊车过程中，视觉传感器可以实时监测停车场内各个车位状态，当感知到合适的车位时，系统会自动引导车辆进入。在车道保持功能中，视觉传感器能够准确识别车道线，确保车辆始终保持在正确的车道内行驶。

最后，视觉传感器还可以用于车辆安全控制。它们可以检测驾驶员的注意力和疲劳程度，及时提醒驾驶员注意行车安全。同时，视觉传感器还能通过识别周围环境中的潜在危险，如突然出现的行人或障碍物，帮助车辆进行紧急制动或避让，以最大程度地保障行车安全。

视觉传感器在智能汽车上的应用，主要有以下六类。

（一）车道偏离警告

车道偏离警告系统是一种辅助驾驶员通过警告来减少因为车道偏离引起的交通事故的系统，系统构成主要包括毫米波雷达、激光雷达和摄像头等部件。在汽车将要偏离当前车道线时，系统通过转向盘振动以及显示屏的警告灯闪烁通知驾驶员注意行驶安全性；当要进行变道超车时，可以打开转向灯，这时车道偏离警告不工作。

（二）汽车防碰撞预警

汽车防撞预警系统主要用于协助驾驶员避免追尾、高速中无意识偏离车道、与行人碰撞等重大交通事故。汽车防撞预警系统是基于智能视频分析处理技术，通过动态视频摄像技术、计算机图像处理技术来实现其预警功能。

（三）交通标志识别

车辆安全系统的交通标志识别系统通过特征识别算法，利用前置摄像头组合模式识别道路上的交通标志，提示警告或自动调整车辆运行状态，从而提高车辆的安全性和合规性，提醒驾驶员注意前方的交通标志。

（四）盲点监测

盲点监测系统又称并线辅助系统，主要功能是扫除后视镜盲区并通过侧方摄像头或雷达将车左、右后视镜盲区内的影像显示在车内。由于车辆后视镜中有一个视觉盲区，因此在换道前无法看到盲区中的车辆。如果盲区内有超车车辆，则会发生碰撞，在大雨、雾天、夜间光线暗淡的情况下，很难看到后面的车辆，换道更危险。

（五）驾驶员注意力监控

驾驶员注意力监控系统也称为疲劳监测系统或注意力辅助系统，是一种基于驾驶员生理反应特性的驾驶员疲劳监测预警技术。通过不断检测驾驶员的驾驶习惯，可以感觉到驾驶员在疲劳驾驶后及时向驾驶员发出警告，提醒驾驶员应适当在安全区域停车休息。

（六）停车辅助

停车辅助系统是用于停车或倒车的安全辅助装置，分为手动和自动两种类型。停车辅助系统包括多个安装在汽车周围的摄像头、图像采集组件、视频合成/处理组件、数字图像处理组件和车辆显示器。这些装置可以同时采集车辆周围的图像，对图像处理单元进行变形恢复→视图转换→图像拼接→图像增强，最终形成车辆360°全景仰视图。

深度相机在智能驾驶中已经有广泛应用，很多拥有高端智能驾驶功能的车型上大量使用了深度相机，模拟人眼"看"世界，由此可以对道路参与者的相对距离、相对速度、相关行为等做出更为精准的判断。

二、视觉传感器在智能网联汽车中如何发挥作用

视觉传感器作为机器视觉系统的直接信息来源，主要通过图形传感器获取原始图像数据。这些数据包括道路、车辆、行人、交通标志等丰富的环境信息。随着技术的不断发展，视觉传感器不仅可以提供高质量的图像，还可以进行实时处理和传输，满足智能网联汽车自动驾驶系统对实时性的要求。

深度学习则是一种基于神经网络的机器学习技术，它能够从大量数据中自动学习特征并进行高效的模型训练和预测。在智能网联汽车领域，深度学习技术被广泛应用于视觉传感器的数据处理和分析中。

1）深度学习算法可以自动从视觉传感器捕获的图像中提取有用的特征信息，如车道线、交通标志、行人等。这些特征信息对于车辆的环境感知、决策规划和安全控制至关重要。

2）深度学习算法可以处理和分析大量的图像数据，实现高精度的目标检测、识别和跟踪。通过训练深度神经网络模型，车辆可以准确识别道路上的各种物体，并预测它们的运动轨迹，从而做出正确的驾驶决策。

3）深度学习还可以与其他传感器数据进行融合，进一步提高自动驾驶系统的准确性和可靠性。例如，将视觉传感器数据与毫米波雷达、激光雷达等传感器的数据进行融合，可以实现更全面的环境感知和更精确的障碍物检测。

总的来说，视觉传感器与深度学习的结合为自动驾驶领域带来了革命性的变革。通过利用视觉传感器获取丰富的环境信息，并结合深度学习算法进行高效的数据处理和分析，自动驾驶系统能够更准确地感知周围环境、做出正确的驾驶决策，从而提高行驶的安全性和舒适性。

项目 5 ROS 的安装与使用

硬件技术的飞速发展在促进机器人技术快速发展的同时,也对机器人系统的软件开发提出了巨大挑战。机器人平台与硬件设备越来越丰富,致使对于软件代码的复用性和模块化需求越发强烈,而已有的机器人系统又不能很好地适应需求。相比硬件,软件开发明显力不从心。为迎接机器人软件开发面临的巨大挑战,全球各地的开发者与研究机构纷纷投入机器人通用软件框架的研发工作当中。在近几年里,产生了多种优秀的机器人软件框架,为软件开发工作提供了极大的便利,其中最为优秀的软件框架之一就是机器人操作系统(Robot Operating System,ROS)。ROS 是一个用于编写机器人软件的灵活框架,它集成了大量的工具、库、协议,提供了类似操作系统所提供的功能,包括硬件抽象描述、底层驱动程序管理、共用功能的执行、程序间的消息传递和程序发行包管理,可以极大简化机器人平台下的复杂任务创建与稳定行为控制。

通过本项目的学习,主要达到以下目标:

目标	具体描述
知识目标	掌握 C++ 语言中的专业术语、基本词法和控制流程结构的语法格式
	掌握 Python 程序的结构、函数的结构和程序开发过程
	熟悉 ROS 的概念、特性、基本构成
	熟悉 ROS 的安装方法
	熟悉 ROS 创建工作空间及功能包的方法
	了解 ROS 常用的通信机制及创建方法
	熟悉 ROS 不同通信机制的操作命令
技能目标	具备综合运用 C++ 程序设计语言解决实际问题的能力
	能够用 Python 表达式表达实际问题,具有解决简单应用问题程序设计能力
	能够在常见的硬件平台上安装正确的 ROS 版本

（续）

目标	具体描述
技能目标	能够正确创建 ROS 工作空间及功能包
	能够创建简单的 ROS 通信节点
	能够正常启动创建的节点并通过命令查询节点的相关信息
素质目标	具有主动学习、独立思考、终身学习的意识
	通过质疑、讨论和解疑，具备创新思维、创新个性和创新能力
	培养结构化程序设计思想和良好的编码规范 培养细致缜密的工作态度、团结协作的良好品质、沟通交流和书面表达能力
	获得多途径检索知识、分析解决问题以及多元化思考解决问题的方法
	养成爱岗敬业、遵守职业道德规范、诚实守信的高尚品质

本项目的主要任务包括：任务 1 C++ 的认知；任务 2 Python 的认知；任务 3 ROS 的认知；任务 4 ROS 的安装；任务 5 ROS 文件系统的构建；任务 6 ROS 通信系统的构建。

任务 1
C++ 的认知

任务描述

输出一个表达式"1+1"的结果，然后再输出一个字符串"Hello World!"，以及一串汉字"北京欢迎您！"

任务目标

1）掌握 C++ 语言中的专业术语、基本词法和控制流程结构的语法格式。
2）理解面向对象的程序设计语言的基本概念和特征，掌握类、对象、构造函数、析构函数、封装、继承和多态等专业术语。
3）能熟练操作 C++ 语言的开发工具完成程序的基本功能。
4）能建立起用面向对象的程序设计方法解决实际问题的编程思维。
5）具备综合运用 C++ 程序设计语言解决实际问题的能力。
6）具有主动学习、独立思考、终身学习的意识。
7）通过质疑、讨论和解疑，具备创新思维、创新个性和创新能力。

任务准备

1）防护装备：常规实训着装。
2）教学设备：计算机平台。
3）教学工具：Dev-C++，Microsoft Visual Studio。

知识准备

一、概述

（一）C++ 的概念

C++ 是一门以 C 语言为基础发展而来的面向对象的程序设计语言，自 1983 年由

Bjarne Stroustrup 在贝尔实验室创立开始至今，已经发展了近 40 年。C++ 从最初的 C with Classes，经历了从 C++98、C++03、C++11、C++14 到 C++17 再到 C++20 等多次标准化改造，功能得到了极大的丰富，已经演变为一门集面向过程、面向对象、函数式、泛型和元编程等多种编程范式的复杂编程语言。它是一种静态类型的、编译式的、通用的、大小写敏感的、不规则的编程语言，综合了高级语言和低级语言的特点，通常被认为是中级程序设计语言。

（二）C++ 的发展简史

C++ 的历史可以追溯到 1979 年。当时 Bjarne Stroustrup 博士开始着手"C with Classes"的研发工作。"C with Classes"表明这种新语言是在 C 基础上研发的，是 C 语言的超集。Stroustrup 要做的就是将面向对象的思想引入 C 语言。新语言的初始版本除了包括 C 语言的基本特征之外，还具备类、简单继承、内联机制、函数默认参数以及强类型检查等特性。

1983 年，"C with Classes"语言更名为 C++。这期间，有许多重要的特性被加入，其中包括虚函数、函数重载、引用机制（符号为 &）、const 关键字以及双斜线的单行注释。

1985 年，C++ 参考手册《C++ Programming Language》出版，同年，C++ 的商业版本问世。由于当时 C++ 并没有正式的语言规范，因此《C++ Programming Language》成了业界的重要参考。1989 年，C++ 再次版本更新，这次更新引入了多重继承、保护成员以及静态成员等语言特性。

1990 年，《Annotated C++ Reference Manual》发布，同年，Borland 公司的商业版 Turbo C++ 编译器问世。Turbo C++ 附带了大量函数库，这一举措对 C++ 开发产生了极为深远的影响。

1998 年，C++ 标准委员会发布了 C++ 语言的第一个国际标准——ISO/IEC 14882：1998，该标准即为大名鼎鼎的 C++98。2003 年，标准委员会针对 98 版本中存在的诸多问题进行了修订，修订后发布了 C++03。

2005 年，C++ 标准委员会发布了一份技术报告（Technical Report，TR1），详细说明了计划引入 C++ 的新特性。这个新标准被非正式地命名为 C++0x，因为其预计会在 21 世纪第一个十年的某个时间发布。

2011 年，新的 C++ 标准（C++11）面世。C++11 增加了许多新的语言特性，包括正则表达式（正则表达式详情）、完备的随机数生成函数库、新的时间相关函数、原子操作支持、标准线程库、新的 for 语法、auto 关键字、新的容器类、更好的 union 支持、数组初始化列表的支持以及变参模板的支持等。

2014 年，C++14 标准获得一致通过。C++14 标准是"ISO/IEC 14882：2014 Information technology Programming languages C++"的简称。在标准正式通过之前，原名 C++1y。

C++17 是继 C++14 之后，C++ 编程语言 ISO/IEC 标准的下一次修订的非正式名称，官方名称为 ISO/IEC 14882：2017。基于 C++11，C++17 旨在使 C++ 成为一个不那么臃肿复杂的编程语言，以简化该语言的日常使用，使开发者可以更简单地编写和维护代码。

C++20 是截至目前最新的 C++ 标准，官方名称为 ISO/IEC 14882：2020。C++20 是

C++ 标准的一次重大更新，引入了包括模块、协程、范围、概念与约束、指定初始化等新特性，并定义了新的运算符和指示符。

目前，C++23 标准正在制定中。

（三）C++ 语言的主要特点

1）与 C 语言兼容。C++ 与 C 语言完全兼容，C 语言的绝大部分内容可以直接用于 C++ 的程序设计，用 C 语言编写的程序可以不加修改地用于 C++。

2）数据封装和数据隐藏。在 C++ 中，类是支持数据封装的工具，对象则是数据封装的实现。C++ 通过建立用户定义类支持数据封装和数据隐藏。在面向对象的程序设计中，将数据和对该数据进行合法操作的函数封装在一起作为一个类的定义。对象被说明为具有一个给定类的变量。每个给定类的对象包含这个类所规定的若干私有成员、公有成员及保护成员。完好定义的类一旦建立，就可看成完全封装的实体，可以作为一个整体单元使用。类的实际内部工作隐藏起来，使用完好定义的类的用户不需要知道类的工作原理，只要知道如何使用它即可。

3）继承和重用。在 C++ 现有类的基础上可以声明新类型，这就是继承和重用的思想。通过继承和重用可以更有效地组织程序结构，明确类间关系，并且充分利用已有的类来完成更复杂、深入的开发。新定义的类为子类，称为派生类。它可以从父类那里继承所有非私有的属性和方法，作为自己的成员。

4）多态性。多态性形成由父类和它们的子类组成的一个树型结构。在这个树中的每个子类可以接收一个或多个具有相同名字的消息。当一个消息被这个树中一个类的一个对象接收时，这个对象动态地决定给予子类对象消息的某种用法。多态性的这一特性允许使用高级抽象。

（四）C++ 的开发环境

C++ 的开发环境，通常又称为 IDE（集成开发环境）。以下介绍几种当前流行的 C++ IDE。

1. Eclipse

Eclipse 是由 IBM 开发的免费开源的 IDE。它以其广泛的社区支持而闻名，可支持近 30 种编程语言，其中 C/C++ 版本被命名为 Eclipse CDT（Eclipse C/C++ 开发工具）。用于 C++ 的 Eclipse IDE 具有开发者期望的所有功能，如代码完成、自动保存、编译和调试支持、远程系统浏览器、静态代码分析、分析和重构等，还可以通过集成各种外部插件来扩展功能。Eclipse 支持多平台，可以在 Windows、Linux 和 MacOS 上运行。

2. Visual Studio Code

Visual Studio Code 是微软开发的开源代码编辑器，适用于所有类型的操作系统，如 Windows、MacOS 和 Linux。它还具有基于变量类型、基本模块和函数定义的智能代码完成的功能特性。它提供了优秀的 C++ 编译器，集成了主流的软件版本控制系统（如 Git 和 SVN 等），可以非常轻松地控制一个程序的各种版本。

Visual Studio Code 有社区版和企业版两个版本，其中社区版是免费版本，可以满足大多数的开发需求；企业版需要付费，提供了额外的附加功能和支持。

3. NetBeans

NetBeans 也是一个免费的开源 IDE，由 Apache 软件基金会开发，被 C++ 开发人员认为是最好用的 IDE 之一。它有一个项目窗口，显示当前存在的项目列表，并允许使用动态和静态库创建 C/C++ 应用程序。

与 Eclipse 相同，NetBeans 可以在多个平台上运行，包括 Windows、Linux、MacOS 和 Solaris 等。

4. CLion

CLion 由 Jetbrains 开发，是 C++ 程序员最推荐的跨平台（支持与 C Make 构建系统集成的 MacOS、Linux 和 Windows）IDE。CLion 是一个付费的 IDE，并且必须购买相应的订阅才能继续使用它。CLion 是少数具有本地和远程支持的 IDE 之一，允许在本地机器上编写代码，但在远程服务器上编译。支持嵌入式开发，可以与 CVS（并发版本系统）和 TFS（Team Foundation Server）集成。

5. QtCreator

QtCreator 是一个开放源代码的 IDE，是 Qt 被 Nokia 收购后推出的轻量级集成开发环境。QtCreator 支持跨平台运行，支持的系统包括 Linux（32 位及 64 位）、MacOS 以及 Windows。QtCreator 的设计目标是使开发人员能够利用 Qt 这个应用程序框架更加快速及轻易地完成开发任务。

二、C++ 基本概念和语法

（一）程序编译和运行

C++ 和 C 语言类似，也要经过编译和链接后才能运行。前面所述的 C++ IDE，除了可以编辑 C++ 源代码，还可以实现 C++ 的编译、链接、调试和运行。

与 C 语言源代码文件后缀统一为 .c 不同，在不同的编译器下，C++ 语言源代码文件的后缀名并不相同。以下是几款主流的编译器对应的 C++ 源代码文件后缀：

1）Microsoft Visual C++：cpp、cxx、cc。

2）GCC：cpp、cxx、cc、c++、C。

3）Borland C++：cpp。

4）UNIX：C、cc、cxx。

如图 5-1 所示为 C++ 代码成可执行文件的过程。

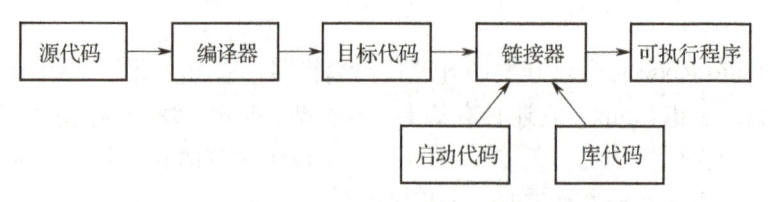

图 5-1 可执行文件的生成过程

（二）命名空间

在一个中大型 C++ 开发项目中，往往有多名程序员在协同开发，会使用大量的变量、函数以及类和对象，这些变量、函数和类的名称存在于全局作用域中，不可避免地存在命名重复的现象。当将它们合并在一起时，可能会导致很多命名冲突。

为了解决合作开发时的命名冲突问题，C++ 引入了命名空间（Namespace）的概念。C++ 使用命名空间的目的是对标识符的名称进行本地化，以避免命名冲突或名字污染。

例如，软件工程师 A 和 B 共同参与了一个文件管理系统的开发，他们都定义了一个全局指针变量 fp，用于指向当前操作的文件。当将他们的代码合在一起的时候，编译器会提示变量 fp 重复定义的错误。此时，无论是让 A 还是 B 修改 fp 的名称，都将带来许多额外的工作量以及由此引发的错误。这种情况下，可以使用命名空间来很好地解决命名冲突问题，即 A 和 B 各自定义自己的命名空间，然后在各自的命名空间中使用 fp 变量。

```
namespace A
{
    File* fp =NULL;
}
namespace B
{
    File* fp =NULL;
}
```

使用变量、函数时要指明它们所在的命名空间。以上面的 fp 变量为例，可以这样使用：

```
A::fp=fopen("one.txt", "r");
B::fp=fopen("two.txt", "rb+");
```

（三）头文件

C++ 是在 C 语言的基础上发展起来的。早期的 C++ 还不完善，不支持命名空间，没有自己的编译器，而是将 C++ 代码翻译成 C 代码，再通过 C 编译器完成编译。这个时候的 C++ 仍然在使用 C 语言的库，stdio.h、stdlib.h、string.h 等头文件依然有效；此外 C++ 也开发了一些新的库，增加了自己的头文件，例如：

① iostream.h：用于控制台输入输出头文件。

② fstream.h：用于文件操作的头文件。

③ complex.h：用于复数计算的头文件。

和 C 语言一样，C++ 头文件仍然以 .h 为后缀，它们所包含的类、函数、宏等都是全局范围的。

后来 C++ 引入了命名空间的概念，重新编写库，将类、函数、宏等都统一纳入一个命名空间，这个命名空间的名字就是 std。std 是 standard 的缩写，意思是"标准命名空间"。

为了避免头文件重名，新版 C++ 库也对头文件的命名做了调整，去掉了后缀 .h，所以老式 C++ 的 iostream.h 变成了 iostream，fstream.h 变成了 fstream。而对于原来 C 语言的头文件，也采用同样的方法，但在每个名字前还要添加一个 c 字母，所以 C 语言的 stdio.h 变成了 cstdio，stdlib.h 变成了 cstdlib。

（四）数据类型和变量

1. 数据类型

C++ 为程序员提供了种类丰富的内置数据类型和用户自定义的数据类型。以下是几种基本的 C++ 数据类型及扩展类型说明：

1）bool：布尔型，占 1 个字节内存，取值为 0 或 1。

2）char：字符型，占 1 个字节内存，取值范围为 0 到 255 或 –128 到 127，因编译器而定。扩展类型取值范围为：

① unsigned char：0 到 255；

② signed char：–128 到 127。

3）int：整型，占 4 个字节，取值范围为 –2147483648 到 2147483647。扩展类型取值范围为：

① unsigned int：占 4 个字节内存，取值范围为 0 到 4294967295；

② signed int：占 4 个字节内存，取值范围为 –2147483648 到 2147483647；

③ short int：占 2 个字节内存，取值范围为 –32768 到 32767；

④ unsigned short int：占 2 个字节内存，取值范围为 0 到 65535；

⑤ signed short int：占 2 个字节内存，取值范围为 –32768 到 32767；

⑥ long int：占 8 个字节内存，取值范围为 –9223372036854775808 到 9223372036854775807；

⑦ unsigned long int：占 8 个字节内存，取值范围为 0 到 18446744073709551615；

⑧ signed long int：占 8 个字节内存，取值范围为 –9223372036854775808 到 9223372036854775807。

4）float：单精度型，占 4 个字节，所能表示范围为（1.17549e–038）到（3.40282e+038）。

5）double：双精度类型，占 8 个字节，所能表示范围为（2.22507e–308）到（1.79769e+308）。

6）long double：长双精度类型，占 16 个字节，可提供 18~19 位有效数字。

7）wchar_t：宽字符类型，占 2 或 4 个字节。注意，在默认情况下，int、short、long 类型都是带符号的，即 signed；各种类型的存储大小与系统位数有关，但目前通用的以 64 位系统为主。

2. 变量

变量是程序可操作的存储区的名称。C++ 中每个变量都有指定的类型，类型决定了变量存储的大小和布局，该范围内的值都可以存储在内存中，运算符可应用于变量上。

C++ 变量的名称可以由字母、数字和下画线字符组成，必须以字母或下画线开头。大写字母和小写字母是不同的，因为 C++ 是大小写敏感的语言。

除上一节所属的基本类型外，C++也允许定义各种其他类型的变量，如枚举、指针、数组、引用、数据结构、类等。

C++是强类型语言，所有的变量在可以使用前，必须要进行定义。

变量定义就是告诉编译器在何处创建变量的存储，以及如何创建变量的存储。在语法上，变量定义需要指定一个数据类型，并包含了该类型的一个或多个变量的列表，例如：

```
int i, j, k;
```

该语句声明并定义了变量i、j和k，指示编译器创建类型为int，名为i、j、k的变量。

变量可以在声明的时候被初始化（指定一个初始值）。初始化器由一个等号，后跟一个常量表达式组成：

```
int d=3, k=5;
```

如果变量在定义式未初始化，则带有静态存储持续时间的变量会被隐式初始化为NULL（所有字节的值都是0），其他所有变量的初始值是未定义的。

（五）运算符

运算符是一种告诉编译器执行特定的数学或逻辑操作的符号。C++内置了丰富的运算符，并提供了以下类型的运算符：

1）算术运算符：+（加）、-（减）、*（乘）、/（除）、%（模）、++（自增）、--（自减）。

2）关系运算符：==（相等）、!=（不等）、>（大于）、<（小于）、>=（大等于）、<=（小等于）。

3）逻辑运算符：&&（逻辑与）、||（逻辑或）、!（逻辑非）。

4）位运算符：&（按位与）、|（按位或）、^（按位异或）、~（按位取反）、<<（二进制左移）、>>（二进制右移）。

5）赋值运算符：=（简单赋值）、+=（加且赋值）、-=（减且赋值）、*=（乘且赋值）、/=（除且赋值）、%=（模且赋值）、<<=（左移且赋值）、>>=（右移且赋值）、&=（按位与且赋值）、|=（按位或且赋值）、^=（按位异或且赋值）。

6）杂项运算符：sizeof（计算变量所占内存大小）、Condition?X:Y（条件运算符，如果Condition为真则值为X，否则为Y）、->（成员运算符）、Cast（强制转换运算符）、&（指针运算符，返回变量在内存中的地址）、*（指针运算符，返回指针变量的值）。

（六）控制语句

1. 条件语句

条件语句要求程序员指定一个或多个要评估或测试的条件，以及条件为真时要执行的语句（必需的）和条件为假时要执行的语句（可选的）。

C++提供了以下类型的判断语句：

（1）if语句

```
if ( boolean_expression )
```

```
{
    // 当 boolean_expression 为 true 时要执行的语句
}
```

如果 boolean_expression 的值为 true，则 if 语句内的代码块将被执行；否则 if 语句结束后的第一组代码（闭括号后）将被执行。与 C 语言一样，C++ 语言把任何非零和非空的值视为 true，把零或 null 视为 false。

（2）if...else 语句

```
if (boolean_expression)
{
    // 当 boolean_expression 为 true 时要执行的语句
}
else
{
    // 当 boolean_expression 为 false 时要执行的语句
}
```

if...else 语句还可以写成 if...else if...else，例如：

```
if (boolean_expression1)
{
    // 当 boolean_expression1 为 true 时要执行的语句
}
else if (boolean_expression2)
{
    // 当 boolean_expression1 为 false 且 boolean_expression2 为 true 时要执行的语句
}
else
{
    // 当 boolean_expression1 为 false 且 boolean_expression2 为 false 时要执行的语句
}
```

（3）switch 语句

允许测试一个表达式等于多个值时的情况。每个值称为一个 case。

```
switch(expression)
{
case value1:
    //expression 值为 value1 时要执行的语句
    break;        // 可选
case value2:
    //expression 值为 value2 时要执行的语句
    break;        // 可选
default:          // 可选
```

```
        // 缺省情况下要执行的语句（即 expression 值都不等于各 case 值时）
    }
```

2. 循环语句

一般情况下，程序语句是顺序执行的：函数中的第一个语句先执行，接着是第二个语句，依此类推。但是有时候，可能需要多次执行同一块代码。C++ 循环语句允许我们多次执行一个语句或语句组，并且循环语句可以嵌套。

（1）for 循环

```
for(init; condition; increment)
{
    // 要循环执行的语句，即循环主体
}
```

for 循环的控制流如下：

init 语句会首先被执行，且只会执行一次。这一步允许声明并初始化任何循环控制变量。也可以不在这里写任何语句，只要有一个分号出现即可。

接下来，会判断 condition。如果为 True，则执行循环主体；如果为 False，则不执行循环主体，且控制流会跳转到紧接着 for 循环的下一条语句。

在执行完 for 循环主体后，控制流会跳回上面的 increment 语句。该语句允许更新循环控制变量；也可以留空，只要在条件后有一个分号出现即可。

再次判断 condition。如果为 True，则执行循环，这个过程会不断重复（循环主体，然后更新控制变量，再然后重新判断 condition），直到 condition 的值为 False。

（2）while 循环

```
while(condition)
{
    // 要循环执行的语句，即循环主体
}
```

while 循环的控制流如下：

首先判断 condition。如果为 True，则执行循环主体。如果为 False，则不执行循环主体，且控制流会跳转到紧接着 while 循环的下一条语句。

在执行完 while 循环主体后，会再次判断 condition。如果为 True，则执行循环，这个过程会不断重复（循环主体，然后重新判断 condition），直到 condition 的值为 False。

（3）do…while 循环

```
do
{
    // 要循环执行的语句，即循环主体
}while(condition)
```

do…while 循环与 while 循环类似，但是 do…while 循环是在循环的尾部检查它的条件，因此会确保至少执行一次循环。

（七）输入输出

C++ 标准库提供了一组丰富的输入 / 输出功能。

C++ 的输入 / 输出发生在流中，流是字节序列。如果字节流是从设备（如键盘、磁盘驱动器、网络连接等）流向内存，就称为输入操作。如果字节流是从内存流向设备（如显示屏、打印机、磁盘驱动器、网络连接等），就称为输出操作。

C++ 提供了包括输入、输出、错误、日志、文件等在内的输入 / 输出流，涉及以下几个主要的头文件：

<iostream>：定义了 cin、cout、cerr 和 clog 对象，分别对应于标准输入流、标准输出流、非缓冲标准错误流和缓冲标准错误流。

<iomanip>：通过参数化的流操纵器（比如 setw 和 setprecision），来声明对执行标准化 I/O 有用的服务。

<fstream>：为用户控制的文件处理声明服务。

1. 标准输出流 cout

cout 是 iostream 类的一个预定义实例。cout 对象"连接"到标准输出设备（通常是显示屏），与流插入运算符 << 结合使用。示例代码如下：

```
#include<iostream>
using namespace std;
int main()
{
    char str[]="Hello C++";
    cout <<"str 变量的值是: "<<str <<endl;
}
```

以上代码被编译和执行时，会在显示屏显示"str 变量的值是：Hello C++"。

2. 标准输入流 cin

cin 是 iostream 类的一个预定义实例。cin 对象附属到标准输入设备（通常是键盘），与流提取运算符 >> 结合使用。示例代码如下：

```
#include <iostream>
using namespace std;
int main()
{
    char name[50];
    cout <<" 请输入您的名称：";
    cin >> name;
    cout <<" 您的名称是: "<<name <<endl;
}
```

以上代码被编译和执行时，它会提示用户输入名称。当用户输入一个值，并按下回车键，就会在显示屏上看到刚才输入的值。

3. 标准错误流 cerr

cerr 是 iostream 类的一个预定义实例。cerr 对象附属到标准输出设备（通常也是显示屏），但是 cerr 对象是非缓冲的，且每个流插入 cerr 都会立即输出。

cerr 也是与流插入运算符 << 结合使用的。

4. 标准日志流 clog

clog 是 iostream 类的一个预定义实例。clog 对象附属到标准输出设备（通常也是显示屏），与 cerr 不同，clog 对象是缓冲的。这意味着每个流插入 clog 都会先存储在缓冲区，直到缓冲填满或者缓冲区刷新时才会输出。

clog 也是与流插入运算符 << 结合使用的。

三、类和对象

C++ 在 C 语言的基础上引入了面向对象编程的概念。

类是 C++ 的核心特性，它包含了数据表示法和用于处理数据的方法。类中的数据、方法和函数称为类的成员。类是创建对象的模板，一个类可以创建多个对象，每个对象都是类类型的一个变量。创建对象的过程也叫类的实例化。每个对象都是类的一个具体实例（Instance），拥有类的成员变量和成员函数。

与结构体一样，类只是一种复杂数据类型的声明，不占用内存空间。而对象是类这种数据类型的一个变量，或者说是通过类这种数据类型创建出来的一份真实的数据，所以占用内存空间。一个简单的类的定义如下：

```
class Student
{
    public:
    // 成员变量
    char *name;
    int age;
    float score;
    // 成员函数
    void studentInfo(){
        cout <<name <<"的年龄是" <<age <<",成绩是" <<score <<endl;
    }
};
```

上面的代码创建了一个 Student 类，它包含了 3 个成员变量和 1 个成员函数。

class 是 C++ 中新增的关键字，专门用来定义类。Student 是类的名称，类名的首字母一般大写，以和其他的标识符区分开。{ } 内部是类所包含的成员变量和成员函数，它们统称为类的成员（Member）；由 { } 包围起来的部分有时也称为类体，和函数体的概念类似。public 也是 C++ 的新增关键字，它只能用在类的定义中，表示类的成员变量或成员函数具有"公开"的访问权限。

有了 Student 类后，就可以通过它来创建对象了，例如：

Student zhangSan;

创建对象以后，可以使用点号 . 来访问成员变量和成员函数，这和通过结构体变量来访问它的成员相类似，例如：

zhangSan.name="张三"；

zhangSan.age=16;

zhangSan.score=95;

zhangSan.studentInfo（）；

类和对象的其他关键概念如下：

1）访问修饰符。它用于定义类成员的访问限制，类成员可以被定义为 public、private 或 protected，即公有（类外部可访问）、私有（类内部可访问）和保护（类内部和派生类可访问），默认情况下是定义为 private。

2）构造函数和析构函数。类的构造函数是一种特殊的函数，在创建一个新的对象时自动调用。类的析构函数也是一种特殊的函数，在删除所创建的对象时自动调用。

3）友元函数/类。类的友元函数定义在类外部，但有权访问类的所有私有（private）成员和保护（protected）成员。尽管友元函数的原型有在类的定义中出现过，但是友元函数并不是类的成员函数。友元可以是一个函数，该函数被称为友元函数；友元也可以是一个类，该类被称为友元类，在这种情况下，整个类及其所有成员都是友元。

4）内联函数。C++ 内联函数通常与类一起使用。如果一个函数是内联的，那么在编译时，编译器会把该函数的代码副本放置在每个调用该函数的地方。对内联函数进行任何修改，都需要重新编译函数的所有客户端，因为编译器需要重新更换一次所有的代码，否则将会继续使用旧的函数。如果想把一个函数定义为内联函数，则需要在函数名前面放置关键字 inline，在调用函数之前需要对函数进行定义。如果已定义的函数多于一行，编译器会忽略 inline 限定符。

5）this 指针。每个 C++ 对象都有一个特殊的指针 this，它指向对象本身。this 指针是所有成员函数的隐含参数。因此，在成员函数内部，它可以用来指向调用对象。

6）静态成员。C++ 使用 static 关键字来把类成员定义为静态的。静态成员在类的所有对象中是共享的。如果不存在其他的初始化语句，在创建第一个对象时，所有的静态数据都会被初始化为零。静态成员函数即使在类对象不存在的情况下也能被调用，只要使用类名加范围解析运算符::就可以访问。静态成员函数只能访问静态成员数据、其他静态成员函数和类外部的其他函数。

四、继承和派生

面向对象程序设计中最重要的一个概念就是继承。继承允许我们依据另一个类来定义一个类，这使得创建和维护一个应用程序变得更容易，同时也达到了代码复用和提高执行效率的效果。

C++ 中的继承是类与类之间的关系，与现实世界中的继承类似。继承（Inheritance）可以理解为一个类从另一个类获取成员变量和成员函数的过程。例如类 B 继承于类 A，那么 B 就拥有 A 的成员变量和成员函数。在 C++ 中，派生（Derive）和继承是一个概念，只是站的角度不同。被继承的类称为父类或基类，继承的类称为子类或派生类。"子类"和"父类"通常放在一起称呼，"基类"和"派生类"通常放在一起称呼。派生类除了拥有基类的成员，还可以定义自己的新成员，以增强类的功能。

以下是两种典型的使用继承的场景：

1）当创建的新类与现有的类相似，只是多出若干成员变量或成员函数时，可以使用继承，这样不但会减少代码量，而且新类会拥有基类的所有功能。

2）当需要创建多个类，并且这些类之间拥有很多相似的成员变量或成员函数时，也可以使用继承。此时，可以将这些类的共同成员提取出来，定义为基类，然后从基类继承，既可以节省代码，也方便后续修改成员。

类继承的示例代码如下：

```cpp
// 基类 People
class People
{
    public:
    void setname(char *name);
    void setage(int age);
    char *getname();
    int getage();
    private:
    char *m_name;
    int m_age;
};
// 派生类 Student
class Student: public People
{
    public:
    void setscore(float score);
    float getscore();
    private:
    float m_score;
};
```

可以看到，类继承的语法如下：

```cpp
class 子类名: [继承方式] 父类名
{
    // 子类新添加的成员
}
```

其中，继承方式包括 public（公有的）、private（私有的）和 protected（受保护的），该项是可选的，如果不写，那么默认为 private。

在本例中，People 是基类，Student 是派生类。Student 类继承了 People 类的成员，同时还新增了自己的成员变量 m_score 和成员函数 setscore()、getscore()。从 People

类继承过来的成员，可以通过 Student 类的对象直接访问，就像 Student 类自己定义的成员一样。

五、多态和虚函数

面向对象程序设计语言有封装、继承和多态三种基本机制，从而能够有效提高程序的可读性、可扩充性和可重用性。

多态（polymorphism）指的是同一名字的事物可以完成不同的功能。多态可以分为编译时的多态和运行时的多态。前者主要是指函数的重载（包括运算符的重载）、对重载函数的调用，在编译时就能根据实参确定应该调用哪个函数，因此叫编译时的多态；而后者则和继承、虚函数等概念有关。

C++ 的多态意味着调用成员函数时，会根据调用函数的对象的类型来执行不同的函数。为了实现这个目的，C++ 引入了"虚函数"的概念。

虚函数的定义非常简单，只需要在函数声明前面增加 virtual 关键字，例如：virtual void display（）；

C++ 中虚函数的唯一用处就是构成多态。有了虚函数，基类指针指向基类对象时就使用基类的成员（包括成员函数和成员变量），指向派生类对象时就使用派生类的成员。换句话说，基类指针可以按照基类的方式来做事，也可以按照派生类的方式来做事，它有多种形态，或者说有多种表现方式，这就是多态。

六、异常处理

C++ 的异常是指在程序运行时发生的特殊情况或错误，比如尝试除以零的操作。异常提供了一种转移程序控制权的方式。C++ 异常处理涉及三个关键字：throw、catch、try。

1）throw：当问题出现时，程序会抛出一个异常。
2）catch：用于捕获异常，在想要处理问题的地方，通过异常处理程序捕获异常。
3）try：try 块中的代码标识将被激活的特定异常。它后面通常跟着一个或多个 catch 块。

如果有一个块抛出一个异常，捕获异常的方法会使用 try 和 catch 关键字。try 块中放置可能抛出异常的代码，try 块中的代码被称为保护代码。如果 try 块在不同的情境下会抛出不同的异常，可以尝试罗列多个 catch 语句，用于捕获不同类型的异常。

以下是 C++ 异常处理的示例程序：

```
try
{
    //保护代码
} catch（ExceptionName e1）
{
    //catch 块
} catch（ExceptionName e2）
```

```
    {
        //catch 块
    } catch(ExceptionName eN)
    {
        //catch 块
    }
```

在 C++ 中，可以使用 throw 语句在代码块中的任何地方抛出异常。throw 语句的操作数可以是任意的表达式，表达式的结果的类型决定了抛出的异常的类型。

以下是尝试除以零时抛出异常的示例：

```
double division(int a, int b)
{
    if( b == 0 )
    {
        throw "Division by zero condition!";
    }
    return (a/b);
}
```

C++ 提供了一系列标准的异常，定义在 <exception> 中。我们可以在程序中使用这些标准的异常，示例如下：

1）std::exception—该异常是所有标准 C++ 异常的父类。

2）std::bad_alloc—在使用 new 分配内存空间时，内存空间不够时就会抛出该异常。

3）std::bad_cast—当对引用类型的动态转换未通过运行检查时抛出该异常。

4）std::bad_exception——一些未知的异常，可以通过此类抛出来。

5）std::bad_typeid—当获取类型失败时会抛出此异常。

6）std::logic_error—逻辑错误类，可以通过继承此类来抛出一些逻辑的错误，用于自定义逻辑错误。

7）std::domain_error—自定义异常类型，用户可以通过抛出此异常来描述自己的自定义异常，抛出的类型只能是 const char*，主要用于告诉调用者在核心函数里发生了异常。

8）std::invalid_argument—当使用了无效的参数时，会抛出该异常。

9）std::length_error—当长度超出规定值时可以通过此异常抛出。

10）std::out_of_range—数组发生越界时可以通过此异常类型抛出。

11）std::runtime_error—当运行时发生了异常，可以通过继承此类来抛出异常。

12）std::overflow_error—当发生数学上溢时，会抛出该异常。

13）std::range_error—当尝试存储超出范围的值时，会抛出该异常。

14）std::underflow_error—当发生数学下溢时，会抛出该异常。

任务实施

按照前面所了解的知识内容和小组内部讨论的结果,制订工作方案,落实各项工作负责人,如任务实施前的准备工作、实施中主要操作及协助支持工作、实施过程中相关要点及数据的记录工作等。

步骤	C++ 的认知
	过程记录
1	建立一个文件夹(目录),用以保存编写的程序
2	打开(运行)Dev-C++ 软件,选择"文件"→"新建"→"源代码"菜单命令或按〈Ctrl+N〉组合键,可新建程序

3	从光标处开始添加代码:
	#include "stdio.h"
	/* 当引用一些输入输出函数时,要在程序开始引用此文件 */
	main( ) /*C++ 程序的主函数,程序从这里开始执行 */
	{
	int i; /* 变量声明 */
	i=1+1; /* 执行语句,为变量赋值 */
	printf("1+1=%d \n", i);
	/* 输出 1+1 的结果 2,"\n" 表示输出时将插入点光标移到下一行起始位置 */
	printf("Hello world ! \n");
	/* 输出字符串:Hello world !*/
	printf("北京欢迎您 !\n");
	/* 输出一串汉字:北京欢迎您 !*/
	getch( );
	/*Dev-C++ 环境下,输出时使用此语句显示输出框 */

4	保存,按快捷键 Ctrl+S(或通过按钮或通过菜单操作),把输入的代码以"simplest.cpp"为文件名保存到已经建立的空目录中
5	编译,选择"运行"→"编译"菜单命令或按〈Ctrl+F9〉组合键进行编译
6	选择"运行"→"运行"菜单命令或按〈Ctrl+F10〉组合键运行并查看结果

评价反馈

1. 学习效果评价:

1)各组代表展示汇报 PPT,介绍任务的完成过程。

2)以小组为单位,对各组的操作过程与操作结果进行自评和互评,并将结果填入综合评价表中的小组评价部分。

3)教师对学生工作过程与工作结果进行评价,并将评价结果填入综合评价表中的教师评价部分。

2. 学习过程评价：

姓名		学号		班级		组别	
实训任务			C++ 的认知				
评价项目		评价标准				分值	得分
小组评价	计划决策	制订工作方案的合理可行，小组成员分工明确				10	
	任务实施	成功新建程序				5	
		成功添加代码				25	
		成功编译运行				10	
		成功保存文件				10	
	任务达成	能按照工作方案操作，按计划完成工作任务				10	
	工作态度	认真严谨、积极主动、安全生产、文明施工				10	
	团队合作	与小组成员及同学之间能合作交流、协调工作				10	
	6S 管理	完成竣工检验、现场恢复				10	
		小计				100	
教师评价	实训纪律	不出现无故迟到、早退、旷课现象，不违反课堂纪律				10	
	方案实施	严格按照工作方案完成任务实施				20	
	团队协作	任务实施过程互相配合，协作度高				20	
	工作质量	能按照工作方案操作，按计划完成工作任务				20	
	工作规范	操作规范，三不落地，无意外事故发生				10	
	汇报展示	能准确表达，总结到位，改进措施可行				20	
		小计				100	
综合评分		小组评分 × 50%+ 教师评分 × 50%					
总结与反思							

知识拓展

随着 C++ 标准的不断发展，C++11、C++14、C++17 和 C++20 为开发者带来了许多新特性。本书将对这些特性进行概述，主要包括智能指针、lambda 表达式、并发编程等内容。

一、智能指针

智能指针是 C++11 引入的一种用于自动管理资源的对象。它能够在不需要手动调用 delete 的情况下自动释放分配的内存。C++11 提供了三种智能指针：shared_ptr、unique_ptr 和 weak_ptr。

1）shared_ptr：共享式智能指针，允许多个指针共享同一个对象。当最后一个 shared_ptr 离开作用域或者被重置时，对象会被自动删除。

2）unique_ptr：独占式智能指针，同一时间只能有一个 unique_ptr 指向对象。当 unique_ptr 离开作用域或者被重置时，对象会被自动删除。

3）weak_ptr：弱引用智能指针，它不会影响对象的引用计数，主要用于解决 shared_ptr 可能产生的循环引用问题。

二、lambda 表达式

C++11 引入了 lambda 表达式，它是一种简洁的匿名函数表示形式。lambda 表达式的语法如下：

```
capture->return_type{body}
```

其中，capture 是捕获列表，用于指定访问外部变量的方式；parameters 是参数列表；return_type 是返回类型，可选；body 是函数体。

三、并发编程

C++11 为并发编程提供了多种支持，包括线程管理、互斥量、条件变量等。

1）线程管理：C++11 引入了 std::thread 类，它允许创建并管理线程。

2）互斥量：C++11 提供了 std::mutex 类，用于保护共享资源，防止多线程访问导致的数据竞争。

3）条件变量：C++11 引入了 std::condition_variable 类，用于在线程间同步，如等待某个条件满足或通知其他线程事件已发生。

四、其他 C++11/14/17/20 新特性

1）类型推导：C++11 引入了 auto 和 decltype 关键字，用于自动推导变量类型，简化代码编写。

2）范围 for 循环：C++11 提供了基于范围的 for 循环，简化遍历容器或数组的操作。

3）初始化列表：C++11 支持统一的初始化语法，可以用花括号 {} 初始化各种对象。

4）constexpr：C++11 引入了 constexpr 关键字，用于在编译时计算常量表达式。

5）右值引用和移动语义：C++11 引入了右值引用，提供了移动语义，避免不必要的复制操作。

6）委托构造函数：C++11 允许一个构造函数委托给另一个构造函数，简化重载构造函数的实现。

7）用户定义字面量：C++14 允许定义自己的字面量，实现更自然的表达方式。

8）变量模板：C++14 引入了变量模板，使得模板参数可以用于变量。

9）std::optional：C++17 引入了 std::optional 类，用于表示一个可能不存在的值。

10）结构化绑定：C++17 支持结构化绑定，可以用一条语句将多个值绑定到多个变量。

11）并行算法：C++17 引入了基于 STL 的并行算法，提高了算法的执行效率。

12）概念：C++20 引入了概念，用于约束模板参数的类型。

13）三元组比较：C++20 支持三元组比较，简化了比较操作符的实现。

14）协程：C++20 引入了协程，提供了更简洁高效的异步编程模型。

15）模块：C++20 加入了模块支持，用于取代头文件，提高编译速度和模块化编程。

16）范围适配器：C++20 提供了对范围适配器的支持，使得范围组合和转换变得更加简单。

任务 2
Python 的认知

任务描述

从键盘输入三个数字，用 Python 程序将最大值找出，并输出结果。

任务目标

1）掌握 Python 程序的结构、函数的结构和程序开发过程。
2）掌握算法的特性和程序的三种基本结构，能够使用流程图或 N–S 图来描述算法。
3）熟练使用顺序结构、选择结构和循环结构编写程序，解决实际问题。
4）能够熟练地使用函数编写程序，掌握函数的定义、声明、调用及参数的传递方式。
5）掌握面向对象的程序设计、类属性与实例属性、类方法与实例方法、构造函数与析。
6）能够用 Python 表达式表达实际问题，具有解决简单应用问题程序设计能力。
7）具有解决综合应用问题程序设计能力、程序阅读能力和程序调试能力，建立结构化程序设计与面向对象程序设计的思想。
8）养成善于思考、深入研究的良好自主学习的习惯和创新精神。
9）培养结构化程序设计思想和良好的编码规范。
10）培养细致缜密的工作态度、团结协作的良好品质、沟通交流和书面表达能力。
11）养成爱岗敬业、遵守职业道德规范、诚实、守信的高尚品质。

任务准备

1）防护装备：常规实训着装。
2）教学设备：计算机平台。
3）教学工具：IDLE、Anaconda3。

知识准备

一、概述

（一）什么是 Python

Python 是一种直译式、面向对象、解释式的脚本语言，是极少数能兼具简单和功能强大的编程语言。Python 是一款易于学习且功能强大的编程语言，它具有高效率的数据结构，能够简单且有效地实现面向对象的编程。Python 以其简洁的语言和动态输入的特性，加上解释性语言的本质，而成为一种在多领域与绝大多数平台都能进行脚本编写和快速应用开发的理想语言。

Python 语言在系统运维、图形处理、数学处理、文本处理、数据库编程、网络编程、web 编程、多媒体应用、pymo 引擎、黑客编程、爬虫编写、机器学习、人工智能等领域得到广泛的应用。截至 2022 年 05 月，在最新的 TIOBE（https：//www.tiobe.com/tiobe-index/）排行榜上，Python 位居第一。

（二）Python 发展简史

1989 年，Python 的创始人吉多·范·罗苏姆（Guido van Rossum）在圣诞节期间，为了在阿姆斯特丹打发时间，决心开发一个新的脚本解释程序，作为 ABC 语言的一种继承。

1991 年，第一个 Python 编译器诞生。它是用 C 语言实现的，并能够调用 C 语言的库文件。从一出生，Python 已经具有了类、函数、异常处理、包含表和词典在内的核心数据类型，以及以模块为基础的拓展系统。

1992 年，Python 之父发布了 Python 的 Web 框架 Zope1。

1994 年 1 月，Python 1.0 正式诞生，增加了 lambda，map，filter and reduce 等要素。

2000 年 10 月，Python 2.0 发布，加入了内存回收机制，构成了现在 Python 语言框架的基础。

2004 年 11 月，Python 2.4 发布，同年目前最流行的 Web 框架 Django 诞生。

2006 年 9 月，Python 2.5 发布。

2008 年 10 月，Python 2.6 发布，作为一个过渡版本，基本使用了 Python 2.x 的语法和库，同时考虑了向 Python 3.0 的迁移，允许使用部分 Python 3.0 的语法与函数。

2008 年 12 月，Python 3.0 发布。Python 3 相对于 Python 2 的早期版本（主要是 Python2.6 之前）是一个较大的升级，它在设计的时候没有考虑向下兼容，所以很多早期版本的 Python 程序无法在 Python 3 上运行。

2009 年 6 月，Python 3.1 发布。

2010 年 7 月，Python 2.7 发布。Python 2.7 是 Python 2.x 系列的最后一个版本。大量 Python 3 的特性被反向迁移到了 Python 2.7，2.7 版本比 2.6 版本进步非常大，同时拥有大量 Python 3 中的特性和库，并且照顾了原有的 Python 开发人群。Python2.7 也是当前绝大多数 Linux 操作系统最新版本的默认 Python 版本。

2011 年 2 月，Python 3.2 发布。

2015 年 9 月，Python 3.5 发布。

2020 年 10 月，Python 3.9 发布。

2021 年 10 月，Python 3.10 发布。

目前 Python 的最新版本为 3.10。Python 3.11 正在修订中。

（三）Python 语言的主要特点

1）简单。Python 是一种代表简单主义思想的语言。阅读一个良好的 Python 程序就感觉像是在读英语一样。Python 的这种伪代码本质是它最大的优点之一。它使你能够专注于解决问题而不是去搞明白语言本身。

2）易学。Python 有极其简单的语法，极其容易上手。

3）免费、开源。Python 是 FLOSS（自由/开放源码软件）之一。简单地说，任何人都可以自由地发布这个软件的拷贝、阅读它的源代码、对它做改动、把它的一部分用于新的自由软件中。

4）高层语言。当使用 Python 语言编写程序时，开发人员无须考虑诸如如何管理程序使用的内存之类的底层细节。

5）可移植性。由于它的开源本质，Python 已经被移植在许多平台上（经过改动使它能够工作在不同平台上）。如果开发人员小心地避免使用依赖于系统的特性，那么他所开发的 Python 程序无须修改就可以在下述任何平台上面运行。这些平台包括 Linux、Windows、FreeBSD、Macintosh、Solaris、OS/2、Amiga、AROS、AS/400、BeOS、OS/390、z/OS、Palm OS、QNX、VMS、Psion、Acom RISC OS、VxWorks、PlayStation、Sharp Zaurus、Windows CE 甚至还有 PocketPC、Symbian 以及 Google 基于 Linux 开发的 Android 平台。

6）解释性。Python 语言写的程序可以直接从源代码运行，不需要编译成二进制代码，然后再执行。在计算机内部，Python 解释器把源代码转换成称为字节码的中间形式，然后再把它翻译成计算机使用的机器语言并运行。事实上，由于不再需要担心如何编译程序、如何确保连接转载正确的库等，所有这一切使得使用 Python 更加简单，更加易于移植。

7）面向对象。Python 既支持面向过程的编程也支持面向对象的编程。在"面向过程"的语言中，程序是由过程或仅仅是可重用代码的函数构建起来的。在"面向对象"的语言中，程序是由数据和功能组合而成的对象构建起来的。与其他主要的语言如 C++ 和 Java 相比，Python 以一种非常强大又简单的方式实现面向对象编程。

8）可扩展性。如果出于某种目的，需要使得一段关键代码运行得更快或者希望某些算法不公开，开发人员可以把这部分程序用 C 或 C++ 编写，然后在 Python 程序中使用它们。

9）丰富的库。Python 标准库确实很庞大。它可以帮助处理各种工作，包括正则表达式、文档生成、单元测试、线程、数据库、网页浏览器、CGI、FTP、电子邮件、XML、XML-RPC、HTML、WAV 文件、密码系统、GUI（图形用户界面）、Tk 和其他与系统有关的操作。只要安装了 Python，所有这些功能都是可用的。这被称作 Python 的"功能齐全"理念。除了标准库以外，还有许多其他高质量的库，如 wxPython、Twisted 和 Python 图像库等。

10）规范的代码。Python 采用强制缩进的方式使得代码具有极佳的可读性。

（四）Python 的开发环境

有很多代码编辑器和集成开发环境可以用于进行 Python 开发，常用的有 PyCharm、Sublime TExt、Eclipse with Pydev、VS Code 等。

（1）PyCharm

PyCharm 是由 JetBrains 打造的一款 Python IDE。PyCharm 具备一般 Python IDE 的功能，如调试、语法高亮、项目管理、代码跳转、智能提示、自动完成、单元测试、版本控制等。另外，PyCharm 还提供了一些很好的功能用于 Django 开发，同时支持 Google App Engine。

PyCharm 官方下载地址为 http：//www.jetbrains.com/pycharm/download/。

（2）Sublime TExt

Sublime TExt 是一个跨平台的编辑器，同时支持 Windows、Linux、Mac OS X 等操作系统。它具有漂亮的用户界面和强大的功能，如代码缩略图、Python 插件、代码段等，还可自定义键绑定、菜单和工具栏。

Sublime TExt 的主要功能包括拼写检查、书签、完整的 Python AP I、Goto 功能、即时项目切换、多选择、多窗口等。使用 Sublime TExt 的插件扩展功能，可以轻松地打造一款不错的 Python IDE，典型的插件如下：

1）CodeIntel：自动补全＋成员/方法提示（强烈推荐）。

2）SublimeREPL：用于运行和调试一些需要交互的程序（E.G. 使用了 Input（）的程序）。

3）Bracket Highlighter：括号匹配及高亮。

4）SublimeLinter：代码 pep8 格式检查。

（3）Eclipse with PyDev

Eclipse 是非常流行的 IDE，有着悠久的历史，可以为多种语言提供集成开发环境。PyDev 项目实现了一个功能强大的 Eclipse 插件，用户可以利用 Eclipse 来进行 Python 应用程序的开发和调试，PyDev 项目能够将 Eclipse 当作 Python IDE。

PyDev 插件的出现方便了众多的 Python 开发人员，它提供了一些很好的功能，如语法错误提示、源代码编辑助手、Quick Outline、Globals Browser、Hierarchy View、运行和调试等。基于 Eclipse 平台，拥有诸多强大的功能，同时也非常易于使用，PyDev 的这些特性使得它越来越受到人们的关注。

（4）VS Code

Visual Studio Code（简称 VS Code）是一款由微软开发且跨平台的免费源代码编辑器。该软件支持语法高亮、代码自动补全（又称 IntelliSense）、代码重构、查看定义功能，并且内置了命令行工具和 Git 版本控制系统。用户可以更改主题和键盘快捷方式实现个性化设置，也可以通过内置的扩展程序商店安装扩展以拓展软件功能。

VS Code 使用 Monaco Editor 作为其底层的代码编辑器。

二、Python 基本概念和语法

（一）Python 程序的运行

1. 交互式编程

交互式编程不需要创建脚本文件，是通过 Python 解释器的交互模式进来编写代码。在 Ubuntu 终端上输入 Python 命令即可启动交互式编程。提示窗口如图 5-2 所示。

```
$ python
Python 2.7.6 (default, Sep  9 2014, 15:04:36)
[GCC 4.2.1 Compatible Apple LLVM 6.0 (clang-600.0.39)] on darwin
Type "help", "copyright", "credits" or "license" for more information.
>>>
```

图 5-2　Python 交互式编程窗口

在 Python 提示符"＞＞＞"后面输入语句 print（"Hello,Python!"），然后按下 Enter 键，就可以在屏幕上看到该语句的运行结果，如图 5-3 所示。

```
Hello, Python!
```

图 5-3　运行结果

2. 脚本编程

通过脚本参数调用解释器开始执行脚本，直到脚本执行完毕。当脚本执行完成后，解释器不再有效。

以一个最简单的 Python 脚本程序为例。将如图 5-4 所示的源代码复制至 test.py 文件中，注意所有的 Python 文件都是以 .py 为扩展名的。

```
print ("Hello, Python!")
```

图 5-4　Python 源码

然后在 Ubuntu 终端上执行如下命令：python test.py，在屏幕上同样能看到该程序的运行结果，如图 5-5 所示。

```
Hello, Python!
```

图 5-5　运行结果

（二）Python 的基础语法

1. 标识符

Python 的标识符由字母、数字、下画线组成。标识符可以包括英文、数字以及下画线（_）的任何组合，但不能以数字开头。

Python 的标识符是区分大小写的。以下画线开头的标识符具有特殊意义。

以单下画线开头 _foo 的标识符代表不能直接访问的类属性，需通过类提供的接口进行访问，并且不能用 from xxx import* 来导入。

以双下画线开头的 __foo 代表类的私有成员。以双下画线开头和结尾的 __foo__ 是 Python 中特殊方法的专用标识，如 __init__（）代表类的构造函数。

2. 缩进

Python 与其他语言最大的区别是，Python 的代码块不使用大括号 {} 来控制类、函数以及其他逻辑判断。Python 最具特色的就是用缩进来写模块。

缩进的空白字符数是可变的，但是所有代码块语句必须包含相同的缩进空白字符数（空格或 Tab），这个必须严格执行，否则会发生如下错误：

1）IndentationError：unindent does not match any outer indentation level 表明所使用的缩进方式不一致，有的是 tab 键缩进，有的是空格缩进，需要改为一致的缩进方式。

2）IndentationError：unexpected indent 表明代码中可能存在缩进没有对齐的问题，导致出现不必要的缩进。

Python 对格式要求非常严格。在 Python 的代码块中必须使用相同数目的行首缩进空白字符。建议在每个缩进层次使用单个制表符或两个空格或四个空格，切记不能混用。

3. 注释

Python 注释分为单行注释和多行注释。

单行注释采用 # 开头。注释可以在语句或表达式行末。

多行注释使用三个单引号 ''' 或三个双引号 """。

（三）变量

变量是存储在内存中的值，基于变量的数据类型，解释器会为它分配指定的内存，并决定什么数据可以被存储在该内存区域中。因此，变量可以分为不同的数据类型，可以是整数、小数或字符等。与 C++ 等语言不同，Python 的变量在赋值时创建，不需要事先进行类型声明。每个变量在内存中创建，都包括变量的标识、名称和数据这些信息。

等号 "=" 用来给变量赋值，等号的左边是一个变量名，等号的右边则是存储在该变量中的值，如图 5-6 所示。

```
counter = 100 # 赋值整型变量
miles = 1000.0 # 浮点型
name = "John" # 字符串
```

图 5-6　赋值语句

Python 有五个标准的数据类型：Numbers（数字）、String（字符串）、List（列表）、Tuple（元组）和 Dictionary（字典）。

1. Numbers（数字）

数字是 Python 中表示数值的数据类型。Python 支持四种不同的数字类型：int（有符号整型）、long（长整型，也可以代表八进制和十六进制）、float（浮点型）、complex（复数）。

2. String（字符串）

字符串或串（String）是由数字、字母、下画线组成的一串字符。它是 Python 中表示文本的数据类型。

Python 的字串列表有两种取值顺序：从左到右索引默认 0 开始的，最大范围是字符串长度少 1；从右到左索引默认 -1 开始的，最大范围是字符串开头。

Python 使用 [头下标：尾下标] 来截取一个字符串中的子字符串，其中下标是从 0 开始算起，可以是正数或负数，下标可以为空表示取到头或尾。

[头下标：尾下标] 获取的子字符串包含头下标的字符，但不包含尾下标的字符。

3. List（列表）

List（列表）是 Python 中使用最频繁的数据类型。列表可以完成大多数集合类的数据结构实现。它支持字符、数字、字符串甚至可以包含列表（即嵌套）。

列表用 [] 标识，是 Python 最通用的复合数据类型。可以使用 [头下标：尾下标] 来截取列表中的子列表，从左到右索引默认 0 开始，从右到左索引默认 -1 开始，下标可以为空表示取到头或尾。

4. Tuple（元组）

元组（Tuple）类似于 List（列表），用（）标识。元组的内部元素之间用逗号隔开。元组不能二次赋值，相当于只读列表。

5. Dictionary（字典）

字典（Dictionary）是 Python 语言除 List（列表）以外最灵活的内置数据结构类型。列表是有序的对象集合，字典是无序的对象集合。两者之间的区别在于，字典元素是通过键来存取的，而列表元素则是通过偏移（下标）进行存取。

字典用"{ }"标识。字典由索引（key）和它对应的值（value）组成。

（四）运算符

运算符是一种告诉解释器执行特定的数学或逻辑操作的符号。Python 内置了丰富的运算符，并提供了以下类型的运算符：

1）算术运算符：+（加）、-（减）、*（乘）、/（除）、%（模）、**（幂）、//（取整除）。

2）比较运算符：=（等于）、!=（不等于）、>（大于）、<（小于）、>=（大等于）、<=（小等于）。

3）赋值运算符：=（简单赋值）、+=（加且赋值）、-=（减且赋值）、*=（乘且赋值）、/=（除且赋值）、%=（模且赋值）、**=（幂且赋值）、//=（取整除且赋值）。

4）位运算符：&（按位与）、|（按位或）、^（按位异或）、~（按位取反）、<<（二进制左移）、>>（二进制右移）。

5）逻辑运算符：and（逻辑与）、or（逻辑或）、not（逻辑非）。

6）成员运算符：in（如果在指定的序列中找到值返回 True，否则返回 False）、not in（如果在指定的序列中没有找到值返回 True，否则返回 False）。

7）身份运算符：is（判断两个标识符是不是引用自同一个对象）、is not（判断两个标识符是不是引用自不同对象）。

（五）控制语句

1. 条件语句

与其他编程语言一样，Python 语言的条件语句也是通过一条或多条语句的执行结果（True 或者 False）来决定执行的代码块。Python 语言指定任何非 0 和非空（null）的值为 True，0 或者 null 为 False。

在 Python 语言中，if 语句用于条件语句的判断和执行，基本形式如下：

```
if 判断条件：
    执行语句……
else:
    执行语句……
```

其中"判断条件"成立时，则执行后面的语句，而执行内容可以多行，以缩进来区分表示同一范围。当"判断条件"不成立时，执行 else 后面的执行语句。

当需要判断多种情况时，可以使用以下形式：

```
if 判断条件 1：
    执行语句 1……
elif 判断条件 2：
    执行语句 2……
elif 判断条件 3：
    执行语句 3……
else:
    执行语句 4……
```

由于 Python 并不支持 switch 语句，所以多个条件判断，只能用 elif 来实现。如果需要多个条件同时判断时，可以使用逻辑运算符进行条件组合判断。

2. 循环语句

一般情况下，程序语句是顺序执行的：函数中的第一个语句先执行，接着是第二个语句，依此类推。但是有时候，可能需要多次执行同一块代码。Python 循环语句允许我们多次执行一个语句或语句组，并且循环语句可以嵌套。

（1）for 循环

Python for 循环可以遍历任何序列的项目，如一个列表或者一个字符串。for 循环的基本语法如下：

```
for iterating_var in sequence:
    statements(s)
```

以下是示例代码片段：

```
for letter in 'Python':
print(" 当前字母: %s"%letter)
```

该代码片段将逐行输出字符串 Python 的每一个字符。

（2）while 循环

Python 语言中 while 语句用于循环执行程序，即在满足某种条件时，循环执行某段代码。while 语句的基本语法如下：

```
while 判断条件（condition）：
执行语句（statements）……
```

执行语句可以是单个语句或语句块，当判断条件为 False 时，循环结束。

以下是示例代码片段：

```
count=0
while(count<9):
print'The count is: ', count
count=count+1
```

该代码片段将逐行输出 0 到 8 这几个数。

（3）循环控制语句

循环控制语句可以更改循环体语句执行的顺序。Python 支持以下循环控制语句：

1）break：在语句块执行过程中终止循环，并且跳出整个循环。

2）continue：在语句块执行过程中终止当前循环，跳出该次循环，执行下一次循环。

3）pass：空语句，目的是保持程序结构的完整性。

（六）输入输出

Python 提供对屏幕、键盘等设备以及磁盘文件等的输入输出函数。

1. 标准输出函数

print 是最简单的标准输出函数，可以接受零个或多个用逗号隔开的表达式作为参数。该函数把参数转换成一个字符串表达式，并将结果写到标准输出（一般为屏幕），例如：

Print "你好，Python"，

屏幕上将会显示"你好，Python"。

2. 键盘输入函数

Python 提供了两个内置函数从标准输入读入一行文本，默认的标准输入是键盘。

1）raw_input：raw_input（[prompt]）函数从标准输入读取一个行，并返回一个字符串（去掉结尾的换行符）作为输入值。prompt 参数用于在屏幕上显示输入时的提示信息。

2）input：input（[prompt]）函数和 raw_input（[prompt]）函数基本类似，但是 input 可以接收一个 Python 表达式作为输入，并将运算结果返回。

3. 文件读写

Python 提供了必要的函数和方法实现文件的基本操作，包括文件的打开、关闭、读写、定位等，方便开发人员对文件的访问。

1）打开文件：在访问文件前，必须使用 open（）函数打开该文件，创建一个 file 对象，然后才能进行后续的文件访问操作。

2）关闭文件：完成所有的文件访问操作后，调用 close（）函数关闭该文件是个很好的习惯。close（）方法刷新缓冲区里任何还没写入的信息，并关闭该文件，这之后便不能再进行写入。

3）读文件：read（）方法从一个打开的文件中读取一个字符串。需要注意的是，Python 字符串可以是二进制数据，而不仅仅是文字。

4）写文件：write（）方法可将任何字符串写入一个打开的文件。需要注意的是，Python 字符串可以是二进制数据，而不仅仅是文字。

5）文件定位：tell（）方法返回文件当前的读写位置，seek（offset[，from]）方法改变当前文件的读写位置。

（七）异常处理

异常是 Python 对象，表示一个错误事件，该事件会在程序执行过程中发生，影响程序的正常执行。一般情况下，Python 无法正常处理程序时就会抛出一个异常。

当 Python 脚本发生异常时，我们需要捕获并处理它，否则程序会终止执行。在 Python 中，可以使用 try/except 语句来捕获并处理异常。基本语法如下：

```
try:
<语句块> #运行正常代码 except<异常1>:
<语句块1>#如果在try部分引发了异常1
except<异常2>:
<语句块2>#如果引发了异常2 else:
<语句块3>#如果没有异常发生
```

try 的工作原理是，当开始一个 try 语句后，Python 就在当前程序的上下文中作标记，这样当异常出现时就可以回到这里，try 子句先执行，接下来会发生什么依赖于执行时是否出现异常。

如果当 try 后的语句执行时发生异常，Python 就跳回到 try 并执行第一个匹配该异常的 except 子句，异常处理完毕，控制流就通过整个 try 语句（除非在处理异常时又引发新的异常）。

如果在 try 后的语句里发生了异常，却没有匹配的 except 子句，异常将被递交到上层的 try，或者到程序的最上层（这样将结束程序，并打印默认的出错信息）。

如果在 try 子句执行时没有发生异常，Python 将执行 else 语句后的语句（如果有 else 的话），然后控制流通过整个 try 语句。

以下是示例代码片段：

```
try:
```

```
        fh=open("testfile","w")
        fh.write("这是一个测试文件,用于测试异常")
except IOError:
    print"错误:没有找到文件或写文件失败"
else:
    print"内容写入文件成功"
    fh.close()
```

如果文件访问过程中出现错误,系统将捕获该异常,并在屏幕上显示"错误:没有找到文件或写文件失败"提示信息。如果文件访问成功,系统将会在屏幕上显示"内容写入文件成功"提示信息。Python 预定义了许多标准异常,列举如下:

1)BaseException:所有异常的基类。

2)SystemExit:解释器请求退出。

3)KeyboardInterrupt:用户中断执行(通常是输入 ^C)。

4)Exception:常规错误的基类。

5)StopIteration:迭代器没有更多的值。

6)GeneratorExit:生成器(generator)发生异常来通知退出。

7)StandardError:所有的内建标准异常的基类。

8)ArithmeticError:所有数值计算错误的基类。

9)FloatingPointError:浮点计算错误。

10)OverflowError:数值运算超出最大限制。

11)ZeroDivisionError:除(或取模)零(所有数据类型)。

12)AssertionError:断言语句失败。

13)AttributeError:对象没有这个属性。

14)EOFError:没有内键输入,到达 EOF 标记。

15)EnvironmentError:操作系统错误的基类。

16)IOError:输入/输出操作失败。

17)OSError:操作系统错误。

18)WindowsError:系统调用失败。

19)ImportError:导入模块/对象失败。

20)LookupError:无效数据查询的基类。

21)IndexError::序列中没有此索引(index)。

22)KeyError:映射中没有这个键。

23)MemoryError:内存溢出错误(对于 Python 解释器不是致命的)。

24)NameError:未声明/初始化对象(没有属性)。

25)UnboundLocalError:访问未初始化的本地变量。

26)ReferenceError:弱引用(Weak reference)试图访问已经垃圾回收了的对象。

27)RuntimeError:一般的运行时错误。

28)NotImplementedError:尚未实现的方法。

29）SyntaxError Python：语法错误。

30）IndentationError：缩进错误。

31）TabErrorTab：和空格混用。

32）SystemError：一般的解释器系统错误。

33）TypeError：对类型无效的操作。

34）ValueError：传入无效的参数。

35）UnicodeErrorUnicode：相关的错误。

36）UnicodeDecodeErrorUnicode：解码时的错误。

37）UnicodeEncodeErrorUnicode：编码时错误。

38）UnicodeTranslateErrorUnicode：转换时错误。

39）Warning：警告的基类。

40）DeprecationWarning：关于被弃用的特征的警告。

41）FutureWarning：关于构造将来语义会有改变的警告。

42）OverflowWarning：旧的关于自动提升为长整型（long）的警告。

43）PendingDeprecationWarning：关于特性将会被废弃的警告。

44）RuntimeWarning：可疑的运行时行为（runtime behavior）的警告。

45）SyntaxWarning：可疑的语法的警告。

46）UserWarning：用户代码生成的警告。

任务实施

从键盘输入三个数字，判断三个数字中的最大值。本任务的解法较多，读者可以开拓思路，使用多种方法实现，不断提高自己的编程能力和思考能力。本任务可通过穷举各种大小关系，将最大的值找出来；也可使用三目运算符来实现；也可假定三个数字中的 num 1 最大，将其赋值给 max_num，然后将其与剩下的两个值进行逐一比较来实现；还可使用内置的 max（ ）函数来实现。最后两种方法的代码量最少，也更简单。

方法一基本思路：通过 input（ ）函数让用户输入三个数字，并将其转化成 float 型数值，接着通过穷举各种大小关系找到最大值。此案例判断条件为多个，可以使用 if ...elif...else. 多分支结构来进行编程。首先用 num 1 与 num2、num3 比较，若 num 1 既大于 num2 又大于 num3，则 num1 为最大值；若 num2 既大于 num 1 又大于 num3，则 num2 为最大值；若都不成立，则 num3 为最大值，最后将结果输出。

代码如下：

```
num1=float（input('Please enter the first number :'））
num2=float（input('Please enter the second number :'））
num3=float（input('Please enter the third number :'））
if num1 < num3 and num2 <num3 :
```

```
    max_num=num3
    elif num1< num2 and num3 < num2:
    max_num=num2
else:
    max_num=num1
    print('the max_num is:%f %max_num)
```

方法二基本思路：前面讲过使用三目运算符取两个数中的较大值，同样，取三个数中的最大值也可以用三目运算符进行编写。

代码如下：

```
num 1=float(input('Please enter the first number : '))
num2=float(input('Please enter the second number : '))
num3=float(input('Please enter the third number : '))
max_num=(num1 if num1 > num2 else num2)
if (num1 if num1 > num2 else num2) > num3
else num3
print('the max_num is: %of %max_num)
```

方法三基本思路：首先假定三个数字中 num1 最大，将其赋值给 max_num，然后将 max_num 逐一与剩下的两个数字进行比较，如果假定的最大值 max_num 比 num2 小，则将 num2 重新赋值给 max_num，此时找出的是 num1 和 num2 中的较大值，将其与 num3 进行比较，若 num3 较大，则将 num3 赋值给 max_num，最后将结果输出。

代码如下：

```
num1=float( input('Please enter the first number : '))
num2=float( input('Please enter the second number : '))
num3=float( input('Please enter the third number : '))
max_num=num1  # 先假设 num1 最大
if max_num < num2 :
    max_num=num2
if max_num < num3 :
    max_num=num3
    print('the max_num is : %f%max_num)
```

方法四基本思路：这种方法充分利用了 Python 中的内置 max（）函数。max（）函数的功能为，取传入的多个参数中的最大值，此种方法最为简单和方便，极大地减少了代码量。

代码如下：

```
num1=float(input('Please enter the first number : '))
num2=float(input('Please enter the second number : '))
num3=float(input('Please enter the third number : '))
max_num=max(num1, num2, num3)
print('the max_num is : %f %max_num)
```

求三个数字中的最大值，上面给出了四种编程方法，读者也可以展开头脑风暴想出更多其他的方法，并思考如果是求 n 个数字中的最大值将如何编程。除了可以使用 Python 中的 max（ ）内置函数，也可以参考三个数中取最大值的编程思路，不妨增加一个变量 max_num，假设其最大，并初始化为第一个值，剩下的每个数依次和最大值 max_num 比较，如果当前正在比较的值比 max_num 大，就修改 max_num 的值。

\multicolumn{2}{c}{Python 的认知}
步骤	过程记录
1	启动 IDLE 环境，单击桌面上的"开始"菜单，依次选择"所有程序"→"Python3.6"→"IDLE（Python3.664-bit）"命令，即可打开 IDLE 窗口
2	选择 File →"NewFile"菜单命令，打开一个新窗口，在该窗口中可以直接编写 Python 代码
3	在代码编辑区输入一行代码后按〈Enter〉键，将自动换到下一行，输入下一行代码，以此类推，能编写多行代码
4	输入代码： num1=float（input（'Please enter the first number：'）） num2=float（input（'Please enter the second number：'）） num3=float（input（'Please enter the third number：'）） if num1<num3 and num2<num3： 　max_num=num3 elif num1<num2 and num3<num2： 　max_num=num2 else： 　max_num=num1 print（'the max_num is：%f %max_num）
5	保存文件选择"File"→"save File"菜单命令或者按 <Ctrl+S> 快捷键保存文件
6	运行程序选择"Run"→"Run Module"菜单命令或者按〈F5〉快捷键运行程序，运行程序后，将打开 Python shell 窗口显示运行结果

评价反馈

1.学习效果评价：

1）各组代表展示汇报 PPT，介绍任务的完成过程。

2）以小组为单位，对各组的操作过程与操作结果进行自评和互评，并将结果填入综合评价表中的小组评价部分。

3）教师对学生工作过程与工作结果进行评价，并将评价结果填入综合评价表中的教师评价部分。

2.学习过程评价：

姓名		学号		班级		组别	
实训任务			Python 的认知				
评价项目			评价标准			分值	得分
小组评价		计划决策	制订工作方案的合理可行，小组成员分工明确			10	
		任务实施	成功新建程序			5	
			成功添加代码			25	
			成功编译运行			10	
			成功保存文件			10	
		任务达成	能按照工作方案操作，按计划完成工作任务			10	
		工作态度	认真严谨、积极主动、安全生产、文明施工			10	
		团队合作	与小组成员及同学之间能合作交流、协调工作			10	
		6S 管理	完成竣工检验、现场恢复			10	
			小计			100	
教师评价		实训纪律	不出现无故迟到、早退、旷课现象，不违反课堂纪律			10	
		方案实施	严格按照工作方案完成任务实施			20	
		团队协作	任务实施过程互相配合，协作度高			20	
		工作质量	能按照工作方案操作，按计划完成工作任务			20	
		工作规范	操作规范，三不落地，无意外事故发生			10	
		汇报展示	能准确表达，总结到位，改进措施可行			20	
			小计			100	
综合评分			小组评分 ×50%+ 教师评分 ×50%				
总结与反思							

知识拓展

一、Python 常用内置函数用法

内置函数不需要额外导入任何模块即可直接使用，具有非常快的运行速度，推荐优先使用。使用下面的语句可以查看所有内置函数和内置对象：

```
>>>dir(__builtins__)
```

使用 help（函数名）可以查看某个函数的用法。常用的内置函数及其功能简要说明见表 5-1，其中方括号内的参数可以省略。

表 5-1　Python 常用内置函数及其功能

Python 常用内置函数	功能简要说明
abs（x, /）	返回数字 x 的绝对值或复数 x 的模，斜线表示该位置之前的所有参数必须为位置参数。例如，只能使用 abs（-5）这样的形式调用，不能使用 abs（x=-5）的形式进行调用，下同
all（iterable, /）	如果可迭代对象 iterable 中所有元素都等价于 True 则返回 True，否则返回 False
any（iterable, /）	只要可迭代对象 iterable 中存在等价于 True 的元素就返回 True，否则返回 False
bin（number, /）	返回整数 number 的二进制形式的字符串，如表达式 bin（5）的值是 '0b101'
bool（x）	如果参数 x 的值等价于 True 就返回 True，否则返回 False
bytes（iterable_of_ints） bytes（string, encoding[, errors]） bytes（bytes_or_buffer） bytes（int） bytes（）	创建字节串或把其他类型数据转换为字节串，不带参数时表示创建空字节串
callable（obj, /）	如果 obj 为可调用对象就返回 True，否则返回 False。Python 中的可调用对象包括内置函数、标准库函数、扩展库函数、自定义函数、lambda 表达式、类、类方法、静态方法、实例方法、包含特殊方法 _call_（）的类的对象
complex（real=0, imag=0）	返回复数，其中 real 是实部，imag 是虚部。参数 real 和 imag 的默认值为 0，调用函数时如果不传递参数，会使用默认值。例如，complex（）返回 0j，complex（3）返回（3+0j），complex（imag=4）返回 4j
chr（i, /）	返回 Unicode 编码为 i 的字符，其中 0<=i<=0x10ff
dir（obj）	返回指定对象或模块 obj 的成员列表，如果不带参数则返回包含当前作用域内所有可用对象名字的列表

（续）

Python 常用内置函数	功能简要说明
divmod（x, y, /）	计算整商和余数，返回元组（x//y, x%y）
enumerate（iterable, start=0）	枚举可迭代对象 iterable 中的元素，返回包含元素形式为（start, iterable[0]），（start+1, iterable[1]），（start+2, iterable[2]），... 的迭代器对象，start 表示编号的起始值，默认为 0
eval（source, globals=None, locals=None, /）	计算并返回字符串 source 中表达式的值，参数 globals 和 locals 用来指定字符串 source 中变量的值，如果二者有冲突，以 locals 为准。如果参数 globals 和 locals 都没有指定，就按局部作用域、闭包作用域、全局作用域、内置命名空间的顺序搜索字符串 source 中的变量并进行替换，如果找不到变量就抛出异常 NameError 提示变量没有定义
filter（function or None, iterable）	使用 function 函数描述的规则对可迭代对象 iterable 中的元素进行过滤，返回 filter 对象，其中包含 iterable 中使得函数 function 返回值等价于 True 的那些元素，第一个参数为 None 时返回的 filter 对象中包含 iterable 中所有等价于 True 的元素
float（x=0, /）	把整数或字符串 x 转换为浮点数，直接调用 float（）不带参数时返回实数 0.0
format（value, format_spec='', /）	把参数 value 按 format_spec 指定的格式转换为字符串，功能相当于 value.format_（format spec）。例如，format（5，'6d'）的结果为 '5'，详细用法可以执行语句 help（'FORMATTING'）查看
globals（）	返回当前作用域中所有全局变量与值组成的字典
hash（obj, /）	计算参数 obj 的哈希值，如果 obj 不可哈希则抛出异常。该函数常用来测试一个对象是否可哈希，不需要关心具体的哈希值。在 Python 中，可哈希与不可变是一个意思，不可哈希与可变是一个意思
help（obj）	返回对象 obj 的帮助信息，如 help（sum）可以查看内置函数 sum（）的使用说明。直接调用 help（）函数不加参数时进入交互式帮助会话，输入字母 q 退出
hex（number, /）id（obj, /）	返回整数 number 的十六进制形式的字符串
input（prompt=None, /）	返回对象的内存地址
int（[x]） int（x, base=10）	输出参数 prompt 的内容作为提示信息，接收键盘输入的内容（回车表示输入结束），以字符串形式返回，不包含最后的换行符
isinstance（obj, class or tuple, /）	返回实数 x 的整数部分，或把字符串 x 看作 base 进制数并转换为十进制，base 默认为十进制，其他可用的值为 0 0 或 2~36 之间的整数。直接调用 int（）不加参数时返回整数 0。在描述函数语法时，形参放在方括号中表示这个参数可有可无

（续）

Python 常用内置函数	功能简要说明
len（obj, /）	测试对象 obj 是否属于指定类型（如果有多个类型的话需要放到元组中）的实例返回可迭代对象 obj 包含的元素个数，适用于列表、元组、集合、字典、字符串以及 range 对象，不适用于具有惰性求值特点的生成器对象及 map、zip 等迭代器对象
list（iterable=（）./） tuple（iterable=（）./） dict（）、dict（mapping）、 dict（iterable）、dict（**kwargs） set（）、set（iterable）	把对象 iterable 转换为列表、元组、字典或集合并返回，或不带参数时返回空列表、空元组、空字典、空集合。左侧单元格中 dict（）和 set（）都有多种用法，不同用法之间使用顿号进行了分隔。参数名前面加两个星号表示可以接收多个关键参数，也就是调用函数时以 name=value 这样形式传递的参数
map（func, *iterables）	返回包含若干函数值的 map 对象，函数 func 的参数分别来自于 iterables 指定的一个或多个可迭代对象。形参前面加一个星号表示可以接收任意多个按位置传递的实参
max（iterable, *[, default=obj, key=finc]） max（arg1, arg2, *args, *[key=func]）	返回最大值，允许使用参数 key 指定排序规则，使用参数 default 指定 iterable 为空时返回的默认值
min（iterable, *[, default=obj, key=finc]） min（arg1, arg2, *args, *[.key=func]）	返回最小值，允许使用参数 key 指定排序规则，使用参数 default 指定 iterable 为空时返回的默认值
nExt（iterator[, default]）	返回迭代器对象 iterator 中的下一个元素，如果 iterator 为空则返回参数 default 的值，如果不指定 default 参数，当 iterable 为空时会抛出异常
oct（number, /）	返回整数 number 的八进制形式的字符串
open（file, mode='r', buffering=-1, encoding=None, errors=None, newline=None, closefd=True, opener=None）	以参数 mode 指定的模式打开参数 file 指定的文件并返回文件对象，可以使用 help（open）查看完整用法
pow（base, exp, mod=None）	相当于 base**exp 或（base** exp）% mod
ord（c, /）	返回长度为 1 的字符串 c 的 Unicode 编码
print（value, ... sep='', end='n', file=sys.stdout, flush=False）	基本输出函数，可以输出一个或多个值，sep 参数表示相邻数据之间的分隔符（默认为空格），end 参数用来指定输出完所有值后的结束符（默认为换行符）

（续）

Python 常用内置函数	功能简要说明
range（stop） range（start，stop[，step]）	返回 range 对象，其中包含左闭右开区间 [start，stop）内以 step 为步长的整数，其中 start 默认为 0，step 默认为 1
reduce（function，sequence[，initial]）	将双参数函数 function 以迭代的方式从左到右依次应用至可迭代对象 sequence 中每个元素，并把中间计算结果作为下一次计算时函数 function 的第一个参数，最终返回单个值作为结果。在 Python 3.x 中 reduce（）不是内置函数，需要从标准库 functools 中导入再使用
repr（obj，/）	把对象 obj 转换为适合 Python 解释器读取的字符串形式，对于不包含反斜线的字符串和其他类型对象，repr（obj）与 str（obj）功能一样，对于包含反斜线的字符串，repr 会把单个反斜线转换为两个
reversed（sequence，/）	返回 sequence 中所有元素逆序后组成的迭代器对象
round（number，ndigits=None）	对 number 进行四舍五入，若不指定小数位数 ndigits 则返回整数，参数 ndigits 可以为负数。最终结果最多保留 ndigits 位小数，如果原始结果的小数位数少于 ndigits，不再处理。例如，round（3.1，3）的结果为 3.1
sorted（iterable，1，*，key=None，reverse=False）	返回排序后的列表，其中参数 iterable 表示要排序的可迭代对象，参数 key 用来指定排序规则或依据，参数 reverse 用来指定升序或降序，默认为升序。单个星号 * 作为参数表示该位置后面的所有参数都必须为关键参数，星号本身不是参数
str（object=''） str（bytes_or_buffer[，encoding[，errors]]）	创建字符串对象或者把字节串使用参数 encoding 指定的编码格式转换为字符串，直接调用 str（）不带参数时返回空字符串
sum（iterable，/，start=0）	返回可迭代对象 iterable 中所有元素之和再加上 start 的结果，参数 start 默认值为 0
type（object_or_name，bases，dict） type（object） type（name，bases，dict）	查看对象类型或创建新类型
zip（*iterables）	组合多个可迭代对象中对应位置上的元素，返回 zip 对象，其中每个元素为（seq1[i]，seq2[i]，…）形式的元组，最终结果中包含的元素个数取决于所有参数可迭代对象中最短的那个

（一）类型转换与判断

1）内置函数 bin（）、oct（）、hex（）用来将整数转换为二进制、八进制和十六进制形式，这 3 个函数都要求参数必须为整数，但不必须是十进制。

```
>>>bin（555）              # 把数字转换为二进制串
'0b1000101011'
>>>oct（555）              # 转换为八进制串
```

```
'0o1053'
>>>hex(555)                    # 转换为十六进制串
'0x22b'
```

内置函数 float（）用来将其他类型数据转换为实数，complex（）函数可以用来生成复数。

```
>>> float(3)                   # 把整数转换为实数
3
>>> float('3.5')               # 把数字字符串转换为实数
3.5
>>> float('inf')               # 无穷大，其中 inf 不区分大小写
inf
>>> complex(3)                 # 指定实部，创建复数
(3+0j)
>>> complex(3, 5)              # 指定实部和虚部
(3+5j)
>>> complex('inf')             # 无穷大
(inf+0j)
```

内置函数 int（）用来获取实数的整数部分，或者尝试把字符串按指定的进制转换为十进制数。

```
>>> int(3.14)                  # 获取实数的整数部分
3
>>> int('111', 2)              # 把二进制数转换为十进制数
7
>>> int('1111', 8)             # 把八进制数转换为十进制数
585
>>> int('1234', 16)            # 把十六进制数转换为十进制数
4660
>>> int('0o1234', 0)           #0 表示使用字符串明确表示的进制，如 0o 表示八进制
668
>>> int('345\n\t')             # 自动忽略两侧的空白字符
345
```

2）ord（）函数用来返回单个字符的 Unicode 码，chr（）函数用来返回 Unicode 编码对应的字符，str（）函数直接将其任意类型参数转换为字符串。

```
>>> ord('a')                   # 查看指定字符的 Unicode 编码
97
>>> chr(65)                    # 返回数字 65 对应的字符
'A'
>>> chr(ord('A')+1)            #Python 不允许字符串和数字之间的加法操作
'B'
>>> chr(ord('国')+1)           # 支持中文
'图'
```

```
>>> str(1234)                    # 直接变成字符串
'1234'
>>> str([1, 2, 3])'
'[1, 2, 3]'
>>> str((1, 2, 3))
'(1, 2, 3)'
>>> str({1, 2, 3})
'{1, 2, 3}'
```

3）函数 list( )、tuple( )、dict( )、set( )分别用来把参数指定的可迭代对象转换成为列表、元组、字典和集合，或者不带参数时创建空列表、空元组、空字典和空集合。

```
>>> list(range(5))               # 把 range 对象转换为列表
[0, 1, 2, 3, 4]
>>> tuple(_)                     # 一个下画线表示上一次正确的输出结果
(0, 1, 2, 3, 4)
>>> dict(zip('1234', 'abcde'))   # 创建字典
{'4': 'd', '2': 'b', '3': 'c', '1': 'a'}
>>> set('1112234')               # 创建集合，自动去除重复
{'4', '2', '3', '1'}
```

4）内置函数 eval( )用来计算字符串的值，在有些场合也可以用来实现类型转换的功能。

```
>>> eval('3+5')
8
>>> eval(b'3+5')                 # 引号前面加字母 b 表示字节串
8
>>>eval('9')                     # 把数字字符串转换为数字
9
>>>eval('09')                    # 抛出异常，不允许以 0 开头的数字
syntaxError: invalid token
>>> int('09')                    # 这样转换是可以的
9
>>> list(str([1, 2, 3, 4]))      # 字符串中每个字符都变为列表中的元素
['[', '1', ',', ' ', '2', ',', ' ', '3', ',', ' ', '4', ']']
>>>eval(str([1, 2, 3, 4]))       # 字符串求值，还原对象
[1, 2, 3, 4]
```

5）内置函数 type( )和 isinstance( )可以用来查看和判断数据的类型。

```
>>> type([3])                    # 查看 [3] 的类型
<class 'list'>
>>> type({3}) in (list, tuple, dict)
False
>>> isinstance(3, int)           # 判断 3 是否为 int 类型的实例
```

```
True
>>> isinstance(3j, (int, float, complex))
True
```

(二)最值与求和

max( )、min( )、sum( ) 这 3 个内置函数分别用于计算列表、元组或其他包含有限个元素的可迭代对象中所有元素最大值、最小值以及所有元素之和。

下面的代码首先生成包含 10 个随机数的列表，然后分别计算该列表的最大值、最小值、所有元素之和以及平均值，请自行测试。

```
>>> from random import choices
>>> a=choices(range(1, 101), k=10)        # 包含 10 个 [1, 100] 之间随机数的列表
>>>print(max(a), min(a), sum(a))          # 最大值、最小值、所有元素之和
>>> sum(a)/len(a)                         # 平均值
```

函数 max( ) 和 min( ) 还支持 key 参数，用来指定比较大小的依据或规则，可以是函数、lambda 表达式或其他类型的可调用对象。

```
>>> max(['2', '111'])                     # 不指定排序规则
'2'
>>> max(['2', '111'], key=len)            # 返回最长的字符串
'111'
>>> from random import randint
>>> lst=[[randint(1, 50) for i in range(5)] for j in range(30)]
                                          # 列表推导式，生成包含 30 个子列表的列表
                                          # 每个子列表中包含 5 个介于 [1, 50] 区间的整数
>>> max(lst, key=sum)                     # 返回元素之和最大的子列表
>>>max(lst, key=lambda x: x[1])           # 所有子列表中第 2 个元素最大的子列表
>>>max(lst, key=lambda x: (x[1], x[3]))
```

(三)基本输入/输出

input( ) 和 print( ) 是 Python 的基本输入/输出函数，前者用来接收用户的键盘输入，后者用来把数据以指定的格式输出到标准控制台或指定的文件对象。不论用户输入什么内容，input( ) 一律返回字符串，必要的时候可以使用内置函数 int( )、float( ) 或 eval( ) 对用户输入的内容进行类型转换。例如：

```
>>>x=input('Please input: ')              #input( )函数参数表示提示信息
Please input: 345
>>>x
'345'
>>>type(x)                                # 把用户的输入作为字符串对待
<class'str'>
>>>int(x)                                 # 转换为整数
345
```

```
>>>eval(x)                          # 对字符串求值，或类型转换
345
>>>x=input('Please input: ')
Please input: [1, 2, 3]
>>>x                                # 不管用户输入什么，一律返回字符串
'[1, 2, 3]'
>>>type(x)
<class'str'>
>>>eval(x)                          # 注意，这里不能使用list()进行转换
[1, 2, 3]
```

内置函数 print() 用于输出信息到标准控制台或指定文件，语法格式为：

```
print(value1, value2, ..., sep=' ', end=' \n ',
    file=sys.stdout, flush=False)
```

其中 sep 参数之前为需要输出的内容（可以有多个）；sep 参数用于指定数据之间的分隔符，默认为空格；end 参数表示结束符，默认为换行符。例如：

```
>>> print(1, 3, 5, 7, sep='\t')     # 修改默认分隔符
1   3   5   7
>>> for i in range(10):             # 修改end参数，每个输出之后不换行
print(i, end=' ')
0 1 2 3 4 5 6 7 8 9
```

（四）排序与逆序

sorted() 函数可以对列表、元组、字典、集合或其他有限长度的可迭代对象进行排序并返回新列表，支持使用 key 参数指定排序规则，其含义和用法与 max() 函数、min() 函数的 key 参数相同。

```
>>>x=list(range(11))
>>> import random
>>> random.shuffle(x)               #shuffle()用来随机打乱顺序
>>>x
[2, 4, 0, 6, 10, 7, 8, 3, 9, 1, 5]
>>> sorted(x)                       # 按数字大小升序排序
[0, 1, 2, 3, 4, 5, 6, 7, 8, 9, 10]
>>> sorted(x, key=lambda item: len(str(item)), reverse=True)
                                    # 按转换为字符串后的长度降序排序
[10, 2, 4, 0, 6, 7, 8, 3, 9, 1, 5]
>>> sorted(x, key=str)              # 按转换为字符串后的大小排序
[0, 1, 10, 2, 3, 4, 5, 6, 7, 8, 9]
>>>x                                # 不影响原来列表的元素顺序
[2, 4, 0, 6, 10, 7, 8, 3, 9, 1, 5]
>>> x=['aaaa', 'bc', 'd', 'b', 'ba']
>>> sorted(x, key=lambda item: (len(item), item))
```

```
                                          # 先按长度排序，长度一样的正常排序
['b', 'd', 'ba', 'bc', 'aaaa']
```

reversed()函数可以对可迭代对象（生成器对象和zip、map、filter、enumerate等类似迭代器对象除外）进行翻转（首尾交换），并返回可迭代的reversed对象。

```
>>> list(reversed(x))          #reversed对象是迭代器对象
['ba', 'b', 'd', 'bc', 'aaaa']
```

（五）枚举与迭代

enumerate()函数用来枚举可迭代对象中的元素，返回可迭代的enumerate对象，其中每个元素都是包含索引和值的元组。在使用时，既可以把enumerate对象转换为列表、元组、集合，也可以使用for循环直接遍历其中的元素。

```
>>>list(enumerate('abcd'))                     # 枚举字符串中的元素
[(0, 'a'), (1, 'b'), (2, 'c'), (3, 'd')]
>>>list(enumerate(['Python', 'Greate']))       # 枚举列表中的元素
[(0, 'Python'), (1, 'Greate')]
>>>for index, value in enumerate(range(10, 15)):
print((index, value), end=' ')
(0, 10) (1, 11) (2, 12) (3, 13) (4, 14)
```

（六）map函数、reduce函数、filter函数

1.map()函数

内置函数map()把一个可调用对象func依次映射到一个或多个可迭代对象的每个元素上，返回一个map对象，map对象属于迭代器类型，其中每个元素是原可迭代对象中元素经过func处理后的结果，不对原可迭代对象做任何修改。

```
>>> list(map(str, range(5)))       # 把range对象中的元素转换为字符串
['0', '1', '2', '3', '4']
>>> def add5(v):                   # 单参数函数
return v+5
>>> list(map(add5, range(10)))     # 把单参数函数映射到一个可迭代对象的所有元素
[5, 6, 7, 8, 9, 10, 11, 12, 13, 14]
>>> def add(x, y):                 # 可以接收两个参数的函数
return x+y
>>> list(map(add, range(5), range(5, 10)))   # 把双参数函数映射到两个可迭代对象上
[5, 7, 9, 11, 13]
>>> list(map(lambda x, y: x+y, range(5), range(5, 10)))
                                    # 使用lambda表达式实现同样功能
                                    # 该lambda表达式相等于一个函数
                                    # 接收x和y作为参数，返回x+y的值
[5, 7, 9, 11, 13]
```

```
>>> import random
>>> x=random.randint (1, 1e30)              # 生成指定范围内的随机整数
                                             #1e30 表示 10 的 30 次方
>>>x
839746558215897242220046223150
>>> list(map(int, str(x)))                  # 提取大整数每位上的数字
[8, 3, 9, 7, 4, 6, 5, 5, 8, 2, 1, 5, 8, 9, 7, 2, 4, 2, 2, 2, 0, 0, 4, 6, 2, 2, 3, 1, 5, 0]
```

2. reduce（）函数

标准库 functools 中的函数 reduce（）可以将一个接收两个参数的函数以迭代的方式从左到右依次作用到一个序列或迭代器对象的所有元素上，并且允许指定一个初始值。例如，reduce（lambda x, y: x+y, [1, 2, 3, 4, 5]）计算过程为（（（(1+2)+3)+4)+5)，第一次计算时 x 为 1，而 y 为 2；第二次计算时 x 的值为（1+2），而 y 的值为 3；第三次计算时 x 的值为（(1+2)+3)，而 y 的值为 4；以此类推，最终完成计算并返回（（（(1+2)+3)+4)+5)的值。

```
>>> from functools import reduce
>>>reduce(lambda x, y: x+y, range(1, 10))    #lambda 表达式相当于函数
45
```

上面实现数字累加的代码运行过程如图 5-7 所示。

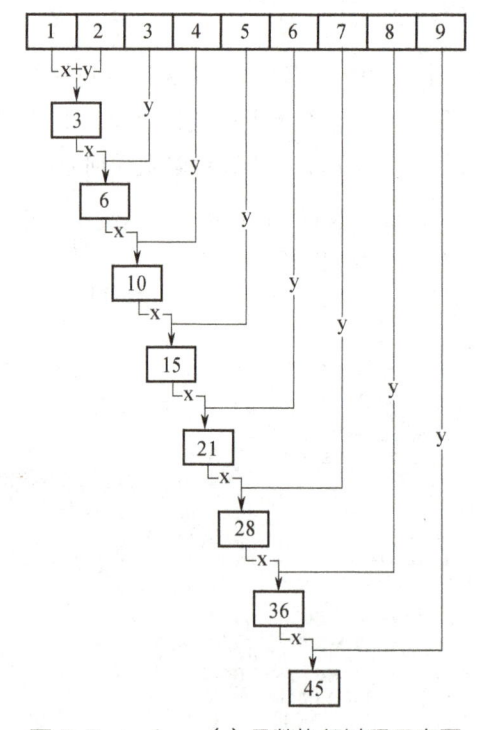

图 5-7　reduce（）函数执行过程示意图

3. filter（）函数

内置函数 filter（）将一个单参数函数作用到一个可迭代对象上，返回其中使得该函数返回值等价于 True 的那些元素组成的 filter 对象，如果指定函数为 None，则返回可迭代对象中等价于 True 的元素。filter 对象是迭代器对象，在使用时可以把 filter 对象转换为列表、元组、集合，也可以直接使用 for 循环遍历其中的元素。

```
>>> seq=['foo', 'x41', '?!', '***']
>>> def func(x):
return x.isalnum()                          #isalnum（）是字符串的方法
                                            # 用于测试 x 是否仅包含字母或数字
>>> filter(func, seq)                       # 返回 filter 对象
<filter object at 0x000000000305D898>
>>> list(filter(func, seq))                 # 把 filter 对象转换为列表
['foo', 'x41']
>>> list(filter( str.isalnum, seq))         # 也可以这样直接使用 isalnum
['foo', 'x41']
>>> seq                                     # 不对原列表做任何修改
['foo', 'x41', '?!', '***']
```

（七）range（）函数

range（）是 Python 开发中常用的一个内置函数，语法格式为 range（[start,] stop[, step]），有 range（stop）、range（start, stop）和 range（start, stop, step）三种用法。该函数返回 range 对象，包含左闭右开区间 [start, stop) 内以 step 为步长的整数，其中参数 start 默认为 0，step 默认为 1。

```
>>> range(5)                                #start 默认为 0，step 默认为 1
range(0, 5)
>>> list(_)
[0, 1, 2, 3, 4]
>>> list(range(1, 10, 2))                   # 指定起始值和步长，3 个参数都必须为整数
[1, 3, 5, 7, 9]
>>> list(range(9, 0, -2))                   # 步长为负数时，start 应比 end 大
[9, 7, 5, 3, 1]
>>> for i in range(4):                      # 循环 4 次
print(3, end=' ')
3 3 3 3
```

（八）zip（）函数

zip（）函数用来把多个可迭代对象中对应位置上的元素组合到一起，返回一个 zip 对象，其中每个元素都是包含原来多个可迭代对象对应位置上元素的元组，最终结果 zip 对象中包含的元素个数取决于所有参数可迭代对象中最短的那个。

```
>>>list(zip('abcd', [1, 2, 3]))             # 组合字符串和列表中对应位置的元素
[('a', 1), ('b', 2), ('c', 3)]
```

```
>>>list(zip('abcd'))                          # 参数可以是1个序列
[('a',), ('b',), ('c',), ('d',)]
>>>list(zip('123', 'abc', ',.!'))             # 组合3个字符串中对应位置上的元素
[('1', 'a', ','), ('2', 'b', '.'), ('3', 'c', '!')]
>>>for item in zip('abcd', range(3)):         #zip 对象属于迭代器对象
    print(item)
('a', 0)
('b', 1)
('c', 2)
>>>x=zip('abcd', '1234')
>>>list(x)
[('a', '1'), ('b', '2'), ('c', '3'), ('d', '4')]
>>>list(x)                                    # 注意，zip 对象只能遍历一次
                                              # 访问过的元素就不存在了
                                              #enumerate、filter、map 对象，
                                              # 以及生成器对象也有这个特点
[]
```

二、Python 关键字简要说明

关键字只允许用来表达特定的语义，不允许通过任何方式改变它们的含义，也不能用来做变量名、函数名或类名等标识符。在 Python 开发环境中导入模块 keyword 之后，可以使用 print（keyword.kwlist）查看所有关键字，其含义见表 5-2。

表 5-2　关键字及其含义

关键字	含义
False	常量，逻辑假
None	常量，空值
True	常量，逻辑真
and	逻辑与运算
as	在 import、with 或 except 语句中给对象起别名
assert	断言，用来确保某个条件必须满足，可用来帮助调试程序
break	用在循环中，提前结束 break 所在层次的循环
class	用来定义类
continue	用在循环中，提前结束本次循环
def	用来定义函数
del	用来删除对象或对象成员
elif	用在选择结构中，表示 else if 的意思
else	可以用在选择结构、循环结构和异常处理结构中
except	用在异常处理结构中，用来捕获特定类型的异常

（续）

关键字	含义
finally	用在异常处理结构中，用来表示不论是否发生异常都会执行的代码
for	构造 for 循环，用来遍历可迭代对象中的所有元素
from	明确指定从哪个模块中导入什么对象，如 from math import sin；或与 yield 一起定义生成器；或在 raise 语句中用来保持原来的异常信息
global	定义或声明全局变量
if	用在选择结构或推导式、生成器表达式中
import	用来导入模块或模块中的对象
in	成员测试
is	同一性测试
lambda	用来定义 lambda 表达式，类似于函数
nonlocal	用来声明 nonlocal 变量
not	逻辑非运算
or	逻辑或运算
pass	空语句，执行该语句时什么都不做，常用作占位符
raise	用来显式抛出异常
return	在函数中用来返回值，如果没有指定返回值，表示返回空值 None
try	在异常处理结构中用来限定可能会引发异常的代码块
while	用来构造 while 循环结构，只要条件表达式等价于 True 就重复执行限定的代码块
with	上下文管理，具有自动管理资源的功能
yield	在生成器函数中用来返回值

任务 3
ROS 的认知

任务描述

大家熟悉的家用扫地机器人在作业过程中，通过 App 制作的房间地图和指定的路径行走，完成清洁任务。想要实现这一系列功能，离不开一个能够获取图形信息自主建图以及能够智能导航的系统。而这个系统恰好就像"心脏"，能够提供一个成熟有效的管理机制和丰富的资源，让所有模块都能够高效运作起来。这个核心系统的研发也是机器人、无人驾驶等领域发展的关键。经过近二十年的技术发展，机器人操作系统（ROS）是目前最主流的技术框架，应用非常广泛。

现在，主管要求你向新同事讲解 ROS 的主要特性与常见的功能工具。

任务目标

1）了解 ROS 的概念。
2）了解 ROS 发行了哪些版本。
3）了解 ROS 的特性。
4）能够说出 ROS 的基本构成。
5）能够说出 ROS 版本以及对应的 Ubuntu 系统版本。
6）获得多途径检索知识、分析解决问题以及多元化思考解决问题的方法，形成创新意识。
7）具有良好的团队协作精神和较强的组织沟通能力。
8）具备良好的职业道德，尊重他人劳动，不窃取他人成果。

任务准备

1）防护装备：常规实训着装。
2）教学设备：安装有 ROS 系统的计算机平台。
3）教学工具：ROS。

知识准备

一、概述

ROS（Robot Operating System）是一个开源的机器人软件平台，能为异质计算机集群提供类似操作系统的功能，包括硬件抽象描述、底层驱动程序管理、公用功能执行、程序间消息传递以及程序包发行管理等，可以极大地简化繁杂多样的机器人平台上的复杂任务创建和稳定行为控制。它起源于 2007 年斯坦福大学人工智能实验室与机器人技术公司 Willow Garage 之间的合作，之后主要由 Willow Garage 来继续研发，目前这个项目已经转由开源机器人基金会（OSRF）维护。

ROS 可以说是目前机器人相关开源社区最流行的项目之一，它是一个易用且完备的机器人开发框架、生态乃至社区。海量的机器人开源项目（涵盖感知、规划、控制、定位、SLAM 和建图、可视化等几乎所有机器人领域）均使用 ROS 作为基础。目前，ROS 的应用领域除了自动驾驶和智能网联汽车外，还包括物流仓储、工业生产和交通管理等。

ROS1.0 版本发布于 2010 年，基于 PR2 机器人开发了一系列机器人相关的基础软件包。自发布以来，ROS 版本不断迭代，为机器人社区提供了一套相对完善的中间层、工具、软件乃至通用的接口和标准，得到了机器人科学界包括从该领域的研究人员到商业机构的专业开发人员的广泛认可和应用。凭借 ROS，机器人工业领域的开发者能够快速开发系统原型并做测试和验证。自动驾驶本质上是机器人研究的一个应用领域，在产品原型快速开发的过程中也通常会采用 ROS。

ROS 的版本一般会随着 Ubuntu 系统长期支持（LTS）版本而更新，目前最新的版本已经适配到 Ubuntu 20.04 LTS。ROS 仅在 Ubuntu 上进行 CI 测试，但是社区成员积极支持其他 Linux 版本以及 Mac OS X、Android、Windows 等操作系统，使得 ROS 可以兼容这些，但仅提供有限制性的功能支持。

ROS 版本的演进见表 5-3。

表 5-3 ROS 版本的演进

ROS 版本	发布时间	对应的 Ubuntu 版本
ROS Box Turtle	2010.03	Ubuntu 8.04
ROS C Turtle	2010.08	Ubuntu 9.04
ROS Diamond Back	2011.03	Ubuntu 10.04
ROS Electric Emys	2011.08	Ubuntu 10.04
ROS Fuerte Turtle	2012.04	Ubuntu 10.04
ROS Groovy Galapagos	2012.12	Ubuntu 12.04
ROS Hydro Medusa	2013.09	Ubuntu 12.04
ROS Indigo Igloo	2014.07	Ubuntu 14.04
ROS Jade Turtle	2015.05	Ubuntu 15.04

（续）

ROS 版本	发布时间	对应的 Ubuntu 版本
ROS Kinetic Kame	2016.05	Ubuntu 16.04
ROS Lunar Loggerhead	2017.05	Ubuntu 17.04
ROS Melodic Morenia	2018.05	Ubuntu 18.04
ROS Noetic Ninjemys	2020.05	Ubuntu 20.04

ROS2 是从底层开始全面重新开发的新一代机器人操作系统，不是 ROS 的简单升级。它在设计之初就考虑了在产品环境下面临的实时、安全、可靠等挑战，它有如下特点：

1）支持多机器人。
2）对小型嵌入式设备和微控制器的支持。
3）实时系统：支持实时控制，包括进程间和机器间通信的实时性。
4）支持非理想网络环境：在低质量高延迟等网络环境下系统仍然能够工作。
5）对产品环境的支持能力。
6）规范的编程模型，以支持基于 ROS 的大规模目的构建、开发和部署。ROS2 版本的演进见表 5-4。

表 5-4　ROS2 版本的演进表

ROS2 版本	发布时间	Ubuntu 版本
Ardent Apalone	2017.12	Ubuntu 16.04
Bouncy Bolson	2018.07	Ubuntu 16.04
Crystal Clemmys	2018.12	Ubuntu 16.04
Dashing Diademata	2019.05	Ubuntu 18.04
Eloquent Elusor	2019.11	Ubuntu 18.04
Foxy Fitzroy	2020.06	Ubuntu 20.04
Galactic Geochelone	2021.05	Ubuntu 20.04

从总体上来说，ROS 更适合科研和开源用户使用，ROS2 则更具备产品化的特性，包括实时性、适应于全平台、适用于性能低的硬件（MCU+RTOS）、分布式、数据加密和现代编程语言的支持。

下面着重介绍 ROS 的相关知识，包括主要特点、技术框架和常用开发工具等。

二、ROS 的主要特点

ROS 的运行架构是一种使用 ROS 通信机制实现模块间 P2P 松耦合协作的处理架构。这种通信机制包括基于服务的同步 RPC 通信、基于 Topic 的异步数据流通信，以及参数服务器上的数据存储等。但是 ROS 本身不具备实时性。

ROS 的主要特点包括点对点设计、多语言支持、精简与集成、丰富的工具包、开源免费等。

1. 点对点设计

一个使用 ROS 的系统包括一系列进程，这些进程存在于多个不同的主机，并且在运行过程中通过端对端的拓扑结构进行通信。虽然那些基于中心服务器架构的软件框架也可以实现多进程和多主机通信，但是在这些框架中，中心服务器要承担巨大的数据存储、数据处理以及进程通信压力，一旦中心服务器压力过大，整个系统就面临崩溃的风险。

ROS 的点对点设计以及服务和节点管理机制可以分散由计算机视觉和语音识别等功能带来的实时计算压力，能够较好地适应繁杂的机器人应用场景带来的挑战。

2. 多语言支持

ROS 被设计成语言中立的框架结构，支持多种不同的编程语言，如 C++、Python、Lisp 等，也包含其他语言的多种接口实现。

为了实现多语言支持，ROS 利用了简单的、与编程语言无关的接口定义语言去描述模块之间的消息交互协议。接口定义语言使用简单的文本来描述每条消息的结构，也允许消息合成。

3. 精简与集成

大多数机器人软件工程都包含了可以在工程外重复使用的驱动和算法。但是，由于多种原因，大部分代码的中间层都过于混乱，很难进行抽象，或者把它们从原型中提取出来应用到其他方面。

基于 ROS 的系统具有模块化的特点，每个模块都可以单独编译。基本上，ROS 倾向于将复杂的代码封装在函数库里，只创建些相对简单的应用实现显示功能。这就使得代码的复用和移植变得更加容易。

ROS 利用了许多现有的开源项目的代码，例如，从 Player 项目中借鉴了驱动、运动控制、仿真方面的代码，从 OpenCV 中借鉴了视觉算法方面的代码，从 OpenRAVE 中借鉴了规划算法的内容等。ROS 可以不断地从社区维护中进行升级，包括从其他软件库、应用补丁中更新、升级源代码。

4. 丰富的工具包

为了管理复杂的软件框架，ROS 利用大量的小工具去编译和运行多样的 ROS 组件。这些工具担任了各种任务，如组织源代码结构、获取和设置配置参数、形象化端到端的拓扑连接、测量带宽、描绘信息数据、自动生成文档等。

5. 开源免费

ROS 所有的源代码都是公开发布的，这有利于 ROS 各层软件的调试和整合，可以不断地改正错误。

ROS 以分布式的关系遵循 BSD 许可，允许各种商业和非商业的使用以及二次开发。ROS 通过内部通信系统进行数据的传递，不要求各模块在可执行功能层面上连接在一起。这样，利用 ROS 构建的系统可以很好地使用丰富的组件，个别模块还可以包含被其他协议保护的软件，如 CPL 等。

三、ROS 的总体框架

ROS 的总体结构，从代码的维护者和分布情况来分，可以主要分成以下两个部分：

1）main：核心部分，主要有 Willow Garage 公司和一些开发者设计、开发和维护。它提供了一些分布式计算的基本工具，以及整个 ROS 核心代码。

2）universe：全球范围的代码，由不同国家的 ROS 社区组织开发和维护。这些代码又可以分为库级、功能级和应用级代码。库级代码在最底层，如 OpenCV、PCL 等；功能级代码在上一层，是从功能角度提供的代码，如人脸识别等；应用级代码在最上层，如让机器人完成某一确定的功能。

一般情况下，人们习惯从另一角度对 ROS 架构进行分级，即计算图级、文件系统级和开源社区级。计算图级描述 ROS 程序如何运行，文件系统级描述 ROS 程序文件如何组织和构建，开源社区级描述 ROS 程序的分布式管理。

1. 计算图级

计算图是 ROS 处理数据的一种点对点的网络形式。ROS 程序运行时，所有进程以及相关的数据处理，都会通过点对点的网络形式表现出来。计算图级包括几个重要概念：节点（node）、消息（message）、话题（topic）和服务（service）。

（1）节点（node）

节点是 ROS 程序的运行实例（可执行文件的实例化），也可以理解为几乎相互独立的程序，不同节点实现不同功能，节点通过 ROS 节点管理器（Master）注册信息，并且多个节点可同时运行。

（2）消息（message）

节点之间最重要的通信机制就是基于发布/订阅模型的消息通信。每一个消息都是一个严格定义的数据结构，支持标准数据类型（整数、浮点型、布尔型等），也支持嵌套结构和数组（类似于 C 语言的结构体 struct），还可以根据需求由开发者自主定义。

（3）话题（topic）

消息以一种发布/订阅的方式传递。一个节点可以针对一个给定的话题发布消息（称为发布者），也可以关注某个话题并订阅特定类型的数据（称为订阅者）。发布者和订阅者并不了解彼此的存在，系统中可能同时有多个节点发布或者订阅同一个话题的消息。

（4）服务（service）

虽然基于话题的发布/订阅模型是一个很灵活的通信模式，但是对于双向的同步传输模式并不适合。在 RO 中，我们称这种同步传输模式为服务，其基于客户端/服务（Client/Server）模型，包含两个部分的通信模型，一个用于请求，另一个用于应答，类似于 Web 服务器。与话题不同的是，ROS 中允许有一个节点提供指定命名的服务。

（5）ROS 节点管理器（ROS Master）

为了统筹管理以上概念，系统当中需要有一个控制器使得所有节点有条不紊地执行，这就是 ROS 节点管理器。ROS Master 通过远程过程调用（RPC）提供登记列表和对其他计算图表的查看功能，帮助 ROS 节点之间相互查找、建立连接，同时还为系统提供参数服务器，管理全局参数。ROS Master 就是一个管理者，没有它的话，节点将无法找到彼此，也无法交换消息或者调用服务，整个系统将会瘫痪，由此可见其在 ROS 系统中的重要性。

2. 文件系统级

ROS 中有无数的节点、消息、服务、工具和库文件，需要一个有效结构去管理这些代码文件。在 ROS 的文件系统级中，有两个重要概念：包（package）和堆（stack）。

（1）包（package）

ROS 的软件以包的形式组织起来，包包含节点、ROS 依赖库、数据文件、配置文件、第三方软件以及任何其他的逻辑构成。包的目标是提供一种易于使用的结构以便更方便地实现软件复用。

一个典型的 ROS 功能包目录结构如下：

1）config：放置功能包中的配置文件，由用户创建，文件名可以不同。
2）include：放置功能包中需要用到的头文件。
3）scripts：放置可以直接运行的 Python 脚本。
4）src：放置需要编译的 C++ 代码。
5）launch：放置功能包中的所有启动文件。
6）msg：放置功能包自定义的服务类型。
7）srv：放置功能包自定义的消息类型。
8）action：放置功能包自定义的动作指令
9）CMakeLists.txt：编译器编译功能包的规则。
10）package.xml：功能包清单。

（2）堆（stack）

堆是包的集合，提供比包更完整的功能。stack 与版本号关联，同时也是发行 ROS 软件的关键。

3. 开源社区级

开源社区级主要是指 ROS 资源的获取和分享。通过独立的网络社区，软件开发人员可以共享和获取知识、算法和代码，开源社区的大力支持使得 ROS 系统得以快速成长。这些资源包括：

1）发行版（Distribution）：ROS 发行版是可以独立安装、带有版本号的一系列综合功能包。ROS 发行版像 Linux 发行版一样发挥类似的作用。这使得 ROS 软件安装更加容易，而且能够通过一个软件集合维持一致的版本。

2）软件库（Repository）：ROS 依赖于共享开源代码与软件库的网站或主机服务，不同的机构能够发布和分享各自的机器人软件与程序。

3）ROS 维基（ROS Wiki）：ROS Wiki 是用于记录有关 ROS 系统信息的主要论坛。任何人都可以注册账户、贡献自己的文件、提供更正或更新、编写教程以及其他行为。

4）Bug 提交系统（Bug Ticket System）：ROS 通过 Bug 提交系统允许开发人员发现问题或者提出一个新功能。

5）邮件列表（Mailing List）：ROS 用户邮件列表是关于 ROS 的主要交流渠道，能够像论坛一样交流从 ROS 软件更新到 ROS 软件使用中的各种疑问或信息。

6）ROS 问答（ROS Answer）：用户可以使用这个资源去提问题。

7）博客（Blog）：可以看到定期更新、照片和新闻，网址是 http：//www.ros.org/news。

四、ROS 开发常用工具

ROS 开发时经常使用的工具包括 RViz、Gazebo、rqt、rosbag、rosbridge、moveit。

1. RViz

RViz 是 ROS 提供的一款三维可视化平台，它的主要目的是以三维方式显示 ROS 消息，可以将数据进行可视化表达，另一方面它还可以给对象发布控制信息，从而实现对机器人的监测与控制。RViz 的典型界面如图 5-8 所示。

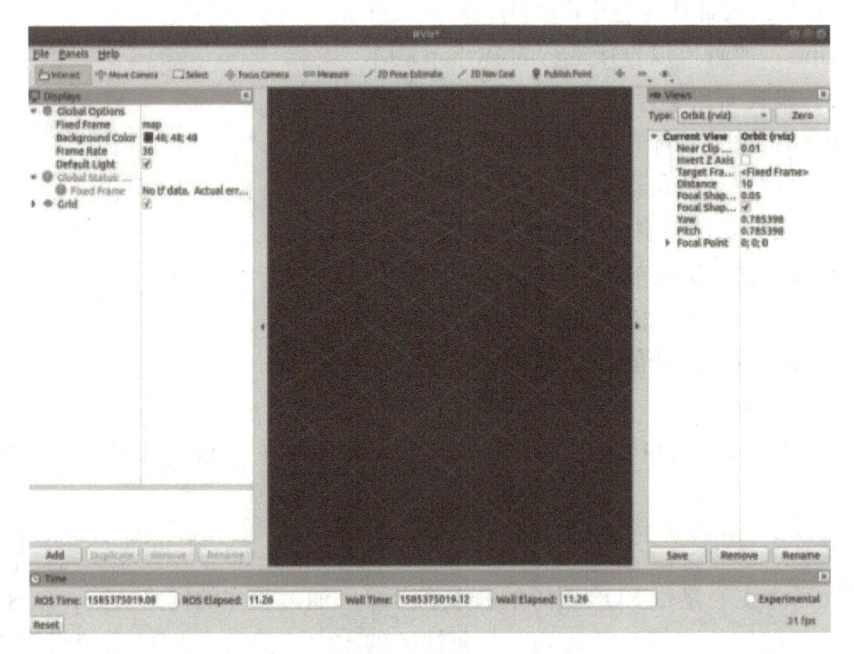

图 5-8　RViz 界面

界面中，中间部分为 3D 视图显示区，能够显示外部信息；上部为工具栏，包括视角控制、目标设置、地点发布等，还可以添加自定义的一些插件；左侧为显示项目，显示当前选择的插件，并且能够对插件的属性进行设置；下侧为时间显示区域，包括系统时间和 ROS 时间等；右侧为观测视角设置区域，可以设置不同的观测视角。

2. Gazebo

Gazebo 是一款免费的机器人仿真软件，能提供高保真度的物理模拟，一整套传感器模型，以及对用户和程序非常友好的交互方式。它能够在复杂的室内和室外环境中准确高效地模拟机器人工作的功能，通常与 ROS 联合使用，为开发者提供了优异的仿真环境。Gzebo 支持 urdf/sdf 格式文件，它们均用于描述仿真环境，官方也提供了一些集成好的常用模型、模块，可以直接导入使用。Gazebo 启动后的界面如图 5-9 所示。

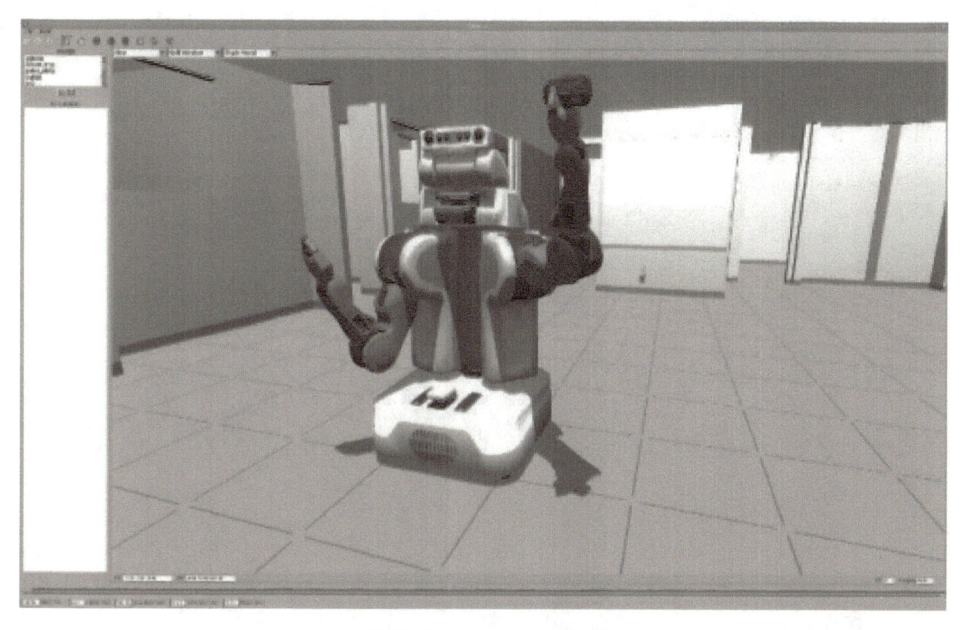

图 5-9 Gazebo 界面

Gazebo 具有如下特点。

1）动力学仿真：支持多种高性能的物理引擎，如 ODE、Bullet、SimBody、DART 等。

2）三维可视化环境：支持显示逼真的三维环境，包括光线、纹理、影子。

3）传感器仿真：支持传感器数据的仿真，同时可以仿真传感器噪声。

4）可扩展插件：用户可以定制化开发插件，扩展 Gazebo 的功能，满足个性化的需求。

5）多种机器人模型：官方提供 PR2、Pioneer2 DX、TurtleBot 等机器人模型，当然也可以使用自己创建的机器人模型。

6）TCP/IP 传输：Gazebo 可以实现远程仿真，后台仿真和前台显示通过网络通信。

7）云仿真：Gazebo 仿真可以在 Amazon、Softlayer 等云端运行，也可以在自己搭建的云服务器上运行。

8）终端工具：用户可以使用 Gazebo 提供的命令行工具在终端实现仿真控制。

3. rqt

ROS 为机器人开发和调试提供各种 GUI 工具。例如，graph 将每个节点的层次结构显示为图形，且显示当前节点和话题状态；plot 将消息显示为二维图形等。从 ROS Fuerte 版本开始，这些 GUI 开发工具统一被称为 rqt，它集成了 30 多种工具，可以作为一个综合的 GUI 工具来使用。另外，RViz 也被集成到 rqt 的插件中，这使得 rqt 成为 ROS 的一个不可缺少的工具。另外，rqt 是基于 Qt（一个广泛用于计算机编程的 GUI 编程的跨平台框架）开发的，是一个图形化用户接口框架，它允许以插件的形式来实现各种图形工具和接口，因此用户可以方便自由地开发和添加 rqt 插件。

在 Ubuntu 终端上执行命令 rqt，就可以进入 rqt 的图形窗口，进行各种管理和调试操作，如图 5-10 所示。

图 5-10 rqt 窗口

进入上方菜单栏的 Plugins，里面有很多十分有用的用于 ROS 调试的插件，包括：

1）topics monitor：监视当前的某一个话题的传输数据、占用带宽、话题频率等，相当于在终端窗口上执行 rostopic echo msg_name 命令。

2）message publisher：自定义名称发布一个话题，并且指定话题发布的消息类型、发布数据，以及发布频率。

3）message type brower：查看当前所有已经定义的消息类型，包括自己定义的 msg。

4）robot steering：发布 cmd_vel 和 Twist 话题消息，以可视化的方式修改速度和转角变量，用于测试机器人运动底盘控制指令。

5）bag：用于 bag 文件的录制和播放。可以任意选择指定录制哪些话题，也可以打开指定的 bag 文件包，进行播放或者暂停等操作。

6）node_graph：查看当前运行的所有节点，并显示它们之间的发布/订阅关系。

7）process monitor：查看当前的所有节点信息，包括节点的 PID 以及 CPU 和内存占用情况。

8）launch：通过在可视化界面下选择 package 和 launch 文件，启动和停止相应的节点。

9）image view：查看 ROS 话题中传递的图片。

10）plot：将某一个话题的全部或部分数据以图形化的方式进行显示，以便更加直观地看到话题消息的变化，方便调试。

11）tf tree：显示当前的 tf 树的结构。

12）RViz：在 rqt 里面也集成了 RViz 工具，可以很方便地从这里打开 RViz 工具。

除了在 rqt 菜单中选择插件之外，还可以在 Ubuntu 终端上执行专用的命令，也可以达到同样的调试效果，例如：

rtq_graph：等同于 rqt 的 node_graph 插件；

rqt_plot：等同于 rqt 的 plot 插件；

rqt_image_view：等同于 rqt 的 image view 插件。

rosbag 主要用于记录、回放、分析 rostopic 中的数据。它可以将指定 rostopic 中的数据记录到以 .bag 为后缀的数据包中，便于对其中的数据进行离线分析和处理。

rosbridge 是一个用在 ROS 和其他系统之间的功能包，就像它的名字一样，它起到了一个"桥梁"的作用，使得 ROS 和其他系统能够进行交互。如图 5-11 所示，ROS 节点 1 是智慧猫决策单元 jelson nano，ROS 节点 2 是底盘控制单元 Arduino 2560 控制板，它们之间的通信就是通过 rosbridge 来完成的。rosbridge 为非 ROS 程序提供了一个 JSON API 接口。有许多与 rosbridge 进行交互的前端，包括一个用于与 Web 浏览器交互的 WebSockel 服务器。Rosbridge_suile 是一个包含 rosbridge 的元程序包，用于 rosbridge 的各种前端程序包（如 WebSockel 程序包）和帮助程序包。在自动驾驶领域，rosbridge 功能包用于自动驾驶主控单元与底盘之间的通信。

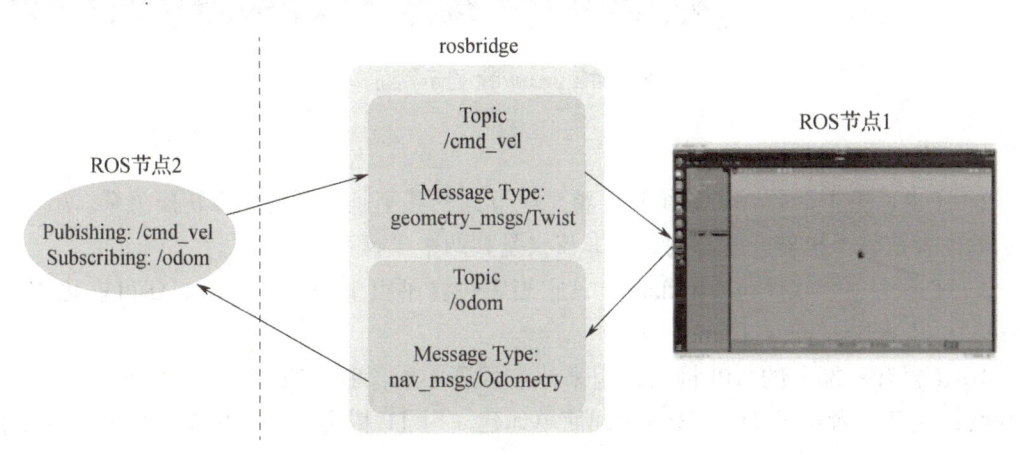

图 5-11 rosbridge 功能示意

moveit 是由 ROS 中一系列移动操作的功能包组成的，其显示界面如图 5-12 所示。这个功能包特别适合多关节机械臂的运动控制，它提供了一系列成熟的插件和工具，可以实现机械臂控制的快速配置。

4. TF 坐标变换

TF（Transform Frame）就是坐标转换，包括了位置和姿态两个方面的变换。TF 软件包实现 ROS 系统的坐标变换，能让用户随时间变化跟踪多个参考系。

TF 使用一种树状数据结构，根据时间缓冲并维护多个参考系之间的坐标变换关系，以帮助用户在任意时间，将点、向量等数据的坐标在两个参考系中完成坐标变换。

ROS 中的机器人模型包含大量的部件，每一个部件统称为 link（如手部、头部、某个关节、某个连杆），每一个 link 上面对应着一个 frame（坐标系），用 frame 表示该部件的坐标系，frame 和 link 是绑定在一起的。

ROS 系统中的 TF 有很多含义：

1）tf 是一种标准规范，定义了坐标转换的数据格式和数据结构。tf 本质是树状的数

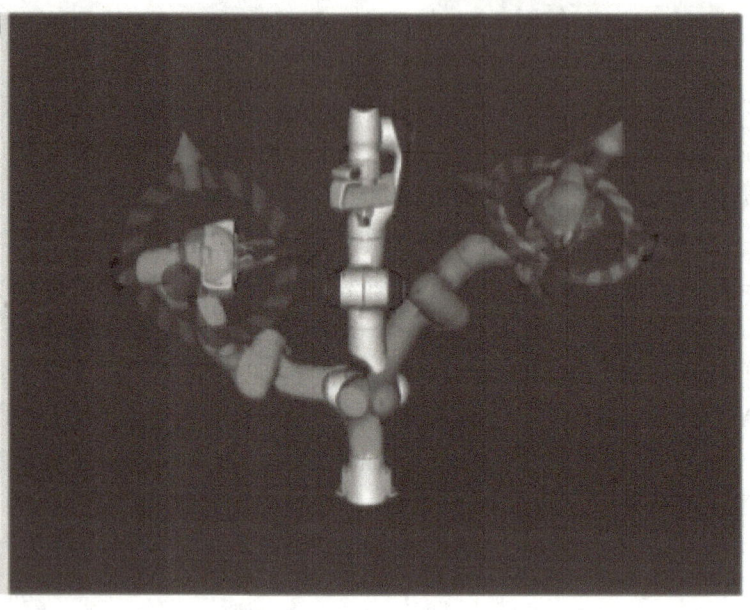

图 5-12　moveit 显示界面

据结构，即"tf tree"。

2）tf 也是一个话题 /tf，它维护了整个机器人的甚至是地图的坐标转换关系。/tf 话题表示的内容是整个机器人的 tf 树，而非仅仅是某两个坐标系的转换关系。

3）tf 还是一个软件包（package），它当中包含了很多的工具，比如 tf 可视化（rqt_tf_tree）、tf_echo、view_frames 等。

4）tf 含有一部分的 API 接口，用来节点程序中的编程。TF 对发布器与订阅器进行了封装，使开发者通过 TF 的接口更加简单地建立对 TF 树中某些坐标系转换关系的维护与订阅。

tf 是一个树状结构，维护坐标系之间的关系，靠话题通信机制来持续地发布不同 link 之间的坐标关系。作为树状结构，要保证父子坐标系都有某个节点在持续地发布它们之间的位姿关系，才能使树状结构保持完整。只有父子坐标系的位姿关系能被正确地发布，才能保证任意两个 frame 之间的连通。

每两个相邻 frame 之间靠节点发布它们之间的位姿关系，这种节点称为 broadcaster。broadcaster 就是一个发布器（publisher），如果两个 frame 之间发生了相对运动，broadcaster 就会发布相关消息。

任务实施

按照前面所了解的知识内容和小组内部讨论的结果，制订工作方案，落实各项工作负责人，如任务实施前的准备工作、实施中主要操作及协助支持工作、实施过程中相关要点及数据的记录工作等。

\multicolumn{3}{c}{ROS 的认知}		
步骤	\multicolumn{3}{c}{过程记录}		
1	\multicolumn{3}{l}{本任务中 ROS 的英文全称是_____}		
2	\multicolumn{3}{l}{ROS 对应的 Ubuntu 版本}		
	ROS 版本	Ubuntu 版本	使用时间
	*Indigo		
	Jade		
	*Kinetic		
	Lunar		
	*Melodic		
	ROS Noetic		
3	\multicolumn{3}{l}{ROS 的特性包括：_____、_____、_____、_____、_____等}		
4	\multicolumn{3}{l}{ROS 的应用领域除了自动驾驶和智能网联汽车领域外，还包括_____、_____和_____等}		
5	\multicolumn{3}{l}{ROS 开发时经常使用的工具包括：_____、_____、_____、_____、_____}		
6	\multicolumn{3}{l}{Gazebo 支持_____、_____格式文件}		
7	\multicolumn{3}{l}{RViz 是 ROS 中一款三维可视化平台，中间部分为_____；上部为_____；左侧为_____；下侧为_____；右侧为_____}		
8	\multicolumn{3}{l}{rqt 是一个接口框架，它允许以_____的形式来实现各种图形工具和接口}		
9	\multicolumn{3}{l}{rosbag 主要用于_____、_____、_____rostopic 中的数据}		
10	\multicolumn{3}{l}{moveit 由 ROS 中_____的功能包组成，功能包特别适合多关节机械臂的运动控制}		

评价反馈

1.学习效果评价：

1）各组代表展示汇报 PPT，介绍任务的完成过程。

2）以小组为单位，对各组的操作过程与操作结果进行自评和互评，并将结果填入综合评价表中的小组评价部分。

3）教师对学生工作过程与工作结果进行评价，并将评价结果填入综合评价表中的教师评价部分。

2. 学习过程评价：

姓名			学号		班级		组别	
实训任务				ROS 的认知				
评价项目			评价标准				分值	得分
小组评价	计划决策		制订工作方案的合理可行，小组成员分工明确				10	
	任务实施		从互联网上搜索并了解常用 ROS 发行版本以及对应的 Ubuntu 版本				10	
			整理 ROS 主要特性				20	
			通过网络搜索了解 ROS 的应用领域，整理记录结果				20	
	任务达成		能按照工作方案操作，按计划完成工作任务				10	
	工作态度		认真严谨、积极主动、安全生产、文明施工				10	
	团队合作		与小组成员及同学之间能合作交流、协调工作				10	
	6S 管理		完成竣工检验、现场恢复				10	
			小计				100	
教师评价	实训纪律		不出现无故迟到、早退、旷课现象，不违反课堂纪律				10	
	方案实施		严格按照工作方案完成任务实施				20	
	团队协作		任务实施过程互相配合，协作度高				20	
	工作质量		能按照工作方案操作，按计划完成工作任务				20	
	工作规范		操作规范，三不落地，无意外事故发生				10	
	汇报展示		能准确表达，总结到位，改进措施可行				20	
			小计				100	
综合评分			小组评分 ×50%+ 教师评分 ×50%					
总结与反思								

任务 4
ROS 的安装

ROS 的安装

任务描述

目前，ROS 的安装是基于 Linux 系统，在实现 ROS 的安装之前，需要确认已经正确安装好 Ubuntu18.04 系统。主管要求你协助新人完成 ROS 的安装与配置，你能完成这个任务吗？

任务目标

1）了解能够安装 ROS 的平台。
2）熟悉 ROS 的安装方法。
3）熟悉 ROS 安装过程中常见问题的解决方法。
4）能够根据不同的 Ubuntu 系统选择对应版本的 ROS。
5）能够在常见的硬件平台上安装正确的 ROS 版本。
6）能够解决安装过程中常见的问题。
7）获得多途径检索知识、分析解决问题以及多元化思考解决问题的方法，形成创新意识。
8）具有良好的团队协作精神和较强的组织沟通能力。
9）具备良好的职业道德。

任务准备

1）防护装备：常规实训着装。
2）教学设备：安装有 ROS 系统的计算机平台。
3）教学工具：ROS。

知识准备

一、ROS 的发行版本

到目前为止 ROS 发布了 ROS 1.0、Box Turtle、C Turtle、Diamondback、Electric Emys、Groovy Galapagos、Indigo Igloo、Jade Turtle、Kinetic Kame、Lunar Loggerhead、Melodic Morenia 和 Noetic 等版本。其中，使用比较广泛的 ROS 版本是 Kinetic Kame 和 Melodic Morenia。

Willow Garage 于 2007 年 1 月启动，并于 2007 年 11 月 7 日向 Source Forge 提交了第一份 ROS 代码。Willow Garage 公司和斯坦福大学人工智能实验室合作以后，在 2009 年年初推出了 ROS 0.4，这是一个测试版的 ROS，之后的版本才正式开启了 ROS 的发展成熟之路。在 2010 年 1 月 22 日，ROS 1.0 正式亮相。

著名的 ROS Box Turtle 版是 2010 年 3 月 1 日首次发布的，ROS 中的许多堆栈在此版本中都有其最初的 1.0 版本。C Turtle 于 2010 年 8 月 2 日发布，是 ROS 发行版的第二个版本。它主要是对 ROS Box Turtle 中已经发布的库进行增量更新。此后，和 Ubuntu、Android 系统一样，每个版本都按接下来的字母顺序起名。

Diamondback 是 ROS 发行版的第三个版本，于 2011 年 3 月 2 日发布。它包含 40 多个新堆栈，包括对 Kinect 的支持、来自不断发展的 ROS 社区的贡献堆栈，以及点云库的稳定版本。Diamondback 的设计比 ROS C Turtle 更小、更轻，且更易于配置。

Electric Emys 于 2011 年 8 月 30 日发布，将 ROS 支持扩展到许多新平台，如 Android 和 Arduino。

ROS Fuerte Turtle 是 ROS 发行版的第五个版本，于 2012 年 4 月 23 日发布。ROS Fuerte 进行了重大改进，使其更容易与其他软件框架和工具集成。具体工作包括重写构建系统、迁移到 Qt 框架，以及继续过渡到独立库。ROS 旨在使机器人代码更具可复用性，此版本为下一代优秀的机器人库奠定了坚实的基础。

ROS Groovy Galapagos 是 ROS 发行版的第六个版本，于 2012 年 12 月 31 日发布。在此版本中，专注于 ROS 的核心基础架构，使其更易于使用、更模块化、更具可扩展性，可在更多操作系统/硬件架构/机器人上工作，最重要的是进一步让 ROS 社区参与进来。

ROS Hydro Medusa 是 ROS 发行版的第七个版本，于 2013 年 9 月 4 日发布。在此版本中，专注于将 ROS 中的许多软件包转换为新的 Catkin 构建系统，同时修复和改进核心 ROS 组件。此外，RViz 和 rqt 等工具也有许多改进。

ROS Kinetic Kame 是第十个 ROS 发行版，它于 2016 年 5 月 23 日发布。其主要基于 Ubuntu 16.04（Xenial）版本进行更新，支持 Q5，同时支持的 Gazebo 官方版本为 7.x 系列。

ROS Melodic Morenia 是第十二个 ROS 发行版。它于 2018 年 5 月 23 日发布，主要针对 Ubuntu 18.04（Bionic）版本，Melodic 是第一个使用 C++14 而不是 C++11 的 ROS 版本。

时至今日，ROS 已经相继更新推出了多种版本，供不同版本的 Ubuntu 开发者使用。为了提供最稳定的开发环境，ROS 的每个版本都有一个推荐运行的 Ubuntu 版本，见表 5-5。

表 5-5　ROS 对应的 Ubuntu 版本

ROS 版本	Ubuntu 版本
Indigo*	Ubuntu 14.04
Jade	Ubuntu 15.04
Kinetic*	Ubuntu 16.04
Lunar	Ubuntu 17.04
Melodic*	Ubuntu 18.04
ROS Noetic	Ubuntu 20.04

注：* 表示常用版本。本书使用的平台是 Ubuntu18.04，ROS 版本是 Melodic。更多信息请参考 ROS 官方网站。

二、ROS 的安装

ROS 的安装有两种方式，分别是软件源安装和源码编译安装。

1）软件源安装：通过源码包安装，可以自行调整编译参数，最大化地定制安装结果，能较好地防止新手在安装过程中由于一些参数设置错误而导致的安装错误。而且它也相对比较安全，能在一定程度上防止恶意篡改。此外，它的卸载和迁徙过程也极为方便和简单，如果不涉及系统库文件，可以直接复制到另一台机器上使用。

2）源码编译安装：将使用特定的格式和语法所书写的文本代码编译成二进制语言后，在计算机上完成安装。它的优点是源码包是开源的，可以进行修改发布；安装时，可以选择启用或禁用功能，更加灵活；源码包是编译安装的，更加符合机器的特性，稳定性好。源码编译安装的缺点是安装的步骤多，需要手动解决软件之间的依赖性，比较烦琐且编译安装时间长；编译过程中如有报错初学者很难解决。

在本任务中，采用的安装方式是软件源安装，通过配置系统软件源和添加 ROS 软件源完成 ROS 的安装。由表 5-5 可知，不同的 ROS 版本对应不同的 Ubuntu 版本，只有配套对应的版本，才能正确完成安装。本书所述为在 Ubuntu 18.04 上安装 ROS Melodic 的安装步骤。

（一）环境要求

1）Ubuntu 18.04 操作系统。
2）带 NVIDIA 独立显卡（建议）的个人计算机。

（二）安装步骤

1）设置 ROS 相关软件源。在 Ubuntu 终端上执行如下命令：

```
sudosh-c'echo"debhttp://packages.ros.org/ros/ubuntu $(lsb_release-sc)main">/etc/apt/sources.list.d/ros-lat est.list'
```

2）设置秘钥。在 Ubuntu 终端上执行如下命令：

```
sudo apt-key adv--keyserver'hkp://keyserver.ubuntu.com: 8 0'--recv-key
C1CF6E31E6BADE8868B172B4F42ED6FBAB17C654
```

3）更新系统，确保软件包索引是最新的。在 Ubuntu 终端上执行如下命令：

```
sudo apt update
```

4）安装 ROS 软件包。在 Ubuntu 终端上执行如下命令：

```
sudo apt install ros-melodic-desktop-full
```

5）设置 ROS 环境变量。在 Ubuntu 终端上执行如下命令：

```
echo"source/opt/ros/melodic/setup.bash">>~/.bashrc source~/.bashrc
```

6）安装 rosinstall 及其依赖软件包。在 Ubuntu 终端上执行如下命令：

```
sudo apt install python-rosdep python-rosinstall python-rosinstall-generator python-wstool build-essential
```

7）初始化 rosdep。在 Ubuntu 终端上执行如下命令：

```
sudo rosdep init
rosdep update
```

注意：由于网络原因，rosdep update 可能会失败。此时需要修改 /us r/lib/python2.7/dist-packages/rosdep2/ 目录下的 sources_list.py、gbpdistro_support.py、rep3.py 文件，将其中的 DOWNLOAD_TIMEOUT 数值改大（缺省为 15.0s，可以改成 100s 以上），多执行几次。

（三）安装验证

在 Ubuntu 终端上执行如下命令：roscore。

如果能成功运行，说明 ROS 已经成功安装，如图 5-13 所示。

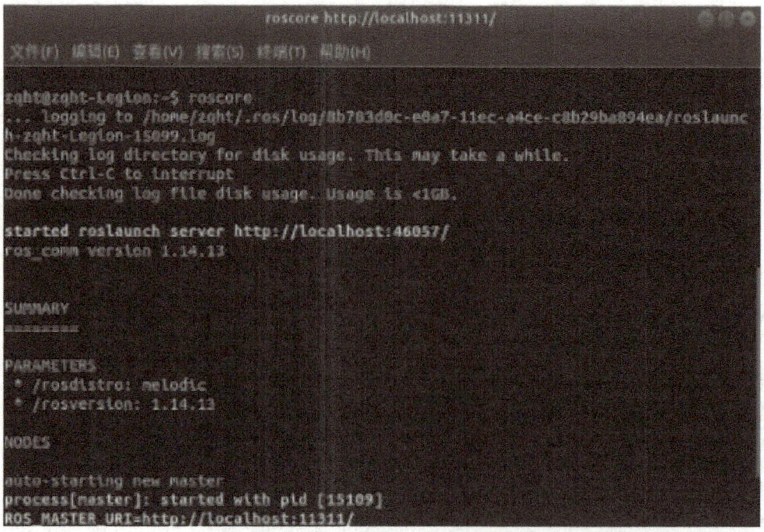

图 5-13　roscore 运行界面

任务实施

按照前面所了解的知识内容和小组内部讨论的结果,制订工作方案,落实各项工作负责人,如任务实施前的准备工作、实施中主要操作及协助支持工作、实施过程中相关要点及数据的记录工作等。

\multicolumn{2}{c}{ROS 的安装}
步骤	过程记录
1	设置 ROS 相关软件源。在 Ubuntu 终端上执行如下命令: sudosh-c'echo"debhttp: //packages.ros.org/ros/ubuntu $(lsb_release-sc) main">/etc/apt/sources.list.d/ros-lat est.list'
2	设置秘钥。在 Ubuntu 终端上执行如下命令: sudo apt-key adv--keyserver'hkp: //keyserver.ubuntu.com: 8 0'--recv-key C1CF6E 31E6BADE8868B172B4F42ED6FBAB17C654
3	更新系统,确保软件包索引是最新的。在 Ubuntu 终端上执行如下命令: sudo apt update
4	安装 ROS 软件包。在 Ubuntu 终端上执行如下命令: sudo apt install ros-melodic-desktop-full
5	设置 ROS 环境变量。在 Ubuntu 终端上执行如下命令: echo"source/opt/ros/melodic/setup.bash">>~/.bashrc source~/.bashrc
6	安装 rosinstall 及其依赖软件包。在 Ubuntu 终端上执行如下命令: sudo apt install python-rosdep python-rosinstall python-rosinstall-generator python-wstool build-essential
7	初始化 rosdep。在 Ubuntu 终端上执行如下命令: sudo rosdep init rosdep update
8	安装验证。在 Ubuntu 终端上执行如下命令: roscore 如果能成功运行,说明 ROS 已经成功安装

评价反馈

1.学习效果评价:

1)各组代表展示汇报 PPT,介绍任务的完成过程。

2)以小组为单位,对各组的操作过程与操作结果进行自评和互评,并将结果填入综合评价表中的小组评价部分。

3)教师对学生工作过程与工作结果进行评价,并将评价结果填入综合评价表中的教师评价部分。

2. 学习过程评价：

姓名		学号		班级		组别	
实训任务		ROS 的安装					
评价项目			评价标准			分值	得分
小组评价	计划决策		制订工作方案的合理可行，小组成员分工明确			10	
	任务实施		完成 ROS 安装前准备工作			10	
			成功配置 ROS 软件源，成功安装 ROS			20	
			测试 ROS，在屏幕上正确操控海龟运动			20	
	任务达成		能按照工作方案操作，按计划完成工作任务			10	
	工作态度		认真严谨、积极主动、安全生产、文明施工			10	
	团队合作		与小组成员及同学之间能合作交流、协调工作			10	
	6S 管理		完成竣工检验、现场恢复			10	
			小计			100	
教师评价	实训纪律		不出现无故迟到、早退、旷课现象，不违反课堂纪律			10	
	方案实施		严格按照工作方案完成任务实施			20	
	团队协作		任务实施过程互相配合，协作度高			20	
	工作质量		能按照工作方案操作，按计划完成工作任务			20	
	工作规范		操作规范，三不落地，无意外事故发生			10	
	汇报展示		能准确表达，总结到位，改进措施可行			20	
			小计			100	
综合评分			小组评分 ×50%+ 教师评分 ×50%				
总结与反思							

任务 5
ROS 文件系统的构建

任务描述

经典机器人 PR2 依靠强大的 ROS，可以独立完成多种复杂的任务，如 PR2 可以自己开门、找到插头给自己充电、打开冰箱取出啤酒、打简单的台球等。实现上述功能 PR2 需要安装、调用相关的 ROS 功能包，而这些功能包均以文件的形式存放。

文件系统作为 ROS 的基础框架，想要使用 ROS 工程实现各式各样的功能，首先需要认识 ROS 工程，了解文件系统。在助理工程师开始使用 ROS 之前，你作为测试工程师，准备向他介绍 Catkin 编译系统、工作空间的创建和结构、功能包的创建和结构，介绍 ROS 文件系统中常见的目录、文件以及这些目录存放的主要内容和相关文件中定义的主要内容。

任务目标

1）了解能够安装 ROS 的平台。
2）了解 ROS 文件系统的常见结构。
3）熟悉创建工作空间的方法。
4）熟悉创建功能包的方法。
5）能够说出 ROS 文件系统中常见的目录、文件及其作用。
6）能够正确创建工作空间。
7）能够正确创建功能包。
8）获得多途径检索知识、分析解决问题以及多元化思考解决问题的方法，形成创新意识。
9）具有良好的团队协作精神和较强的组织沟通能力。
10）具备良好的职业道德。

任务准备

1）防护装备：常规实训着装。

2）教学设备：安装有 ROS 系统的计算机平台。
3）教学工具：ROS。

知识准备

一、Catkin 编译系统

ROS 将所有文件按照一定的规则进行组织，不同功能的文件被放在不同的文件夹下。在构建 ROS 文件系统前，首先了解文件系统中常见的几个概念。

对于源代码包，只有编译才能在系统上运行。早期的 ROS 编译系统是 rosbuild，随着 ROS 的发展，rosbuild 不能很好地满足系统的需求。在 ROS 的 Groovy 版本推出后，Catkin 替代 rosbuild 正式投入使用。

Catkin 是 ROS 的官方构建体系，是 ROS 构建系统的继承者，ROS 构建系统 Catkin 结合了 CMake 宏和 Python 脚本，在 CMake 的正常工作流之上提供了额外的功能。

Catkin 的设计比 rosbuild 更为传统，具有更好的分发包、更好的交叉编译支持和更好的可移植性。Catkin 的工作流与 CMake 非常相似，但同时为自动"查找包"基础结构和构建多个依赖项目提供了支持时间。Catkin 操作简单、高效，可移植性更好，而且支持交叉编译和更加合理的功能包分配。目前版本的 ROS 同时支持 rosbuild 和 Catkin 两种编译系统，但 rosbuild 已经被逐步淘汰，所以我们直接上手 Catkin 即可。

Catkin 是基于 CMake 的编译构建系统，具有以下特点：
1）Catkin 沿用了包管理的传统，如 find_package（）基础结构、pkg-config。
2）扩展了 CMake，可自动生成 find_package（）代码、pkg-config 文件。
3）操作简单、高效，可移植性更好。
4）支持交叉编译和更加合理的功能包分配。

二、工作空间

工作空间是创建、修改、编译软件包的目录。工作空间就像是一个仓库，里面存放着 ROS 的各种工程项目，便于系统组织管理调用。工作空间在可视化图形界面里体现为一个文件夹。我们写的 ROS 代码通常就放在工作空间中。

编译后会在 catkin_ws 目录下自动创建 build、devel 两个文件夹，加上原有的 src 文件夹，在 catkin_ws 工作空间里面总共包含 src、build、devel 这三个文件夹，如图 5-14 所示。

这些文件夹的具体用途如下：
1）src：ROS 的源代码软件包。
2）build：存放 Catkin（CMake）的缓存信息和中间文件。
3）devel：存放生成的目标文件（包括 msg 及 srv 头文件、动态链接库、静态链接库、可执行文件等）、环境变量。

build 和 devel 两个文件夹是由系统自动生成管理的，在日常的开发中，使用较为频繁的是 src 文件夹，编写的 ROS 程序或者下载的源代码包都是存放在这里。

```
                    catkin_ws（工作空间）
          ┌──────────────┼──────────────┐
        build           src            devel
                ┌────────┴────────┐
         Metapackage（元功能包）   package（功能包）……
         ┌──────────┴──────────┐
   <metapackage_name>文件夹   package（功能包）……
```

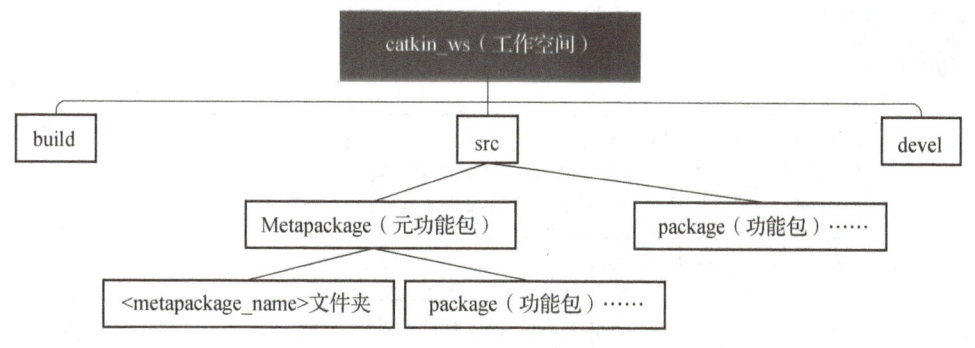

图 5-14 ROS 工作空间文件结构

在编译时，Catkin 编译系统会递归地查找和编译 src 文件夹下的每一个源代码包。因此可以把几个源代码包放到同一个文件夹下，如图 5-15 所示。

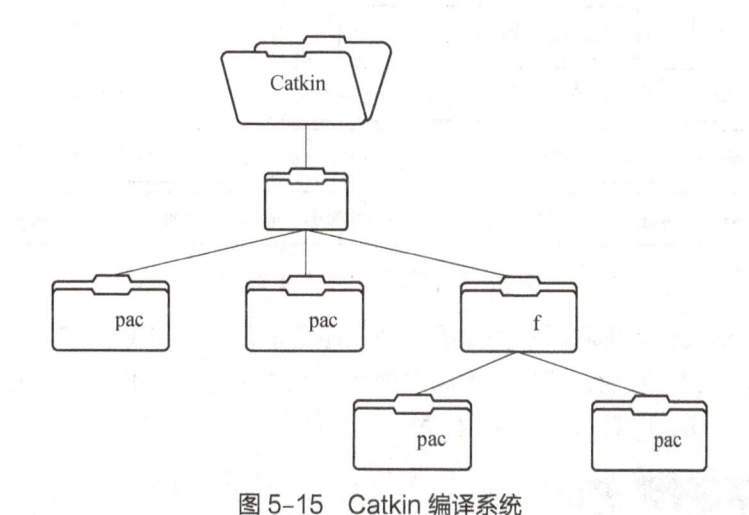

图 5-15 Catkin 编译系统

同样，在命令行操作中也可以在工作空间下使用 tree 命令，查看到具体的文件结构。例如：

```
1.$ cd ~/catkin_ws
2.$ sudo apt install tree
3.$ tree
```

三、功能包

功能包（package）是 ROS 源代码存放的地方，任何 ROS 的代码，无论是 C++ 还是 Python 都要放到 package 中，这样才能正常编译和运行。

一个工作空间可以包含多个 package，一个 package 可以编译出来多个目标文件（如 ROS 可执行程序、动态静态库、头文件等）。常见的 package 结构如图 5-16 所示。

在新版本的 ROS 中，将原有功能包集（Stack）的概念升级为元功能包（Metapackage），元功能包通常与功能包一起位于 src 文件夹内，如图 5-16 所示。

元功能包的作用是组织多个用于同一目的的功能包，如一个 ROS 导航的元功能包中会包含建图、定位、导航等多个功能包。

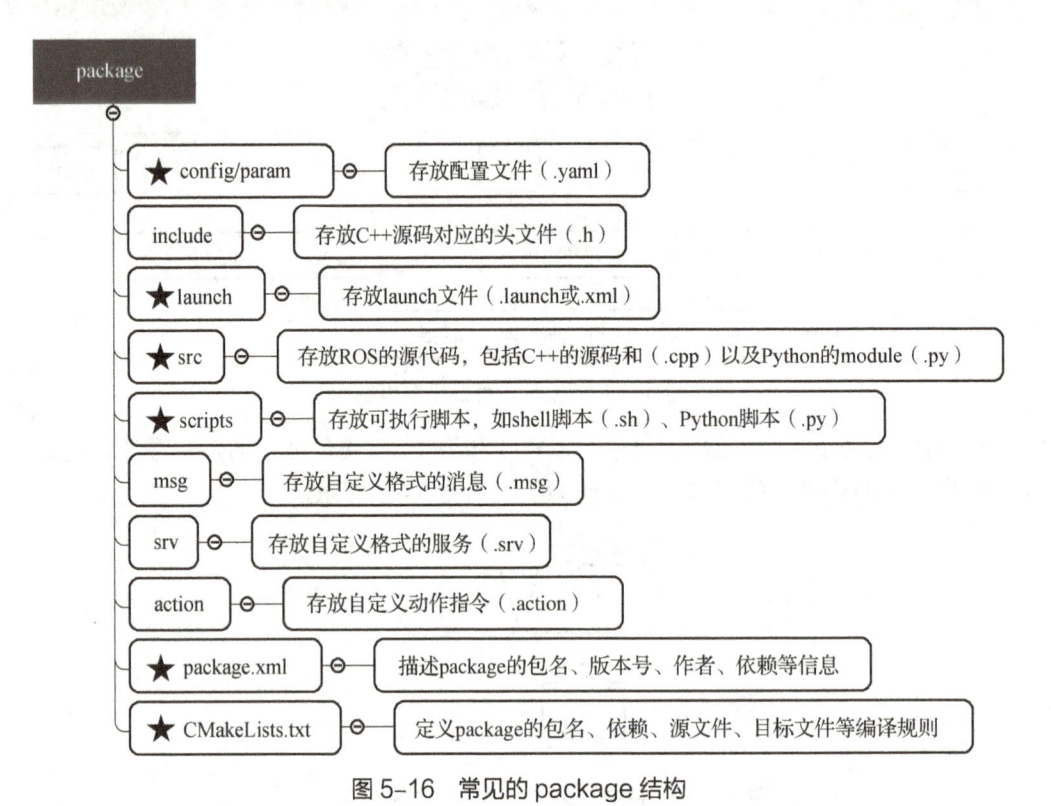

```
package
├── ★ config/param —— 存放配置文件（.yaml）
├── include —— 存放C++源码对应的头文件（.h）
├── ★ launch —— 存放launch文件（.launch或.xml）
├── ★ src —— 存放ROS的源代码，包括C++的源码和（.cpp）以及Python的module（.py）
├── ★ scripts —— 存放可执行脚本，如shell脚本（.sh）、Python脚本（.py）
├── msg —— 存放自定义格式的消息（.msg）
├── srv —— 存放自定义格式的服务（.srv）
├── action —— 存放自定义动作指令（.action）
├── ★ package.xml —— 描述package的包名、版本号、作者、依赖等信息
└── ★ CMakeLists.txt —— 定义package的包名、依赖、源文件、目标文件等编译规则
```

图 5-16　常见的 package 结构

元功能包的文件系统除了一些功能包外，还通常包含了如图 5-17 所示的一些文件。元功能包清单类似于功能包清单，不同之处在于元功能包清单中可能会包含运行时需要依赖的功能包，或者声明一些引用的标签。

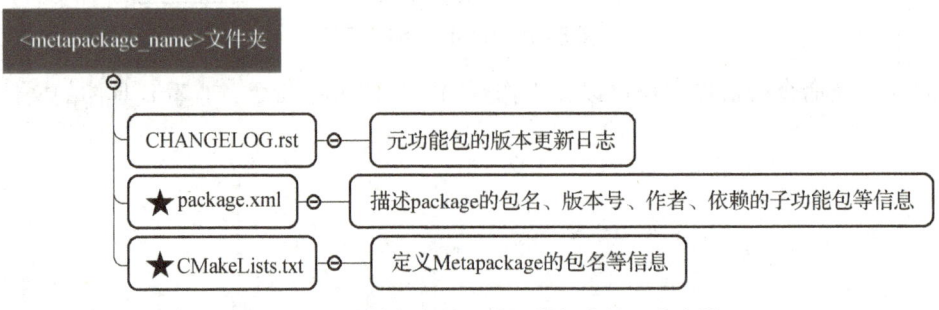

```
<metapackage_name>文件夹
├── CHANGELOG.rst —— 元功能包的版本更新日志
├── ★ package.xml —— 描述package的包名、版本号、作者、依赖的子功能包等信息
└── ★ CMakeLists.txt —— 定义Metapackage的包名等信息
```

图 5-17　元功能包文件系统通常包含的一些文件

1. package 常见命令

常见的 package 相关命令及用途见表 5-6。

表 5-6　常见的 package 相关命令及用途

命令格式	命令的用途
rospack find[功能包名]	查看功能包所在的路径
rospack depends[功能包名]	查看功能包的依赖
rosls[功能包名]	查看功能包文件夹包含内容的列表

（续）

命令格式	命令的用途
roscd[功能包名]	跳转到功能包目录下
rosed[功能包名][文件名]	编辑功能包内的文件
rospack list	显示所有功能包
rospack profile	刷新所有功能包位置记录，与命令"source~/.bashrc"作用相似
rosdep check[功能包名]	检查 package 的依赖是否满足
rosdep install[功能包名]	安装 package 的依赖
rosdep install--from-paths src --ignore-src--rosdistro=kinetic-y	安装工作空间中 src 目录下功能包的依赖，该命令需在 src 上一级目录执行，如 catkin_ws 目录

2. 功能包配置文件（package.xml）

package.xml 是 package 软件包的描述文件，包含了 package 的名称、版本号、内容描述、作者、软件许可、编译构建工具、编译依赖、运行依赖等信息。

package.xml 文件常见的内容如下：

```
1.<package format="2">
2.<name>inwinic</name>
3.<version>0.0.0</version>
4.<description>The inwinic package</description>
5.<maintaineremail="zxh@todo.todo">zxh</maintainer>
6.<license>TODO</license>
7.<buildtool_depend>catkin</buildtool_depend>
8.<build_depend>roscpp</build_depend>
9.<build_depend>rospy</build_depend>
10.<build_depend>std_msgs</build_depend>
11.<build_export_depend>roscpp</build_export_depend>
12.<build_export_depend>rospy</build_export_depend>
13.<build_export_depend>std_msgs</build_export_depend>
14.<exec_depend>roscpp</exec_depend>
15.<exec_depend>rospy</exec_depend>
16.<exec_depend>std_msgs</exec_depend>
17.</export>
18.</package>
```

文件中的标签注释如下：

1）<package format="2">：遵循 xml 标签文本的写法，格式为 format2，从这个语句到最后 </package> 的部分是 ROS 功能包的配置部分。

2）<name>：功能包的名称。使用创建功能包时输入的功能包名称。正如其他选项，用户可以随时更改。

3）<version>：功能包的版本。可以自由指定。

4)\<description\>：功能包的简要说明。通常用两到三句话描述。

5)\<maintainer\>：提供功能包管理者的姓名和电子邮件地址。

6)\<license\>：记录版权许可证。写 BSD、MIT、Apache、GPLv3 或 LGPLv3 即可。

7)\<buildtool_depend\>：描述构建系统的依赖关系。我们使用 Catkin 构建系统，因此填写 catkin。

8)\<build_depend\>：在编写功能包时写下所依赖的功能包的名称。

9)\<exec_depend\>：填写运行功能包时依赖的功能包的名称。

创建功能包时，该文件内的信息会由系统自动创建。创建完功能包后，如果需要新增加一些依赖项，可以分别根据系统自动创建的 \<build_depend\> 和 \<exec_depend\> 标签模板，添加新的 \<build_depend\> 和 \<exec_depend\> 标签。

3. 构建配置文件（CMakeLists.txt）

CMakeLists.txt 文件中主要定义了功能包的名字、依赖包、源文件以及目标文件编译规则等内容，文件的常见内容如下：

```
1.cmake_minimum_required(VERSION 2.8.3)
2.project(inwinic)
3.find_package(catkin REQUIRED COMPONENTS
4.roscpp
5.rospy
6.std_msgs
7.)
8.find_package(Boost REQUIRED COMPONENTS system)
9.catkin_python_setup()
10.#########################################
11.##Declare ROS messages, services and actions##
12.#########################################
13.#add_message_files(
14.#FILES
15.#Message1.msg
16.#Message2.msg
17.#)
18.#add_service_files(
19.#FILES
20.#Service1.srv
21.#Service2.srv
22.#)
23.#add_action_files(
24.#FILES
25.#Action1.action
26.#Action2.action
27.#)
28.#generate_messages(
```

```
29.#DEPENDENCIES
30.#std_msgs
31.#)
32.############################################
33.##Declare ROS dynamic reconfigure parameters##
34.############################################
35.#generate_dynamic_reconfigure_options(
36.#cfg/DynReconf1.cfg
37.#cfg/DynReconf2.cfg
38.#)
39.############################
40.##catkin specific configuration##
41.############################
42.catkin_package(
43.#INCLUDE_DIRS include
44.#LIBRARIES my_first_ros_pkg
45.#CATKIN_DEPENDS roscpp std_msgs
46.#DEPENDS system_lib
47.)
48.#########
49.##Build##
50.#########
51.include_directories(
52.#include
53.#${catkin_INCLUDE_DIRS}
54.)
55.#add_library(${PROJECT_NAME}
56.#src/${PROJECT_NAME}/zrobot.cpp
57.#)
58.#add_dependencies(${PROJECT_NAME}_node#${${PROJECT_NAME}_EXPORTED_TARGETS}${catkin_EXPORTED_TARGETS})
59.#target_link_libraries(${PROJECT_NAME}_node
60.#${catkin_LIBRARIES}
61.#)
62.#target_link_libraries(${PROJECT_NAME}_node
63.#${catkin_LIBRARIES}
64.#)
65.#add_executable(${PROJECT_NAME}_node src/zrobot_node.cpp)
```

主要内容的含义如下：

1）cmake_minimum_required（VERSION 2.8.3）：操作系统中安装的 CMake 的最低版本。

2）project（inwinic）：功能包名称为 inwinic。

3）find_package（ ）：添加依赖项。新增加的依赖项需要补充到该项的括号里。

4）catkin_python_setup（）：使用 rospy 时的配置选项。其功能是调用 Python 安装过程 setup.py 文件。

5）add_message_files（）：是添加消息文件的选项。FILES 将引用当前功能包目录中的 *.msg 文件，自动生成一个头文件（*.h）。

6）add_service_files（）：添加要使用的服务文件的选项。使用 FILES 会引用功能包目录中的 *.srv 文件。

7）add_action_files（）：添加要使用的动作文件的选项。使用 FILES 会引用功能包目录中的 *.action 文件。

8）generate_messages（）：设置依赖的消息的选项。

9）generate_dynamic_reconfigure_options（）：使用 dynamic_reconfigure 时加载要引用的配置文件。

10）catkin_package（）：INCLUDE_DIRS 表示将使用 INCLUDE_DIRS 后面的内部目录 include 的头文件；LIBRARIES 表示将使用的功能包的库；CATKIN_DEPENDS 后面指定如 roscpp 或 std_msgs 等依赖包；DEPENDS 是一个描述系统依赖包的设置。

11）include_directories（）：指定源代码的头文件路径为功能包中的 include 目录，如果想指定一个额外的 include 目录时，写在括号内的 "${catkin_INCLUDE_DIRS}" 的下一行即可。

12）add_library（）：通过功能包下 src 目录中的 zrobot.cpp 文件来创建对应的库文件。zrobot.cpp 文件是自行创建的 C++ 文件名。

13）add_dependencies（）：定义目标文件构建时需要依赖的其他已构建好的目标文件。

14）target_link_libraries（）：将目标文件与库文件进行链接。

15）add_executable（）：通过 src 目录下的 zrobot_node.cpp 文件生成可执行文件 {PROJECT_NAME}_node，如果有多个 *.cpp 文件，将其添加到 zrobot_node.cpp 后面。如果要创建多个可执行文件，需要通过 add_executable（）新增。

CMakeLists.txt 文件也是在创建功能包时自动创建的，正常情况下大部分内容前面会添加 "#"，表明该部分内容被注释掉，不会被运行。但是，当我们需要在功能包中创建一些源代码的时候，可能需要添加一些依赖项、自定义的消息或编译规则的时候，我们就需要修改该文件的内容，修改的方法可以参考被 "#" 注释部分的格式来添加。

任务实施

按照前面所了解的知识内容和小组内部讨论的结果，制订工作方案，落实各项工作负责人，如任务实施前的准备工作、实施中主要操作及协助支持工作、实施过程中相关要点及数据的记录工作等。

ROS 文件系统的构建	
步骤	过程记录
1	刚建立的 catkin_ws 工作空间包含的文件夹有_____、_____、_____
2	_____路径是 Catkin 工作空间结构的最高层级，第二层级的文件夹_____是用于存放 ROS 软件包的
3	执行_____进行工作空间的初始化后，会在 src 文件夹下创建_____文件
4	早期的 ROS 编译系统是_____，在 ROS 的 Groovy 版本推出后，_____替代 rosbuild 正式投入使用
5	单独编译特定的功能包，可以采用如下两个命令：_____或_____
6	创建一个功能包需要先进入 catkin_ws/src 目录下，然后用_____命令进行创建
7	当你完成了功能包的初始化后，文件夹新建了_____和_____两个文件，相关的依赖项也自动填入了两个文件中
8	你在编译完成后，将刷新环境的命令写入_____文件里，使用_____命令刷新当前终端环境
9	在 ROS 中查找功能包 inwinic 的位置，你使用的指令是_____

评价反馈

1. 学习效果评价：

1）各组代表展示汇报 PPT，介绍任务的完成过程。

2）以小组为单位，对各组的操作过程与操作结果进行自评和互评，并将结果填入综合评价表中的小组评价部分。

3）教师对学生工作过程与工作结果进行评价，并将评价结果填入综合评价表中的教师评价部分。

2.学习过程评价：

姓名		学号		班级		组别	
实训任务			ROS 文件系统的构建				
评价项目		评价标准				分值	得分
小组评价	计划决策	制订工作方案的合理可行，小组成员分工明确				10	
	任务实施	成功创建工作空间并初始化				10	
		成功创建功能包				20	
		能够正确通过命令查找到功能包				20	
	任务达成	能按照工作方案操作，按计划完成工作任务				10	
	工作态度	认真严谨、积极主动、安全生产、文明施工				10	
	团队合作	与小组成员及同学之间能合作交流、协调工作				10	
	6S 管理	完成竣工检验、现场恢复				10	
		小计				100	
教师评价	实训纪律	不出现无故迟到、早退、旷课现象，不违反课堂纪律				10	
	方案实施	严格按照工作方案完成任务实施				20	
	团队协作	任务实施过程互相配合，协作度高				20	
	工作质量	能按照工作方案操作，按计划完成工作任务				20	
	工作规范	操作规范，三不落地，无意外事故发生				10	
	汇报展示	能准确表达，总结到位，改进措施可行				20	
		小计				100	
综合评分		小组评分 ×50%+ 教师评分 ×50%					
总结与反思							

任务 6
ROS 通信系统的构建

任务描述

基于 ROS 研发出一个无人驾驶小车，会存在节点 A 用于控制底盘车轮的转动，节点 B 用于驱动摄像头获取图形信息，节点 C 用于驱动激光雷达，节点 D 用于收集传感器信息进行路径规划等，这样分布式排列节点能够尽可能避免处理复杂程序时发生崩溃的情况。往往在实际情况中，整体系统的功能多，运行节点数量也非常庞大。作为测试工程师，请你帮助助理工程师了解节点分布结构以及各节点之间如何通信。

任务目标

1）了解 ROS 常用的通信机制。
2）了解如何创建 ROS 通信节点。
3）熟悉不同通信机制的操作命令。
4）能够创建简单的 ROS 通信节点。
5）能够正常启动创建的节点。
6）能够通过命令查询节点的相关信息。
7）获得多途径检索知识、分析解决问题以及多元化思考解决问题的方法，形成创新意识。
8）具有良好的团队协作精神和较强的组织沟通能力。
9）具备良好的职业道德。

任务准备

1）防护装备：常规实训着装。
2）教学设备：安装有 ROS 系统的计算机平台。
3）教学工具：ROS。

知识准备

一、ROS 常见术语

本节简单介绍常用的 ROS 术语，初学时遇到有不明白的术语，可以暂时跳过，在后面章节任务中学到时可以再翻回来进一步理解。

（一）节点（node）

节点是指在 ROS 中运行的最小进程单元，可以把它看作一个可执行程序或一个小的功能模块。例如，自动驾驶车辆可能会把激光雷达定义为一个节点，深度摄像头是另一个节点，线控底盘也是一个节点。在 ROS 中，注重各个功能模块的复用，经常将较复杂的功能细分为多个节点，可以提升节点的可复用性，有利于提升编程效率。

（二）主节点（master）

主节点负责节点到节点的连接和消息通信，类似于节点管理器的作用。当节点运行时，需要向主节点注册自己的信息（节点名，以及发布/接收的话题名、服务名、消息类型等），通过主节点建立起节点间的访问和消息的传递。智慧猫的决策单元就充当了主节点的角色。

（三）消息（msg）

节点之间通过消息来发送和接收数据，消息里包括消息的简单数据结构。使用消息的通信方法包括 TCPROS、UDPROS 等。每一条消息都要发布到相应的话题。例如，定义一个名为障碍物的消息类型，消息中包含的五个字段，分别是障碍物的长度、宽度、高度、运动线速度和运动角速度。

（四）话题（topic）

话题可以理解为是某一类消息的总称，发布者（publisher）和订阅者（subscriber）通过向主节点注册话题名，来建立相互之间的连接，通过 TCPROS/UDPROS 来实现具体消息的传递。话题是一种异步通信方式，一个话题可以有多个订阅者，发布者和订阅者之间是相互解耦的，发布者发布话题时不需要有订阅者，订阅者订阅话题时不需要有发布者。话题的名称在功能包里必须具有唯一性。

例如，自动驾驶车辆的摄像头、驱动系统和制动系统都被分别定义为单独的一个节点。摄像头节点发布一个检测路面是否出现行人的主题，频率为 20Hz，摄像头此时就充当一个主题发布者的角色。再定义驱动系统和制动系统都去订阅这个检测路面行人的主题，那么这两个节点就充当该主题的订阅者。如果前方出现行人，驱动系统停止工作，制动系统则会同步制动车辆。

（五）服务（service）

当一个节点需要从另外一个节点发出请求并期望获得响应时，我们就需要借助于服务的客户端和服务器来实现同步双向消息的传递。适用于节点之间需要直接进行通信，且不能使用话题发布方式的场合。

例如，当自动驾驶车辆在行驶过程中需要提高车速时，主节点向毫米波雷达节点发送服务请求，请求消息类型是车辆正前方，测量范围是 150m。毫米波雷达节点收到服务请求后，将探测结果直接反馈给主节点，当响应消息是无任何障碍物时，车辆即可加速。

（六）动作（action）

动作类似于服务，是一种基于请求—响应的双向通信方式。但是，它增加了中途反馈，因此适用于需要较长通信时间的场景，可以在过程中查看进度或终止请求。

例如，自动驾驶车辆的人机交互节点要求与导航算法节点建立动作方式的通信连接，以便及时获取车辆是否抵达目标位置的信息，通常消息类型包含接收节点 ID、目标是否达成、任务完成进度等。

二、节点（node）

为了最大化用户的可重用性，ROS 是以节点（node）的形式开发的，而节点是根据其目的细分的可执行程序的最小单位。节点通过消息（message）与其他的节点交换数据，最终成为一个大型的程序。节点之间的消息通信分为三种：单向消息发送/接收方式的话题（topic）、双向消息请求/响应方式的服务（service）、双向消息目标（goal）/结果（result）/反馈（feedback）方式的动作（action）。另外，在节点中使用的参数可以从外部进行修改。ROS 的节点通信结构图如图 5-18 所示。

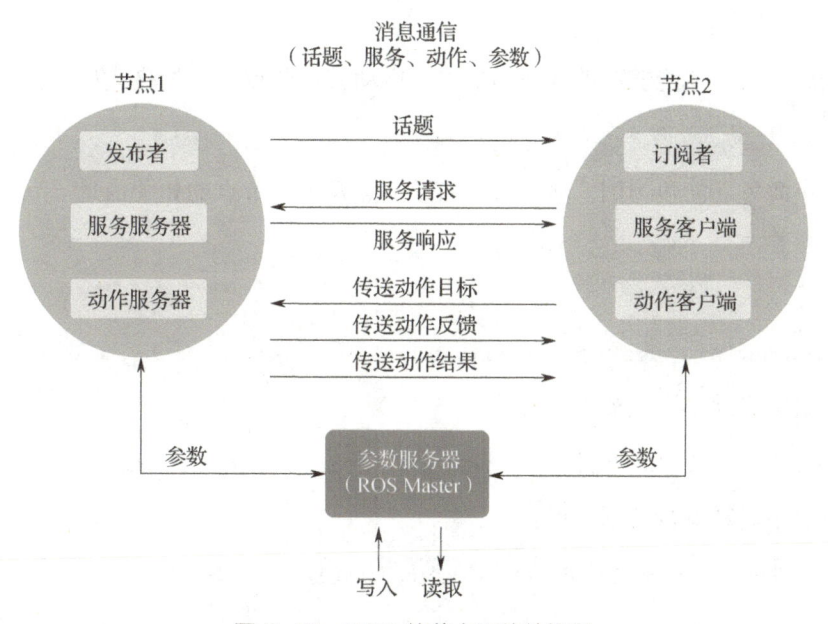

图 5-18 ROS 的节点通信结构图

节点间通信的架构如图 5-19 所示。

节点名在系统中必须唯一。节点可以采用 C++ 或 Python 语言来进行编写。所有节点启动的时候都要在主节点进行注册，因此在运行节点的时候，必须要先启动主节点（Master），否则启动的时候会报错。rosnode 是节点处理的工具，与之匹配的命令见表 5-7。

图 5-19 节点间通信的架构

表 5-7 节点处理工具命令

rosnode 命令	作用
*rosnode list	列出当前运行的 node 信息
*rosnode info	显示出 node 的详细信息
*rosnode kill	关闭某个 node
rosnode ping	测试连接节点
rosnode machine	列出在特定主机上运行的节点或主机名
rosnode cleanup	清除不可到达节点的注册信息
rosnode [命令名]-h	查看 rosnode [命令名] 的具体用法，如 rosnode list –h

启动主节点的常用命令如下：

inwinic@inwinic-desktop: ~$ roscore

主节点启动后，才能够启动其他的节点。启动其他节点命令的格式如下：

$ rosrun [功能包名] [可执行文件名]

下面以小海龟功能包为例，演示如何启动节点及查看节点的相关信息。

1. 启动节点

启动主节点：

inwinic@inwinic-desktop: ~$ roscore

在新窗口中启动小海龟节点：

inwinic@inwinic-desktop: ~$ rosrun turtlesim turtlesim_node

在新窗口中启动键盘控制节点：

inwinic@inwinic-desktop: ~$ rosrun turtlesim turtle_teleop_key

2. 查看当前运行的节点

命令格式为：

inwinic@inwinic-desktop: ~$ rosnode list

命令执行后，可以看到当前运行的节点如图 5-20 所示，其中"/turtlesim"节点是小海龟节点，"/teleop_turtle"节点是键盘控制节点，"/rosout"是用于接收所有节点输出的节点，该节点一般可以不用关注。

图 5-20　当前运行节点图

3. 查看节点信息（以 /turtlesim 为例）

命令格式为：

```
inwinic@inwinic-desktop: ~$ rosnode info /turtlesim
```

查看到的节点信息如图 5-21 所示，可以看到节点订阅的话题、发布的话题以及节点包含的服务。话题或服务对应的类型和功能见表 5-8。

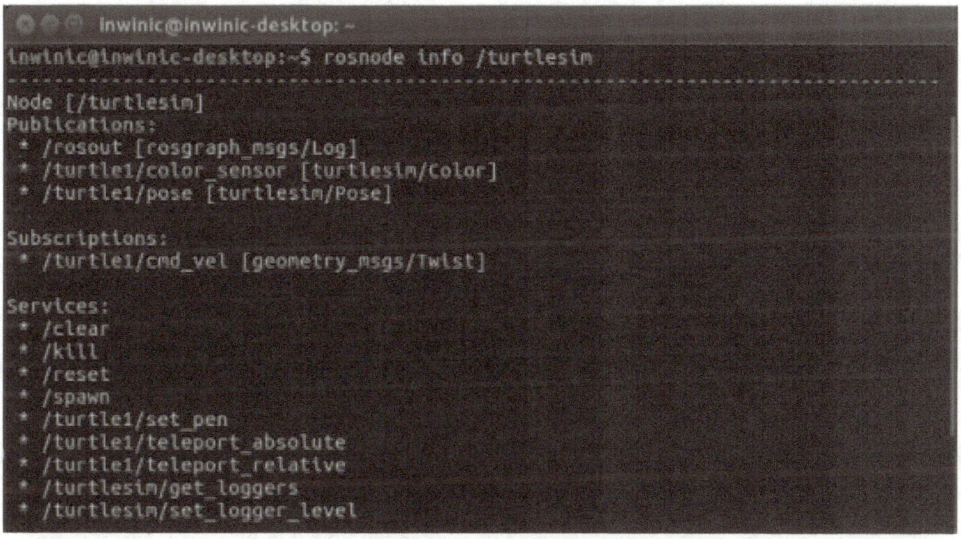

图 5-21　节点信息

表 5-8　节点内容

通信方式	话题（服务）名称	类型	功能
发布的话题	/rosout	rosgraph_msgs/Log	用于收集和记录节点调试输出信息
	/turtle1/color_sensor	turtlesim/Color	仿真器中的背景颜色，通过 RGB 来表示，R、G、B 值范围均为 0~255，默认颜色值为（6986255）
	/turtle1/pose	turtlesim/Pose	乌龟的姿态信息（x、y 轴坐标，角度，线速度和角速度）
订阅的话题	/turtle1/cmd_vel	geometry_msgs/Twist	控制乌龟的线速度和角速度

201

（续）

通信方式	话题（服务）名称	类型	功能
服务	/clear	std_srvs/Empty	清除仿真器中的背景颜色
	/kill	std_srvs/Empty	删除一个节点
	/reset	turtlesim/Kill	重置小乌龟节点到初始状态
	/spawn	turtlesim/Spawn	重新生成一只小乌龟并返回小乌龟的名字
	/turtle1/set_pen	turtlesim/SetPen	设置小乌龟行走路径的颜色（RGB）、线宽或关闭
	/turtle1/teleport_absolute	turtlesim/TeleportAbsolute	移动乌龟到指定的姿态（绝对位置）
	/turtle1/teleport_relative	turtlesim/TeleportRelative	移动乌龟到距离现有位置的一个角度和距离（相对位置）

4. 查看节点关系图

在新的命令窗口中输入如下命令：

inwinic@inwinic-desktop: ~$ rqt_graph

显示的节点关系如图 5-22 所示。

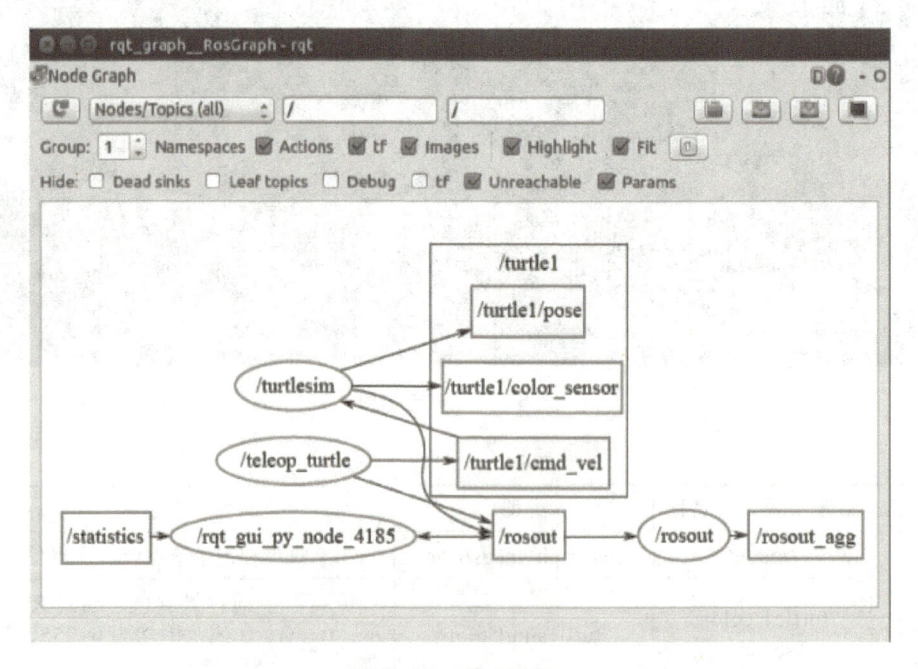

图 5-22 节点关系

三、ROS 通信

ROS 中主要的通信方式有话题（topic）、服务（service）和动作（action）三种。话题（topic）是最常用的一种。对于实时性、周期性的消息，使用话题（topic）来传输是最佳的选择。话题（topic）是一种点对点的单向通信方式，这里的"点"指的是节点（node）。使用话题（topic）通信时，首先需要将publisher节点和subscriber节点都转移到节点管理器进行注册；其次publisher会发布topic，subscriber在master的指挥下会订阅该topic，从而建立起sub-pub之间的通信。注意整个过程是单向的。服务（service）方式在通信模型上与topic做了区别。服务（service）通信是双向的，它不仅可以发送消息，同时还会有反馈，所以服务（service）包括两部分，一部分是请求方（Client），另一部分是应答方/服务提供方（Server）。这时请求方（Client）就会发送一个request，要等待server处理，反馈回一个reply，这样通过类似"请求—响应"的机制完成整个服务通信。

动作（action）通信中，actionlib是ROS中一个很重要的库，类似service通信机制，actionlib也是一种请求响应机制的通信方式，actionlib主要弥补了service通信的一个不足，就是当机器人执行一个长时间的任务时，假如利用service通信方式，那么publisher会很长时间接收不到反馈的reply，致使通信受阻。当service通信不能很好地完成任务时，actionlib则比较适合实现长时间的通信过程，actionlib通信过程可以随时被查看过程进度，也可以终止请求，这样的特性使得它在一些特别的机制中拥有很高的效率。

（一）话题（topic）

1. 消息（msg）

消息（msg）就是节点间话题通信时传递的具体信息，msg的类型包括bool、int、uint、float、string、array等，自定义的消息文件后缀为".msg"。我们可以把msg理解为是一个"类"，那么每次发布的内容可以理解为"对象"，以图像的消息sensor_msg/image中的image.msg为例，消息文件定义内容如下：

std_msg/Header header

uint32 seq// 消息序号

time stamp// 存储ROS中的时间戳信息

string frame_id// 绑定的坐标系

uint32 height// 图像的高度

uint32 width// 图像的宽度

string encoding// 图像的编码格式

uint8 is_bigendian// 图像数据的大小端存储模式

uint32 step// 一行图像数据的字节数量，作为数据的步长（以字节为单位）

uint8[]data// 存储图像数据的数组，大小为step*height个字节

message相关的操作命令见表5-9。

表5-9 message相关操作命令

rosmsg 命令	作用
rosmsg show	显示信息的描述
rosmsg info	与rosmsg show功能一样

（续）

rosmsg 命令	作用
rosmsg list	列出所有的信息
rosmsg md5	查看信息的 md5 值
rosmsg package	列出某个功能包包含的所有信息
rosmsg packages	列出包含信息的所有功能包
rosmsg[命令名]-h	查询 rosmsg[命令名] 的具体用法，如 rosmsg show-h

rosbag 命令示例如下：

1）记录当前所有话题的内容的命令格式如下：

$rosbag record-a-O[包名][保存路径]

例如将话题的内容保存到桌面，保存的包的名字为 inwinic：

inwinic@inwinic-desktop: ~$ rosbag record -a -O inwinic ~/Desktop

2）回放包的内容的命令格式如下：

$rosbag play[包名]
inwinic@inwinic-desktop: ~/Desktop$ rosbag play inwini

2. 话题（topic）的发布和订阅

订阅者和发布者在主节点中注册话题名及消息的类型，订阅者通过查询在主节点中注册的话题名称，找到与之相匹配的发布者并建立连接，来实现话题的具体消息的接收。话题订阅和发布的通信结构示意图如图 5-23 所示。订阅者和发布者有以下三种对应关系：一对一关系、一对多关系、多对多关系（图 5-24 ~ 图 5-26）。

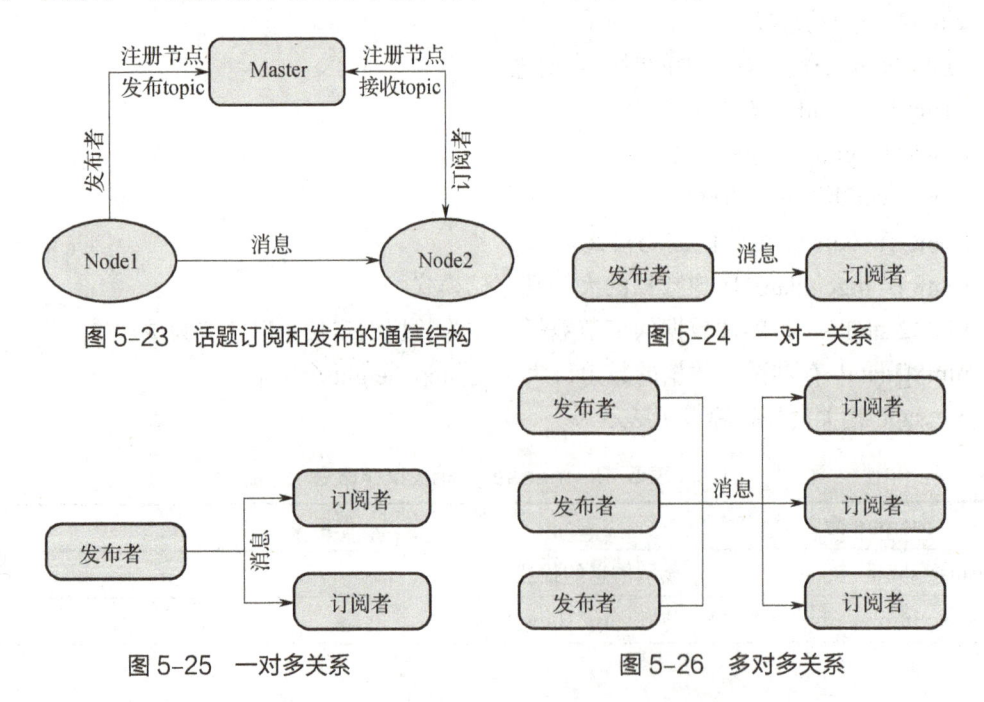

图 5-23 话题订阅和发布的通信结构

图 5-24 一对一关系

图 5-25 一对多关系

图 5-26 多对多关系

话题常用的操作命令见表 5-10。

表 5-10　话题常用操作命令

rostopic 命令	作用
rostopic bw	显示话题使用的带宽
rostopic delay	通过带 header 数据格式的消息时间戳显示话题的延迟
*rostopic echo	将信息输出到显示屏
rostopic find	通过类型查找话题
rostopic hz	显示话题发布频率
rostopic info	输出当前活动话题的信息
rostopic list	输出当前活动话题的列表
*rostopic pub	发布信息到话题
*rostopic type	输出话题类型
rostopic <command> -h	查看 rostopic <command> 命令的具体用法

常见命令运用示例如下：

1）首先在两个不同窗口分别输入以下命令，启动主节点和小海龟节点：

```
1.inwinic@inwinic-desktop: ~$ roscore
2.inwinic@inwinic-desktop: ~$ rosrun turtlesim turtlesim_node
```

2）查看当前话题列表：

```
inwinic@inwinic-desktop: ~$ rostopic list
```

查看到的话题列表如图 5-27 所示。

图 5-27　话题列表

3）查看"/turtle1/cmd_vel"话题的消息类型：

```
inwinic@inwinic-desktop: ~$ rostopic type /turtle1/cmd_vel
```

查看到的消息类型如图 5-28 所示。

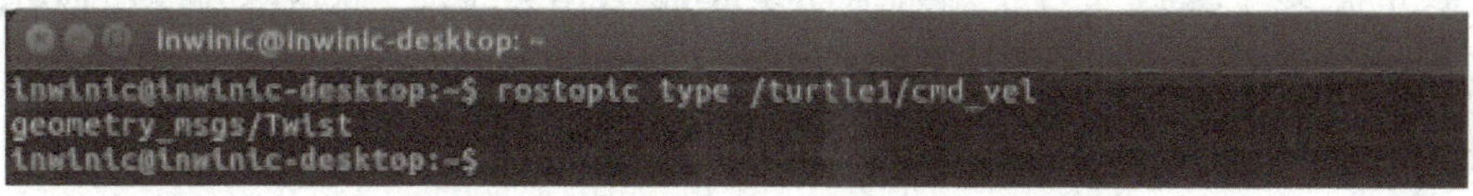

图 5-28　"/turtle1/cmd_vel"话题的消息类型

4）发布运动控制话题到小海龟，让小海龟运动，命令如下：

```
1. inwinic@inwinic-desktop: ~$ rostopic pub -r 10 /turtle1/cmd_vel geometry_msgs/Twist "linear:
2. x: 1.0
3. y: 0.0
4. z: 0.0
5. angular:
6. x: 0.0
7. y: 0.0
8. z: 1.0"
```

命令中"-r"选项用于控制发布话题的频率，"10"代表频率为10Hz，"/turtle1/cmd_vel"代表发布的话题名字，"geometry_msgs/Twist"代表发布话题的消息类型，"linear：……angular……"代表消息的格式。需要注意在输入这个命令的时候，当我们输入完话题名字后，直接按一下键盘上的〈Tab〉键，会自动在话题名字后面填写话题的消息类型，再按一下〈Tab〉键，会自动补全话题的数据格式，数据初始值都是0，需要修改哪个数值，直接通过左右移动光标到相应的位置进行修改即可（注意不要按上下箭头按键来移动光标）。命令执行后，会发现小海龟以1m/s的线速度和1rad/s的角速度进行运动，如图5-29所示。

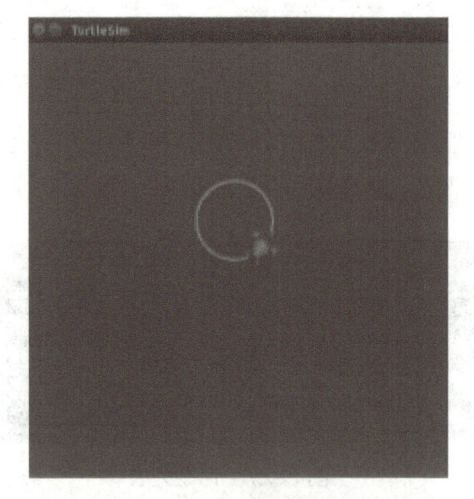

图5-29 通过话题控制小海龟运动

（二）服务（service）

1. 服务文件（srv）

类似 msg 文件，srv 文件是用来描述 service 数据类型的，service 通信的数据格式定义在 *.srv 中。它声明了一个服务，包括请求（request）和响应（reply）两部分。

服务文件定义的模板如下：

请求的格式
————

应答的格式

服务文件定义的示例如下：

```
int64 x
int64 y
---
int64 sum
```

2. 服务（service）

服务（service）的特点是自定义的服务文件后缀为".srv"；包含有客户端（client）和服务端（server）的服务是同步双向通信，不仅可以发送消息，而且还会有应答，这样会形成阻塞；客户端和服务端分别在主节点中注册发布的服务名及请求的服务名等。服务的发布和订阅的通信结构如图 5-30 所示。

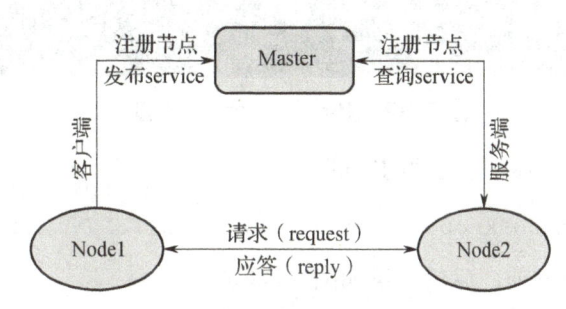

图 5-30 服务的发布和订阅的通信结构

常见命令运用示例见表 5-11。

表 5-11 服务常用的操作命令

rosservice 命令	作用
rosservice list	输出可用服务的信息
rosservice call	调用带参数的服务
rosservice type	输出服务类型
rosservice find	依据服务的消息类型寻找服务
rosservice uri	输出服务的 ROSRPC uri
rosservice [命令名] -h	查看 rosservice [命令名] 的具体用法

1）在两个不同窗口分别输入以下命令，启动主节点和小海龟节点：

```
inwinic@inwinic-desktop: ~$ roscore
inwinic@inwinic-desktop: ~$ rosrun turtlesim turtlesim_node
```

2）在新窗口中输入如下命令，查看当前可用的服务：

```
inwinic@inwinic-desktop: ~$ rosservice list
```

当前可用服务列表如图 5-31 所示。

图 5-31　当前可用服务列表

3）在新窗口中输入如图 5-32 所示命令，查看服务 "/clear" 的类型。

图 5-32　服务 "/clear" 的类型

4）调用服务，清除小海龟运动的轨迹：

inwinic@inwinic-desktop: ~$ rosservice call clear

清除小海龟运动轨迹前、后的效果如图 5-33 所示。

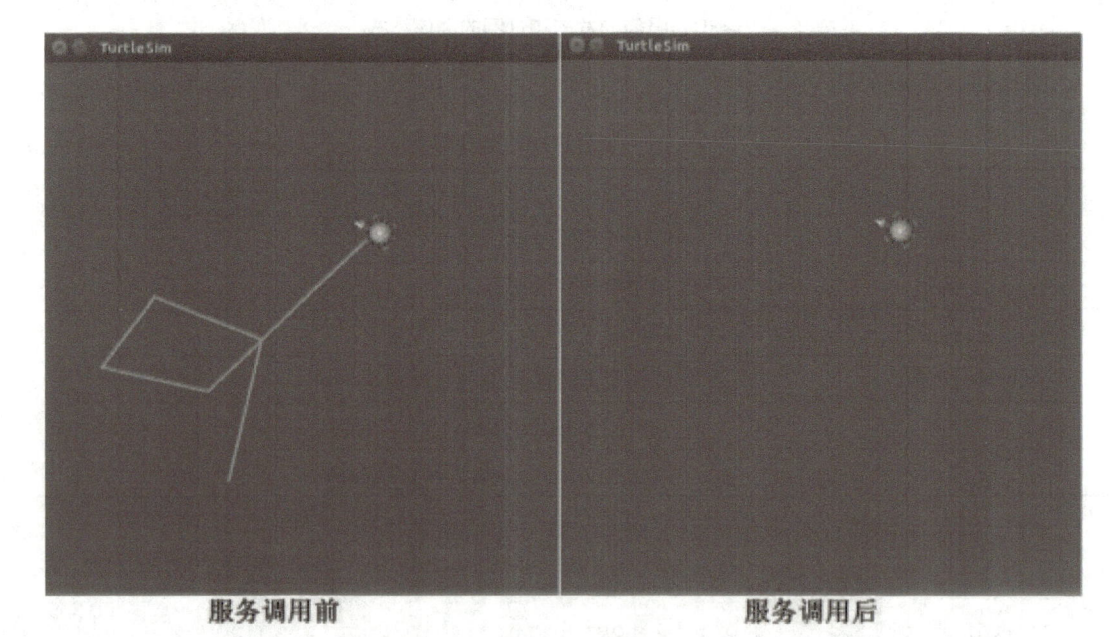

服务调用前　　　　　　　　　　　　　服务调用后

图 5-33　清除小海龟运动轨迹

（三）动作（action）

1. 动作（action）文件模板

类似 msg 文件，action 文件是用来描述 action 相关信息的，action 通信的数据格式定

义在 *.action 中。它声明了一个动作，包括目标、结果、反馈三个部分。

空间结构框架的模板为：

```
目标
-----
结果
-----
反馈
```

空间结构框架的示例为：

```
uint32 lunch_id
-----
uint32 total_lunch_finished
-----
float32 percent_complete
```

2. 动作（action）特点

动作（action）的特点如下：

1）动作和服务一样，都包含请求和应答。

2）动作比服务多了中途反馈，客户端可以在多种执行中获得动作的状态信息、结果信息或取消动作。

3）动作的消息传输方式属于异步双向通信，不会形成阻塞。动作（Action）的通信结构如图 5-34 所示。

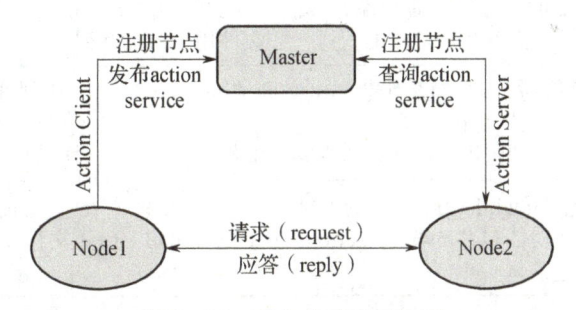

图 5-34 动作的通信结构图

任务实施

按照前面所了解的知识内容和小组内部讨论的结果，制订工作方案，落实各项工作负责人，如任务实施前的准备工作、实施中主要操作及协助支持工作、实施过程中相关要点及数据的记录工作等。

\multicolumn{2}{c}{ROS 通信系统的构建}	
步骤	过程记录
1	为了实现 ROS 通信，需要创建两个节点，一个_____，另一个_____
2	假定你已创建了工作空间"inwinic_ws"并创建了功能包"inwinic_topic"，功能包依赖包包含_____、_____，你在功能包中的 src 文件夹下创建_____文件和_____作为发布节点和接收节点
3	添加编译规则是在_____文件添加相应的代码
4	编译功能包后，输入以下三个命令来分别启动主节点_____、话题发布节点_____、话题订阅节点_____进行测试，使用_____查看当前运行的节点列表
5	你可以通过_____打开节点图查看话题的发布与接收情况，并可以通过_____知道话题里包含的具体信息
6	构建服务通信时，假定已创建工作空间"inwinic_ws"，并创建了功能包"inwinic_srv"，功能包依赖包包含_____、_____、_____、_____。你需要创建用于描述服务数据格式的文件_____及对应的文件目录_____
7	创建服务通信的服务端和客户端，你需要在功能包"inwinic_srv"的 src 文件夹中创建服务端的_____文件和客户端的_____文件用于添加代码
8	构建动作通信时，假定已创建工作空间"inwinic_ws"，并创建了功能包"inwinic_action"，功能包依赖包包含_____、_____、_____、_____、_____。你需要创建用于描述动作内容的文件_____及对应的文件目录_____
9	打开功能包"inwinic_srv"中的 CMakeList.txt 文件，在指定的位置添加的代码是_____，打开功能包"inwinic_action"中的 CMakeList.txt 文件，在指定的位置添加的代码是_____
10	为了实现 ROS 通信，你需要创建两个节点，一个是_____，另一个是_____

评价反馈

1. 学习效果评价：

1）各组代表展示汇报 PPT，介绍任务的完成过程。

2）以小组为单位，对各组的操作过程与操作结果进行自评和互评，并将结果填入综合评价表中的小组评价部分。

3）教师对学生工作过程与工作结果进行评价，并将评价结果填入综合评价表中的教师评价部分。

2. 学习过程评价：

姓名		学号		班级		组别	
实训任务			ROS 通信系统的构建				
评价项目		评价标准				分值	得分
小组评价	计划决策	制订工作方案的合理可行，小组成员分工明确				10	
	任务实施	总结节点的特点与 ROS 通信架构				10	
		成功构建 ROS 话题通信				10	
		成功构建 ROS 服务通信				20	
		成功构建 ROS 动作通信				10	
	任务达成	能按照工作方案操作，按计划完成工作任务				10	
	工作态度	认真严谨、积极主动、安全生产、文明施工				10	
	团队合作	与小组成员及同学之间能合作交流、协调工作				10	
	6S 管理	完成竣工检验、现场恢复				10	
		小计				100	
教师评价	实训纪律	不出现无故迟到、早退、旷课现象，不违反课堂纪律				10	
	方案实施	严格按照工作方案完成任务实施				20	
	团队协作	任务实施过程互相配合，协作度高				20	
	工作质量	能按照工作方案操作，按计划完成工作任务				20	
	工作规范	操作规范，三不落地，无意外事故发生				10	
	汇报展示	能准确表达，总结到位，改进措施可行				20	
		小计				100	
综合评分		小组评分 ×50%+ 教师评分 ×50%					
总结与反思							

知识拓展

机器人技术是一门跨学科、跨领域、需要许多专业知识的庞杂学问。机器人以及其他的一些智能系统，被市场以及人们的直觉赋予了许多智能化的需求。对于机器人来说，最基本的需求自然是它的移动能力，譬如手臂关节的运动控制、机器人本体的移动规划等。这个能力在老一代的传统机器人（AGV、工业流水线机械臂等）上都有不错的体现。然而，这种传统的依赖人为控制或者事先示教、编程的模式，并不能满足日益发展的工业生产或人们日常生活的需求，而且传统的预先示教版本的机器人在流程升级或者工作变更的时候，常常需要巨大的资金与工作量的投入。

人们开始呼唤具备真正智能的机器人出现，特别是自2006年以来，工业界在人工智能、计算机算力、电源技术、复杂的规划/决策算法方面都取得了重大突破，人们对机器人的智能化有了更多的合理化诉求。

正如ABI Research的调研报告里所提到的，机器人不仅要实现基本的数据搜集与移动能力，还需要在对数据的有效分析、感知世界、实时通信、智能思考并决策、协助或主导完成实际有效的工作等方面具备必要的能力。为了达到这样的目标，一些新兴的技术，诸如无线通信、大数据、云计算/边缘计算、物联网，以及无处不在的人工智能，将无一例外地进入机器人技术的"应用战场"。

ROS，特别是ROS2，目前还处于开发阶段。其整个系统的稳定性、可靠性还不能满足正常的产品化需求。ROS/ROS2中的一些模块没有经过较为完善的测试，测试的覆盖率也还不够高，特别是没有针对真实的应用场景做一些面向产品的测试与论证。因此，用ROS2搭建的机器人系统容易遇到异常情况，这导致了ROS/ROS2在产品化应用过程中有一些负面的用户反馈。

目前，ROS/ROS2中大部分的模块还是针对机器人的某些可见功能，特别是比较抢眼的用于展示的功能。这些功能确实相当重要，但是并不能完全覆盖机器人作为一个完整的产品的功能需求。机器人在产品部署以及产业化方面还没有形成统一的流程与标准，这个问题也限制了ROS/ROS2在更多机器人产品中的普及。

另外，正如前文所讲，人们对于现在机器人有很多智能功能的期望。机器人不仅需要通过包括摄像头在内的各种传感器感知环境，还需要发展思维判断做决策的能力，具备实时并安全的通信交互功能，能够动态、灵活地适应不同的场景以及工作。这些需求要求ROS/ROS2更好地支持AI技术，将机器学习、视觉分析的能力融入机器人的基本功能当中。

综合这些难点与挑战，对于ROS/ROS2来说，当务之急是梳理出一整套的硬件、软件以及合作流程，开发出能代表ROS2发展前景与重要功能的"旗舰"级机器人。

项目 6 深度学习工具的认知

深度学习（Deep Learning，DL）是机器学习（Machine Learning，ML）领域中一个新的研究方向，它被引入机器学习使其更接近于最初的目标——人工智能（Artificial Intelligence，AI）。深度学习作为人工神经网络可以根据学习过程中的示例数据来独立地构建（训练）出基本规则，尤其是在机器视觉领域，神经网络通常采用监督式学习的方法来训练，即通过示例数据和示例数据的预定义结果来进行训练。

通过本项目的学习，主要达到以下目标：

目标	具体描述
知识目标	能够了解深度学习的发展
	能够了解深度学习的原理和特点
	能够掌握深度学习的典型构架
技能目标	能够独立讲解深度学习基本定义
	能够独立讲述构成深度学习的基本组成单元
	能够讲述深度学习网络典型框架及其特点
	能够独立讲述深度学习在汽车制造领域的发展趋势
	能够熟练掌握深度学习模型原理和设计
素质目标	能够正确认识和理解深度学习工具，能够对为深度学习发展做出贡献的学者给予尊重和赞赏
	能够培养创新思维和批判思维，能够不断地对现存的深度学习网络提出新的想法和改进意见
	能够培养团队合作和沟通能力，能够与其他人进行协作，清楚地表达自己的想法和意见
	能够养成持续学习和自我提升能力，能够不断地关注深度学习领域发展的最新动态

本项目的主要任务包括：任务 1 深度学习的认知；任务 2 PyTorch 的认知；任务 3 YOLO 的认知。

任务 1
深度学习的认知

任务描述

最近,公司新来一批实习员工,他们对深度学习并不熟悉,需要对深度学习有一个清晰的认识。请你为他们介绍一下什么是深度学习,并说明它的作用是什么。

任务目标

1)了解深度学习的现状及发展历程。
2)认识深度学习的典型框架。

任务准备

1)防护装备:常规实训着装。
2)教学设备:安装有操作系统的计算机。
3)教学工具:教学课件、计算机主机。

知识准备

一、深度学习概述

深度学习(Deep Learning,DL)是机器学习(Machine Learning,ML)领域中一个新的研究方向,它被引入机器学习使其更接近于最初的目标——人工智能(Artificial Intelligence,AI),从而让机器能够模拟人脑的分析和学习能力,实现对文字、图像、声音等数据的有效识别与解释。深度学习通过学习样本数据的内在规律和表示层次,来自动提取并理解这些数据的特征,而无须过多依赖人工设计的特征。

深度学习的基本原理是通过构建具有多个抽象级别的神经网络模型,来模拟人脑的神经元结构。这种网络结构使得深度学习能够处理复杂的模式识别问题,通过逐层提取特征的方式,将原始数据转化为高层次的抽象表示。在训练过程中,深度学习利用反向传播算法来调整网络参数，优化模型的性能。

目前，深度学习已经在多个领域取得了显著的成果，如计算机视觉、自然语言处理、语音识别、推荐系统等。在计算机视觉领域，深度学习被广泛应用于人脸识别、物体检测、图像分类等任务；在自然语言处理领域，深度学习实现了机器翻译、情感分析等功能；在语音识别领域，深度学习提高了语音识别的准确性和鲁棒性；在推荐系统领域，深度学习通过分析用户的行为和偏好，为用户提供个性化的推荐服务。

人工智能、机器学习和深度学习的概念如下。

（1）人工智能

人工智能（AI）通常是指由机器（一般是计算机程序）通过模仿或复制人类行为而构造出来的体系结构。"AI"这个术语涵盖多个子领域，如专家系统、模式分析系统或机器人。基于 AI 的系统会利用不同的方法来对人类行为和决策结构进行模仿或建模，有关的方法包括统计算法、启发式程序、人工神经网络（ANN）或其他机器学习衍生技术。

（2）机器学习

机器学习（ML）是 AI 的子领域，它由一系列自动程序组成，可以从一组示例数据推演出基本规则，即通过示例数据来"习得"规则。通过应用预定义和可理解的算法和规则，或者使用人工神经网络就可以实现此技术。机器学习技术可细分为"监督式学习"和"非监督式学习"。在监督式学习中，学习的样本数据同时包含输入数据和相应的预期结果（如分类），而在非监督式学习中，应该由系统来自行确定输入数据可能产生的结果。传统的机器学习算法包括线性回归模型、logistic 回归模型、k- 临近算法、决策树、随机森林、支持向量机、人工神经网络等。

（3）深度学习

深度学习（DL）是一种机器学习方法，它作为人工神经网络可以根据学习过程中的示例数据来独立地构建（训练）出基本规则。尤其是在机器视觉领域，神经网络通常采用监督式学习的方法来训练，即通过示例数据和示例数据的预定义结果来进行训练。

二、深度学习的发展

在深度学习发展起来之前，人工智能和机器学习虽然已经发展了几十年，但是依然存在许多未能良好解决的问题领域，如语音识别、图像识别、自然语言处理等，深度学习的发展则很好地解决了这些领域的一部分问题。移动互联网时代大数据的兴起和高性能 GPU 的出现，使得更为复杂的网络模型成为可能，促使深度学习进一步发展。深度学习在搜索技术、数据挖掘、机器学习、机器翻译、自然语言处理、多媒体学习、语音、推荐和个性化技术，以及其他相关领域都取得了很多成果。深度学习使得机器能够模仿视听和思考等人类的活动，解决了很多复杂的模式识别难题，使得人工智能相关技术取得了很大进步。

从历史上看，深度学习从产生、发展到崛起经历了三个阶段。

（1）第一代神经网络（1958—1969年）

最早的神经网络思想起源于1943年的MCP人工神经元模型，该模型将神经元简化为三个过程：输入信号线性加权、求和及非线性激活。1958年Rosenblatt发明了感知器（perceptron）算法，是第一次将MCP用于机器学习，它的理论和实践引发了第一次神经网络的浪潮。但是，1969年，美国数学家Minsky证明了感知器本质上是一种线性模型，只能处理线性分类问题，从而导致神经网络的研究陷入了近20年的停滞。

（2）第二代神经网络（1986—1998年）

1986年，Hinton发明了适用于多层感知器的BP算法，并采用Sigmoid进行非线性映射，有效解决了非线性分类和学习的问题，从而引发了第二次神经网络热潮。1989年，LeCun发明了卷积神经网络LeNet，并将其应用于数字识别，取得了较好的成绩。1991年，BP算法被指出存在梯度消失问题，即在误差梯度向后传递的过程中，后层梯度以乘性方式叠加到前层，由于Sigmoid函数的饱和特性，导致误差梯度传递到前层时几乎为0，因此无法对前层进行有效的学习。此时神经网络的研究由于缺少严格的数学理论支持，整体上处于下滑趋势。

（3）第三代神经网络（2006年至今）

2006年是深度学习元年。这一年，Hinton提出了深层网络训练中梯度消失问题的解决方案。2011年，ReLU激活函数被提出，从而可以有效地抑制梯度消失问题。2012年，微软公司首次将深度学习应用于语音识别上，并取得了重大的突破。2012年，Hinton带领他的深度学习小组在ImageNet图像识别比赛中一举夺冠，引起了许多大公司的关注。这个时候，深度学习已经开始在语音识别、图像识别以及自动驾驶等领域发力。在大数据及GPU等超强算力支持下，深度学习从此开始进入爆发期。

三、深度学习的典型框架

在初始阶段，每个深度学习的研究者都需要编写大量的代码。为了提高工作效率，研究者们将这些代码整理成一个框架并开源，以供更多的深度学习爱好者一起使用。随着深度学习使用的深入，越来越多的框架被开发出来。以下是几个当今最为流行的深度学习框架的介绍。

（1）TensorFlow

TensorFlow是目前世界上使用人数最多、社区规模庞大的一个框架。TensorFlow的命名来源于其自身的实现原理。Tensor（张量）意味N维数组，Flow（流）意味着基于数据流图的计算。TensorFlow运行过程就是张量从图的一端流动到另一端的计算过程。张量从图中流过的直观图像是其取名为"TensorFlow"的原因。

TensorFlow的关键点是"DataFlowGraphs"，表示TensorFlow是一种基于图的计算框架，其中节点（Nodes）在图中表示数学操作，线（Edges）则表示在节点间相互联系的多维数据数组，即张量（Tensor）。这种基于流的架构让TensorFlow具有非常高的灵活性，该灵活性也让TensorFlow框架可以在多个平台上进行计算，如台式计算机、服务器、移动设备等。

（2）Caffe

Caffe 的全称为 Convolutional Architecture for Fast Feature Embedding，是一个兼具表达性、速度和思维模块化的深度学习框架，由伯克利人工智能研究小组和伯克利视觉和学习中心开发。Caffe 支持多种类型的深度学习架构，面向图像分类和图像分割，还支持 CNN、RCNN、LSTM 和全连接神经网络设计。Caffe 支持基于 GPU 和 CPU 的加速计算内核库，如 NVIDIAcuDNN 和 IntelMKL。

（3）Theano

Theano 是蒙特利尔大学蒙特利尔学习算法小组开发的一个开源项目，最突出的特性包括 GPU 的透明使用、与 NumPy 紧密结合、高效的符号区分、速度/稳定性优化以及大量的单元测试。它是为深度学习中处理大型神经网络算法所需的计算而专门设计的。

（4）Torch

Torch 是 Facebook 的开源机器学习库、科学计算框架和基于 Lua 编程语言的脚本语言。它提供了广泛的深度学习算法，并已被 Facebook、IBM、Yandex 和其他公司用于解决数据流的硬件问题。

（5）PyTorch

2017 年 1 月，Facebook 人工智能研究院团队在 GitHub 上开源了 PyTorch 框架。PyTorch 的历史可以追溯到 Torch。PyTorch 不是简单地对 Torch 进行封装以提供 Python 接口，而是使用 Python 重新写了很多内容，不仅更加灵活，支持动态图，还提供了 Python 接口。它是一个以 Python 优先的深度学习框架，能够实现强大的 GPU 加速，同时还支持动态神经网络。

（6）MXNet

MXNet 有着非常好的分布式支持，而且性能特别好，占用显存低，同时其开发的语言接口不仅有 Python 和 C++，还有 R、Matlab、Scala、JavaScript 等。

（7）PaddlePaddle

PaddlePaddle 是百度研发的开源开放的深度学习平台，是国内最早开源的深度学习平台。依托百度业务场景的长期锤炼，PaddlePaddle 有最全面的官方支持的工业级应用模型，涵盖自然语言处理、计算机视觉、推荐引擎等多个领域，并开放多个领先的预训练中文模型，以及多个在国际范围内取得竞赛冠军的算法模型。目前 PaddlePaddle 已经实现了 API 的稳定和向后兼容，具有完善的中英双语使用文档，形成了易学易用、简洁高效的技术特色。

任务实施

在教师的引导下，以小组为单位学习相关技能，并完成下列作业：

1）什么是深度学习？

2）简述深度学习的发展历程。

3）简述深度学习的典型框架。

评价反馈

1.学习效果评价：小组研究当前深度学习技术的发展趋势，并进行展示汇报 PPT。

2.学习过程评价：

项目	评价内容	评价等级		
		A	B	C
关键能力考核项目	遵守纪律，遵守学习场所管理规定，服从安排			
	安全意识、责任意识、5S 管理意识，注重节约、节能与环保			
	学习态度积极主动，能参加实习安排的活动			
	团队合作意识，注重沟通，能自主学习及相互合作			
	仪容仪表符合活动要求			
专业能力考核项目	按时按要求独立完成工作页、任务			
	工具、设备选择得当，使用符合技术要求			
	操作规范，符合要求			
	学习准备充分、齐全			
	注重工作效率与工作质量			
	基础知识：			
	知识运用：			
小组评语及建议		组长签名： 年　月　日		
老师评语及建议		老师签名： 年　月　日		

任务 2
PyTorch 的认知

任务描述

最近,公司新来一批实习员工,他们对深度学习工具并不熟悉,需要对深度学习工具有一个清晰的认识。请你为他们讲解深度学习工具 PyTorch 的基本知识及使用方法,并对学习效果进行评价。

任务目标

1)能够了解深度学习工具 PyTorch 的组成、特点及发展简史。
2)能够掌握深度学习工具 PyTorch 的基础知识。
3)能够使用深度学习工具 PyTorch 进行简单求解。

任务准备

1)防护装备:常规实训着装。
2)教学设备:安装有深度学习工具 PyTorch 的计算机。
3)教学工具:教学课件、计算机主机。

知识准备

一、PyTorch 组成

PyTorch 是由 Facebook 的人工智能团队使用 Python 重写 Torch 框架而成,它包含如下主要模块:

1)torch:包含了 PyTorch 经常使用的一些激活函数,比如 Sigmoid、ReLU 和 Tanh,以及 PyTorch 张量的一些操作,比如矩阵的乘法和张量元素的选择等。

2)torch.autograd:PyTorch 的自动微分算法模块,定义了一系列的自动微分函数,还内置了数值梯度功能和检查自动微分引擎是否输出正确结果的功能。

3）torch.nn：一个非常重要的模块，是 PyTorch 神经网络模块化的核心。该模块定义了一系列模块，包括卷积层和线性层（全连接层）等。

4）torch.optim：定义了一系列的优化器，包括随机梯度下降算法、AdaGrad 算法、RMSProp 算法和 Adam 算法等。该模块还包含了诸如学习率阶梯下降算法和余弦退火算法等学习率衰减算法。

5）torch.multiprocessing：多进程处理包，能够通过内存共享的方式在进程间传递 torch Tensor，适用于数据加载和 hogwild 训练。

6）torch.distributed：PyTorch 的分布式计算模块，主要功能是提供 PyTorch 并行运行环境，其主要支持的后端有 MPI、Gloo 和 NCCL 三种。

7）torch.distributions：提供了一系列类，使得 PyTorch 能够对不同的分布进行采样，并且生成概率采样过程的计算图。

8）torch.hub：提供了一系列预训练的模型供用户使用。

9）torch.jit：PyTorch 的即时编译器（Just-In-Time Compiler，JIT）模块，能将 PyTorch 的动态图转换成可以优化和序列化的静态图。

10）torch.utils：提供了一系列的工具来帮助神经网络的训练、测试和结构优化。

11）torch.legacy：由于向后兼容性原因而从 torch 移植过的遗留代码。

二、PyTorch 主要特点

PyTorch 是简洁优雅且高效快速的深度学习框架，它和 TensorFlow 是深度学习领域最流行的两个框架，具有简洁、快速、易用等特点，使得人们倾向于选择它作为深度学习的研究平台，以满足最大的灵活性以及响应和处理速度。近几年来，在产业界 PyTorch 也获得了长足的进展。

1）简洁。PyTorch 追求最少的封装，在设计上始终遵循 tensor->variable（autograd）->nn.Module 这三个由低到高的抽象层次，分别代表高维数组（张量）、自动求导（变量）和神经网络（层/模块），而且这三者之间联系紧密，可以同时进行修改和操作。简洁设计带来的额外好处就是代码易于理解。PyTorch 的源代码只有 TensorFlow 的十分之一左右，更少的抽象、更直观的设计使得 PyTorch 的源代码容易阅读。

2）快速。PyTorch 的灵活性不以牺牲速度为代价。在许多测评中，PyTorch 的速度要高于 TensorFlow 等框架。

3）易用。PyTorch 是面向对象设计最优雅的深度学习框架之一。PyTorch 继承了 Torch 接口设计理念，让用户尽可能地专注于自己的想法，不需要太多考虑框架方面的规则和约束。

4）活跃的社区。PyTorch 提供了完整的文档和循序渐进的编程指南，作者亲自维护论坛供用户交流和求助问题。Facebook 人工智能研究院团队为 PyTorch 提供了强力的支持，足以确保 PyTorch 获得持续的更新和支持。

三、PyTorch 基础知识

（1）张量

张量（tensor）是 PyTorch 中主要的数据结构，也是基本的运算单元。张量可以是一个数（标量）、一维数组（向量）、二维数组（矩阵），也可以是更高维的数组，与 numpy 的 ndarray 类似。最大的区别在于 tensor 能使用 GPU 加速，而 ndarray 只能用在 CPU 上。

张量有三种创建方法：直接创建、依数值创建和依概率创建。张量有三种形态变换操作：拼接与切分、张量索引和形状变换。可以对张量进行包括加减乘除、指对幂以及三角函数在内的数学运算。

（2）计算图

计算图是用来描述运算的有向无环图，有两个主要元素：结点（Node）和边（Edge）。其中，节点表示数据，如向量、矩阵、张量等；边表示运算，如加减乘除卷积等。

几乎所有深度学习框架都是基于计算图的。计算图又可以分为静态计算图和动态计算图。静态计算图是先定义再运行，一次定义多次运行，以 TenserFlow 为代表；动态计算图是在运行过程中被定义的，在运行时构建，可以多次构建多次运行，以 PyTorch 为代表。在 PyTorch 中，每一次向前传播（即运行代码），都会创建一张新的计算图。

动态计算图被越来越多的深度学习框架所接受。它的思想直观明了，更符合人类的思考过程。如果说静态计算图类似 C++，每次运行都要编译，那么动态计算图就像 Python，可以动态执行，交互式查看修改。动态计算图的这个特性也使得调试变得更加容易。

（3）自动微分

PyTorch 中的 Autograd 模块实现了深度学习算法中的反向传播求导数，在 tensor 上的所有操作，Autograd 都能为它们自动计算微分，从而简化了手动求导数的过程。

在张量创建时，通过设置 requires_grad=True 来告诉 PyTorch 需要对该张量进行自动求导，PyTorch 会记录该张量的每一步操作历史并自动计算导数。requires_grad 默认为 False。在计算完成后，调用 backward（）方法会自动根据历史操作来计算梯度，并保存在 grad 中。

（4）神经网络

机器学习里的神经网络一般由多个层或者模块组成，每个层或模块对数据进行线性或非线性的计算操作。在 PyTorch 中，构建神经网络基本层与模块在 torch.nn 包中。利用 PyTorch 构建网络的基础类为 nn.Module，对该类进行继承和重新实现可以设计出各种不同的神经网络。nn.Module 可以轻松构建和管理复杂的架构。

（5）损失函数

损失函数（loss function）或代价函数（cost function）是将随机事件或其有关随机变量的取值映射为非负实数以表示该随机事件的"风险"或"损失"的函数。在应用中，损失函数通常作为学习准则与优化问题相联系，即通过最小化损失函数求解和评估模型。

PyTorch 提供了很多可以直接使用的损失函数，一方面用于计算实际输出和目标之间的差距，另一方面可以为反向传播更新数据提供依据。

常见的损失函数包括：

1）L1 损失函数：预测值与标签值进行相差，然后取绝对值，根据实际应用场所，可以设置是否求和，求平均。

2）L2 损失函数：预测值与标签值进行相差，然后取平方，根据实际应用场所，可以设置是否求和，求平均。

3）Huber Loss 损失函数：L1 和 L2 损失函数的综合版本，结合了两者的优点。

4）二分类交叉熵损失函数：用于计算预测值和实际值之间的平均差异的分数。

5）多分类交叉熵损失函数：用于计算预测值和实际值之间的平均差异的分数，可以看成是二分类交叉熵损失函数的扩展。

（6）优化器

优化器是引导神经网络更新模型参数的工具。深度学习算法在计算出损失函数之后，需要利用优化器来进行反向传播，完成网络参数的更新。优化器可以利用计算机数值计算方法来获取损失函数最小的网络参数。在深度学习中，不同的优化器只是定义了不同的一阶动量和二阶动量。一阶动量是与梯度相关的函数，二阶动量是与梯度平方相关的函数。常用的优化器主要有随机梯度下降法、批量梯度下降法、Momentum、AdaGrad、RMSProp 和 Adam 等。

（7）数据加载与预处理

在深度学习中，数据的加载和预处理是非常复杂烦琐的。PyTorch 提供了一些能够极大简化和加快数据处理流程和效率的工具。同时，对于常用的数据集，如 Imagenet、CIFAR10、MNIST 等，PyTorch 也提供了封装好的数据加载及数据转换等接口供用户快速调用，极大地简化了数据加载和预处理过程，用户可以很方便地在这些模型上进行训练及测试。

四、PyTorch 发展简史

2017 年 1 月，Facebook AI 研究团队发布了 PyTorch，一个基于 Torch 的 Python 工具包，专门用于 GPU 加速的深度学习编程。

2017 年 8 月，PyTorch 0.2.0 发布，引入广播、高级索引、高阶梯度、新图层，以及分布式训练等，前两者进一步方便了 Tensor 与 Numpy 互转。

2018 年 4 月，Caffe2 代码合并到 PyTorch。Facebook 打算将 PyTorch 的研究特性与 Caffe2 的生产特性更好地结合起来。

2018 年 4 月，PyTorch 0.4.0 发布，新特性包括 Tensor 和 Variable 合并，强化 Numpy 风格的 Tensor 构建等，并正式支持 Windows 系统。

2018 年 10 月，PyTorch 1.0.0 发布，融合 PyTorch 自身灵活性、研究优势与 Caffe2 的后端与应用能力、ONNX 的框架转换能力于一体。

2019 年 5 月，PyTorch 1.1 发布，提供了新的 API，原生支持 TensorBoard 和自定义循环神经网络，并提升了性能。

2019 年 8 月，PyTorch 1.2 发布，增强了 TorchScript 的功能，同时增加了 Transformer 模块，也增加了对视频、文本和音频的训练数据载入的支持。

2019 年 10 月，PyTorch 1.3 发布，带来了一系列重要的新特性，包括移动设备的模型部署、Eager 模式的 8 比特整型量化和张量命名的能力等。

2020 年 7 月，PyTorch 1.6 发布，增加了许多新的 API、用于性能分析与改进的工具，以及对基于分布式数据并行（Distributed Data Parallel，DDP）和基于远程过程调用（Remote Procedure Call，RPC）的分布式训练的重大更新。

2021 年 3 月，PyTorch 1.8 发布。新版本主要包括编译器和分布式训练更新，同时新增了部分移动端教程，还为管道和模型并行的大规模训练，进行了功能改进和梯度压缩。

2021 年 10 月，PyTorch1.10 发布，侧重于改进 PyTorch 的训练和性能以及开发人员的可用性。

最新版本 PyTorch1.11 于 2022 年 3 月发布。它新引入了用于通用模块数据加载基元的 TorchData 库，从而可以轻松地构建灵活和高性能的数据管道（pipeline）；发布了 functorch 库首个 beta 版本，可以向 PyTorch 中添加可组合函数转换；支持分布式数据并行静态图优化功能。

五、PyTorch 的安装配置

Pytorch 的安装配置很简单。

环境要求如下：

1）带 NVIDIA 独立显卡的个人计算机。

2）操作系统：Ubuntu 18.04。

3）已安装好显卡驱动及 CUDA 等软件包（具体步骤请参见项目 3 的内容：显卡的认知与安装）。

通过浏览器访问 PyTorch 官网 https：//pytorch.org/get-started/locally/，根据实际情况配置并生成安装命令。

在页面上根据实际情况，选择待安装 PyTorch 的版本（PyTorch Build）、目标计算机的操作系统（Your OS）、包管理工具（Package）、编程语言（Language）、计算平台（Compute Platform），官网会自动生成 PyTorch 的安装命令（Run this Command），如图 6-1 所示。

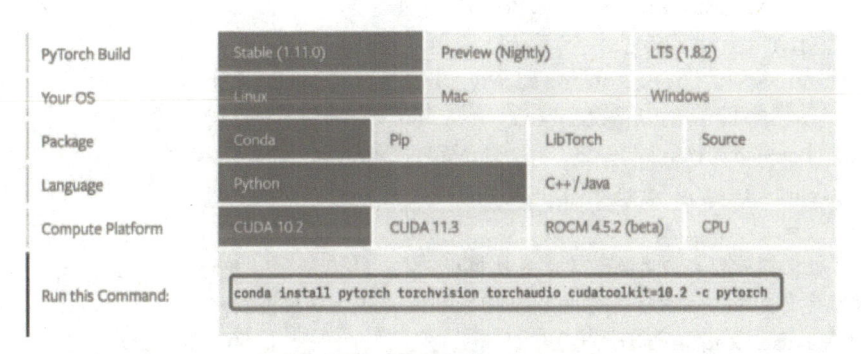

图 6-1　生成 PyTorch 安装命令

复制这条安装命令，然后粘贴到 Ubuntu 终端上并执行，即完成 PyTorch 的安装。
在 python 命令行上输入以下代码行，验证 PyTorch 是否安装成功。

```
import torch
x=torch.rand(5,3)
print(x)
```

如果没有报错，并且有数据输出，表示 PyTorch 已经安装成功。

六、PyTorch 开发示例

以 PyTorch 求解一元线性回归问题为例，来展示使用 PyTorch 编程的基本过程。
一元线性回归问题，就是要找一条直线去逼近给定的散列点，并且这条直线离这些点的距离之和最小。

源代码和注释如下：

```
# 导入必要的软件包
import torch
from torch.autograd import Variable
import matplotlib.pyplot as plt
import numpy as np
import torch.nn as nn
import torch.optim as optim
# 初始化离散点的坐标
x_train=np.array([[2.1],[4.6],[6.25],[6.33],[7.243],[4.378],
[10.397],[6.296],[5.539],[3.366],[8.029],[11.39],[5.38],[6.933],[4.1]],
dtype=np.float32)
y_train=np.array([[3.22],[1.976],[3.29],[4.017],[1.333],[3.77],
[4.31],[2.998],[2.193],[2.222],[3.124],[4.067],[1.037],[3.918],[1.99]],
dtype=np.float32)
# 将坐标转换为 PyTorch 的处理单元，即张量(tensor)
x_train=torch.from_numpy(x_train)
y_train=torch.from_numpy(y_train)
# 定义线性回归处理类，直接使用 PyTorch 神经网络模块提供的线性
函数
class LinearRegression(nn.Module):
    def _init_(self):
        super(LinearRegression,self)._init_()
        self.linear=nn.Linear(1, 1)
    def forward(self, x):
        out=self.linear(x)
        return out
# 创建线性回归处理类的对象，建立线性模型。
# 如果需要支持 GPU 加速，可以通过 model.cuda() 将模型放到 GPU 上
model=LinearRegression()
# 定义损失函数和优化函数，使用梯度下降算法进行优化
```

```python
criterion=nn.MSELoss()
optimizer=optim.SGD(model.parameters(),lr=0.01)
# 定义迭代次数为 1000
num_epochs=1000
# 开始迭代
for epoch in range(num_epochs):
    # 将数据转换为 Variable 放入计算图
    inputs=Variable(x_train)
    target=Variable(y_train)
    # 获得神经网络前向传播的结果
    out=model(inputs)
    # 得到损失函数
    loss=criterion(out,target)
    # 归零梯度
    optimizer.zero_grad()
        # 进行神经网络后向传播
        loss.backward()
        optimizer.step()
# 程序运行入口
if _name_ == '_main_':
    # 将模型由训练模型变成测试模型
model.eval()
# 将测试数据放入神经网络作前向传播
predict=model(Variable(x_train))
# 将结果转换为 numpy 结构
predict=predict.data.numpy()
# 显示散列点和拟合直线
plt.plot(x_train.numpy(),y_train.numpy(),'ro',label='原始数据')
plt.plot(x_train.numpy(),predict,label='拟合直线')
plt.show()
```

在 Ubuntu 终端上运行该程序，结果显示如图 6-2 所示。

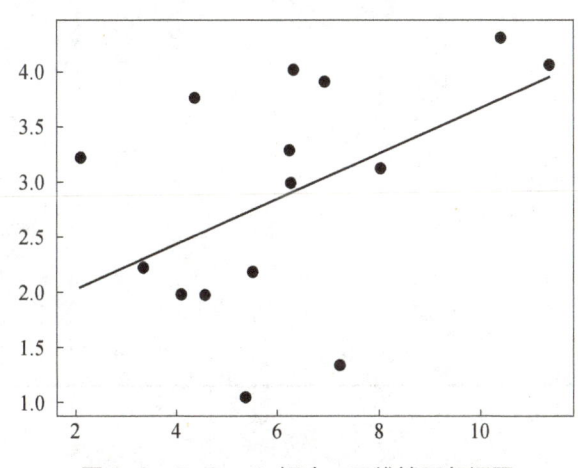

图 6-2　PyTorch 解决一元线性回归问题

任务实施

1. 在教师的引导下，以小组为单位学习相关技能，并完成下列作业：
1）PyTorch 主要包含哪几个模块？用一句话概括它的作用。

2）简述 PyTorch 的四个特点。

3）简述常见的损失函数及其计算方法。

2. 在教师的引导下分组，以小组为单位学习相关知识，并完成作业：在安装有 PyTorch 的计算机上求解简单的一元线性回归问题，绘制结果图并分析结果。

工作任务	一元线性回归问题的求解
结合所学知识求解简单的一元线性回归问题，将所编程序及绘制的结果图粘贴在下方并分析结果。	

评价反馈

1. 学习效果评价：找一组不同的数据，完成与本任务相同的作业，有能力的同学可尝试简单的一元非线性回归问题的求解。

2. 学习过程评价：

项目	评价内容	评价等级 A	B	C
关键能力考核项目	遵守纪律，遵守学习场所管理规定，服从安排			
	安全意识、责任意识、5S 管理意识，注重节约、节能与环保			
	学习态度积极主动，能参加实习安排的活动			
	团队合作意识，注重沟通，能自主学习及相互合作			
	仪容仪表符合活动要求			
专业能力考核项目	按时按要求独立完成工作页、任务			
	工具、设备选择得当，使用符合技术要求			
	操作规范，符合要求			
	学习准备充分、齐全			
	注重工作效率与工作质量			
	基础知识：			
	知识运用：			
小组评语及建议		组长签名： 　　　年　　月　　日		
老师评语及建议		老师签名： 　　　年　　月　　日		

任务 3
YOLO 的认知

任务描述

最近，公司新来一批实习员工，他们对 YOLO 并不了解，需要对 YOLO 有一个清晰的认识。请你为他们介绍什么是 YOLO，并说明它的作用是什么。

任务目标

1）了解 YOLOv5 的主要功能。
2）了解 YOLOv5 安装配置流程。
3）了解 YOLOv5 工作原理。

任务准备

1）防护装备：常规实训着装。
2）教学设备：智能网联汽车。
3）教学工具：教学课件、YOLO。

知识准备

一、YOLO 的含义

YOLO（You Only Look Once）是一种基于深度神经网络的目标检测算法，是 Joseph Redmon 在 2016 年发表的一篇研究论文中命名的。YOLO 实现了自动驾驶汽车等前沿技术中使用的实时目标检测。YOLOv5 是 YOLO 算法的第 5 个版本。

二、目标检测基础知识

（一）什么是目标检测

目标检测（对象检测）是与计算机视觉和图像处理相关的计算机技术，用于在一张图片中识别出物体的种类，同时标记出物体的位置，如图 6-3 所示。目标检测算法从复杂的图像（视频）背景中定位出目标，并分离背景，对目标进行分类，找到感兴趣的目标，从而更好地完成后续的跟踪、信息处理与响应等任务。目标检测有很多应用，如对脸部、行车、路人等物体的检测及对自动驾驶领域交通标志的识别、工程领域里材质表面的缺陷检测、农作物病害检测和医学图像检测等，所以对目标检测的研究很有实际价值。

目标检测方法按照是否使用深度学习算法又可以分为传统检测方法和基于深度学习的检测方法。

图 6-3 目标检测

计算平台作为智能网联汽车车端"大脑"负责处理实时性要求高、安全等级要求高的自动驾驶相关数据和功能，与智能终端基础平台共同构成车端的算力系统，支撑不同安全等级需求的网联化自动驾驶以及人机交互的车端实现。随着整车电子电气架构的变革，算力将会由车端向云端部分转移和布局，云控平台就是计算平台在云端算力的具体实现。云控基础平台利用其超视距的感知信息获取能力，实现车端与场端的感知融合，进而实现协同决策控制，解决单车智能的局限性问题。

（二）传统目标检测方法

传统的目标检测算法大多数是基于手工特征所构建的精巧的计算方法，其主体思路大致可以分为帧差法、背景减除法、光流法等几类。

（三）基于深度学习的目标检测方法

相对于传统目标检测算法，深度学习算法能够提取更加高层和更好的表达目标的特征，还能将特征的提取、选择和分类集合在一个模型中。

在 YOLO 诞生之前，目标检测领域热门的深度学习模型是 R-CNN 系列模型，这一类的模型被称为二阶段模型（two-stage），其大致思路就是先找出可能含有物体的区域，进而再细致地找出这片区域内的物体是什么、在哪个位置。这一类模型的特点就是准确率较高，但是速度较慢，难以做到实时检测。二阶段模型的代表有 RCNN、SPP-NET、Fast RCNN、Faster RCNN、R-FCN、Mask RCNN 等算法。

由于二阶段模型算法的网络结构特点使得其速度存在瓶颈，于是一些研究人员开始转换思路，直接将目标检测转化到回归上，一步到位地完成特征提取、分类回归、判定识别等步骤，因此以 YOLO 为代表的 one stage 算法逐渐发展起来。一阶段模型的代表有 OverFeat、YOLO、SSD 等。

二阶段模型的深度学习目标检测算法主要倾向准确性，一阶段模型的目标检测算法主要倾向于速度，两者侧重点不同。两者相互借鉴，不断融合，取得了很好的效果。尽管深度学习的应用极大提升了目标检测算法的效果，但是仍旧存在一些问题，如深度学习需要大量的数据以及强大的计算与硬件资源，无法对小目标做出准确检测。

三、YOLO 发展简史

YOLO 目标检测算法是突出的深度学习算法，很好地平衡了检测速度与精度的关系，从 2016 年至今，已经发布了 5 个版本。YOLOv5 就是 YOLO 算法的第 5 个版本。

2016 年，Joseph Redmon 发表了 YOLOv1，借鉴 GoogleNet 思想提出了 Darknet 网络。Darknet 是用 C 语言和 CUDA 编写的开源神经网络框架，用 1×1 卷积层 $+3 \times 3$ 卷积层替代 GoogleNet 的 Inception 模块。整个网络由 24 层卷积层接 2 层全连接组成。

YOLOv1 的核心思想在于将目标检测视为回归问题，其将图片划分成 $S \times S$ 个网格，如果目标中心落入某网格单元，则该网格就负责检测该目标。每个网格单元预测 B 个边界框（bbox）和类别信息。此外，每个 bbox 需要预测 (x, y, w, h) 和置信度共 5 个值。因此，最终每个网格应预测 B 个 bbox 和 C 个类别，最终输出 $S \times S \times (5 \times B + C)$ 的张量（tensor）。

YOLOv1 具有如下优点：

1）检测速度快。

2）可以基于整幅图像预测（看全貌而不是只看部分）。与基于滑动窗口和区域提议的技术不同，YOLO 在训练和测试期间会看到整个图像，因此它隐式地编码有关类及其外观的上下文信息。由于能看到图像全貌，与 Fast R-CNN 相比，YOLO 预测背景出错的次数少了一半。

3）能够学习到物体的通用表示，泛化能力好。因此，当训练集和测试集类型不同时，YOLO 的表现比 DPM 和 R-CNN 好得多，应用于新领域也很少出现崩溃的情况。

YOLOv1 具有如下缺点：

1）空间限制。一个单元格只能预测两个框和一个类别，这种空间约束必然会限制预测的数量。

2）难扩展。很难将其推广到具有新的或不同寻常的宽高比或配置的对象。由于输出层为全连接层，因此在检测时，YOLO 训练模型只支持与训练图像相同的输入分辨率。

3）网络损失不具体。无论边界框的大小都用损失函数近似为检测性能，物体 IOU 误差和小物体 IOU 误差对网络训练中 loss 贡献值接近，但对于大边界框来说，小损失影响不大，对于小边界框，小错误对 IOU 影响较大，从而降低了物体检测的定位准确性。

YOLOv2 发表于 2016 年 12 月，针对 YOLO v1 的不足做了大量的改进。在继续保持处理速度的基础上，从预测更准确（Better）、速度更快（Faster）、识别对象更多（Stronger）这三个方面进行了改进。YOLOv2 扩展到能够检测 9000 种不同对象，因此又称为YOLO9000。YOLOv2提出并实现了一种新的训练方法，即联合训练算法，这种算法使用一种分层的观点对物体进行分类，用巨量的分类数据集数据来扩充检测数据集，从而把两种不同的数据集混合起来。其基本思路就是同时在检测数据集和分类数据集上训练物体检测器（Object Detectors），用检测数据集的数据学习物体的准确位置，用分类数据集的数据来增加分类的类别量、提升健壮性。

YOLO9000就是使用联合训练算法训练出来的，它拥有9000类的分类信息，这些分类信息学习自ImageNet分类数据集，而物体位置检测则学习自COCO检测数据集。

YOLOv3发表于2018年4月，其模型比v1和v2更复杂，可以通过改变模型结构的大小来权衡速度与精度。

YOLOv3的先验检测（Prior Detection）系统将分类器或定位器重新用于执行检测任务，并将模型应用于图像的多个位置和尺度，而那些评分较高的区域就可以视为检测结果。此外，它还将一个单一神经网络应用于整张图像，该网络将图像划分为不同的区域，因而预测每一块区域的边界框和概率，这些边界框会通过预测的概率加权。这些改进使得YOLOv3对目标的检测非常快，一般会比R-CNN快1000倍、比Fast R-CNN快100倍。

YOLOv3的主要改进之处如下：

1）多尺度预测。

2）更好的基础分类网络darknet-53。

3）分类器不再使用Softmax，分类损失采用二分类交叉损失熵。

YOLOv4发表于2020年4月，YOLOv4是对YOLOv3的一个改进。它的改进方法就是总结了几乎所有的检测技巧，然后经过筛选、排列组合，验证哪些方法有效。

YOLOv4的主要贡献如下：

1）提出了一种高效而强大的目标检测模型，它使每个人都可以使用1080 Ti或2080 Ti GPU训练超快速和准确的目标检测器。

2）在检测器训练期间，验证了SOTA的Bag-of-Freebies和Bag-of-Specials方法的影响。

3）改进了SOTA的方法，使它们更有效，更适合单GPU训练。

2020年2月YOLO之父Joseph Redmon宣布退出计算机视觉研究领域。之后，Ultralytics公司于2020年5月开源了完全基于PyTorch实现的YOLOv5。YOLOv5的每个图像的推理时间达到140 FPS，并且权重文件非常小，仅为YOLOv4的1/9，可以搭载在配置更低的移动设备上。YOLOv5更快，也更小巧。

之前的v3、v4版本除了有完整的大模型外，只提供了一个轻量的tiny模型，而YOLOv5则提供了四种网络模型：YOLOv5s、YOLOv5m、YOLOv5l和YOLOv5x，其中，YOLOv5s是深度最小，并且特征图宽度也最小的网络模型，其他模型在其基础上不断加深、加宽。

YOLOv5在之前版本的基础上进行了改进，使其速度和精度都得到了极大的提升。这些改进包括：输入端的马赛克数据增强、自适应锚框计算、自适应图像缩放操作、Focus结构、CSP结构、FPN+PAN结构、CIOU_Loss等。

四、YOLOv5 安装配置

YOLOv5 的安装同样很简单。

环境要求如下：

1）带 NVIDIA 独立显卡的个人计算机。

2）操作系统：Ubuntu 18.04。

3）已安装好显卡驱动及 CUDA 等软件包（具体步骤请参见项目 3 的内容：显卡的认知与安装）。

4）已经安装好 PyTorch。

首先下载 YOLOv5 源代码。在 Ubuntu 终端上执行如下命令：git clone https：//github.com/ultralytics/yolov5.git 或直接访问 Github 网站下载。等待源码下载完成，进入 yolov5 目录，安装所需环境。在 Ubuntu 终端上执行如下命令：pip install –r requirements.txt。等待该命令执行完成，YOLOv5 源码及运行支持环境就安装好了，如图 6-4 所示。

图 6-4　YOLOv5 运行结果

最后验证 YOLOv5 是否能顺利运行。进入 yolov5 目录，在 Ubuntu 终端上执行如下命令：python detect.py --source ./data/images/bus.jpg --weights weights/yolov5s.pt --conf-thres 0.25。终端上将显示如图 6-5 所示的信息。

图 6-5　YOLOv5 识别结果

该信息表明运行成功。注意图 6-5 中方框所示为保存识别结果的文件所在的目录，可进入该目录，打开与待识别文件相同名字的文件（本文中为 bus.jpg）。图 6-5 中使用不同颜色的方框标识出 YOLOv5 识别到的目标及所在位置，如公共汽车（bus）、人（person）。

任务实施

在教师的引导下，以小组为单位学习相关技能，并完成下列作业：

1）YOLOv5 的主要功能有哪些？

2）简述 YOLOv5 安装配置流程。

3）简述 YOLOv5 工作原理。

评价反馈

1. 学习效果评价：找一辆新能源汽车，完成与本任务相同的作业。
2. 学习过程评价：

项目	评价内容	评价等级		
		A	B	C
关键能力考核项目	遵守纪律，遵守学习场所管理规定，服从安排			
	安全意识、责任意识、5S管理意识，注重节约、节能与环保			
	学习态度积极主动，能参加实习安排的活动			
	团队合作意识，注重沟通，能自主学习及相互合作			
	仪容仪表符合活动要求			
专业能力考核项目	按时按要求独立完成工作页、任务			
	工具、设备选择得当，使用符合技术要求			
	操作规范，符合要求			
	学习准备充分、齐全			
	注重工作效率与工作质量			
	技能点1：			
	技能点2：			
小组评语及建议		组长签名： 年　月　日		
老师评语及建议		老师签名： 年　月　日		

知识拓展

YOLOv5 实现了对图片、视频中的目标检测和定位，它提供两个主要功能，即模型训练以及图像识别。

一、模型训练

在人工智能研究和应用中，面对大量输入的素材/数据，要识别出其中用户关注的图像、语音等目标，需要依赖于 YOLOv5 之类的目标检测算法。算法就是人们常说的模型。

算法的内容，除了核心处理引擎外，还包括各种配置参数。例如，语音识别算法要处理的参数就包括采样率、音色、音调、音高、音频、方言、噪声等。成熟的深度学习算法，其核心部分的内容通常不会经常变化。为了使算法能够完成不同环境、不同领域的识别任务，就需要对算法的参数进行调整。对于不同的输入，人们会配置不同的参数值，然后运行算法，最后根据运行结果，取一组各方面比较均衡、识别率比较高的参数值。这个过程就称为模型训练，而这组参数值，就是训练得到的结果。

YOLO v5 的训练过程包括以下步骤：

1）对图像文件进行标注，制作训练用的数据集。
2）配置必要的训练参数。
3）开始训练。在 Ubuntu 终端上执行如下命令即可：

```
python train.py --batch 16 --epochs 300 --data ./data/mydata.yaml --weights ./weights/yolov5s.pt
```

训练得到的权重文件（也就是模型参数文件）一般保存在 yolov5/runs/train/ 文件夹中。

train.py 主要的命令行参数如下：

1）--weights：指定权重文件，如果不加此参数会默认使用官方预训练的 YOLOv5s.pt。
2）--cfg：指定模型文件。
3）--data：指定数据文件。
4）--hyp：指定超参数文件。
5）--epochs：训练完整数据的次数，默认 300。
6）--batch-size：一次迭代训练的数据大小，默认 16，官方推荐越大越好，用 GPU 能承受的最大值。可简写为 --batch。
7）--img-size：指定训练图片大小，默认 640，可简写为 --img。
8）--name：指定结果文件名，默认 result.txt。
9）--device：指定训练设备，如 --device 0，1，2，3。
10）--log-imgs：W&B 的图片数量，默认 16，最大 100。
11）--workers：指定 dataloader 的 workers 数量，默认 8。
12）--project：训练结果存放目录，默认 ./runs/train/。
13）--name：训练结果存放名，默认 exp。

二、图像识别

训练结束后，就可以使用所得到的权重文件进行图像识别了。

在 Ubuntu 终端上执行以下命令，就可以完成图像/视频中的目标检测：

```
python detect.py --source ./coco/images/val/ --weights ./runs/train/exp3/weights/best.pt --conf 0.5
```

detect.py 支持的主要命令行参数如下：

1）--weights：使用的权重文件路径。

2）--source：测试数据，可以是图片/视频路径，也可以是 '0'（电脑自带摄像头），也可以是 rtsp 等视频流。

3）--output：网络预测之后的图片/视频的保存路径。

4）--img-size：网络输入图片大小，可以理解为图片分辨率。

5）--conf-thres：置信度阈值，理解为检测精度想让 YOLO 只标记可能性高的地方，就把这个参数提高。

6）--max-det：保留的最大检测框数量，每张图片中检测目标的个数最多为 1000 类。

7）--device：设置设备 CPU/CUDA，可以不用设置。

8）--view-img：是否展示预测之后的图片/视频，默认 False。

9）--save-txt：是否将预测的框坐标以 txt 文件形式保存，默认 False，使用 --save-txt 在路径 runs/detect/exp*/labels/*.txt 下生成每张图片预测的 txt 文件。

10）--save-conf：是否将置信度 conf 也保存到 txt 中，默认 False。

11）--save-crop：是否保存裁剪预测框图片，默认为 False。

12）--nosave：不保存图片、视频，要保存图片，不设置 --nosave 在 runs/detect/exp*/ 会出现预测的结果。

13）-classes：设置只保留某一部分类别，形如 0 或者 0 2 3。

14）--agnostic-nms：进行 NMS 去除不同类别之间的框，默认 False。

15）--augment：TTA 测试时增强/多尺度预测。

16）--visualize：是否可视化网络层输出特征。

17）--project：保存测试日志的文件夹路径。

18）--name：保存测试日志文件夹的名字，所以最终是保存在 project/name 中。

19）--exist_ok：是否重新创建日志文件，False 时重新创建文件。

20）--line-thickness：画框的线条粗细。

21）--hide-labels：可视化时隐藏预测类别。

22）--hide-conf：可视化时隐藏置信度。